91048

Gregor Schöllgen

Die Macht in der Mitte Europas

Gregor Schöllgen

Die Macht in der Mitte Europas

Europas

Stationen deutscher Außenpolitik
von Friedrich dem Großen
bis zur Gegenwart

Verlag C.H. Beck München

Die Deutsche Bibliothek – CIP-Einheitsaufnahme

Schöllgen, Gregor:
Die Macht in der Mitte Europas : Stationen deutscher
Außenpolitik von Friedrich dem Großen bis zur Gegenwart /
Gregor Schöllgen. – München : Beck, 1992
    ISBN 3 406 36054 8

ISBN 3 406 36054 8

© C.H. Beck'sche Verlagsbuchhandlung (Oscar Beck), München 1992
Gesamtherstellung: Mühlberger GmbH, Gersthofen
Gedruckt auf alterungsbeständigem (säurefreiem) Papier
Printed in Germany

Inhalt

IV. Perspektiven

V. Ausblick

Anhang

Vorwort

Die Jahre 1990/91 haben es gezeigt: Die Außenpolitik der Macht in der Mitte Europas ist ein Balanceakt. Das läßt nach ihren Möglichkeiten und Grenzen fragen. Für eine angemessene Antwort ist die Kenntnis der historischen Grundlagen deutscher Außenpolitik unverzichtbar. In einer Zeit atemberaubenden internationalen Wandels, in der die Vereinigung der beiden deutschen Teilstaaten zur heute schon fest einkalkulierten Normalität geworden ist, gewährt der historische Rückblick zugleich eine Möglichkeit politischer Orientierung.

Unser Thema hat also Tradition und ist doch höchst aktuell. Es zieht sich durch die Geschichte Preußens. Es bestimmte die Entwicklung des Deutschen Reiches in allen seinen Epochen – Kaiserreich, Weimarer Republik und „Drittes Reich". Es gehört zur Geschichte der Bundesrepublik: Wie verhält sich das Land, das aus der Sicht seiner Bewohner häufig gefährdet, aus der Sicht seiner Nachbarn zumeist gefährlich war? Die Frage ist die gleiche geblieben. Die Antworten sind höchst unterschiedlich ausgefallen. Diese Antworten der Deutschen auf ihr Sicherheitsdilemma und damit das ihrer Nachbarn sind Gegenstand des Buches.

Die Betrachtung nimmt ihren Ausgang im Jahre 1740, in dem Friedrich der Große preußischer König wurde, mit der Eroberung Schlesiens begann und durch diesen Gewaltakt den eigentlichen Grundstein für die Bildung einer preußischen Großmacht in der Mitte Europas legte. Sie endet mit einem Blick in die Gegenwart, auf die fest in die atlantischen und europäischen Gemeinschaften eingebundene Großmacht Bundesrepublik. In diesen 250 Jahren hat die preußische bzw. deutsche Außenpolitik erhebliche Wandlungen durchgemacht. Glaubten die Hohenzollern ihren Staat vor allem auch durch Expansion sichern zu können, so wissen die Deutschen heute, daß die Sicherheit ihres Landes in einem geeinten und einigen Europa liegt.

Als Zugang zu der komplexen Thematik wurde die Form einer Betrachtung charakteristischer Etappen deutscher Außenpolitik gewählt. Sie ist gut geeignet, auf knappem Raum schlaglichtartig jene zentralen, über alle Wandlungen und Brüche hinausweisenden Fragen zu beleuchten, welche die auswärtigen Beziehungen der Großmacht Preußen-

Deutschland seit ihren Anfängen begleiten und sich gerade in den ausgewählten historischen Situationen nachdrücklich gestellt haben. Dazu zählt etwa das besondere Verhältnis zu manchem näheren und ferneren Nachbarn, allen voran das zu Großbritannien, später zu den Vereinigten Staaten von Amerika, aber natürlich auch zu Rußland bzw. zur Sowjetunion und schließlich, seit den 1950er Jahren, insbesondere zu Frankreich. Zu den zentralen Problemen deutscher Außenpolitik gehört aber beispielsweise auch die herausragende Bedeutung sowohl der Bündnis- als auch der Grenzfrage, die aus dem ungewöhnlich stark ausgeprägten Bedürfnis der zentraleuropäischen Kontinentalmacht nach äußerer Sicherheit resultiert, oder die stets präsente Forderung nach einer gleichberechtigten Stellung Preußens, Deutschlands und schließlich auch der Bundesrepublik im Kreis der Mächte.

Das Buch wendet sich an eine breitere Öffentlichkeit, nicht in erster Linie an ein Fachpublikum. Daher beschränkt sich der Anmerkungsapparat im wesentlichen auf den Nachweis von Zitaten. Der Anhang bietet dem interessierten Leser jedoch die Möglichkeit, sich über die den einzelnen Kapiteln zugrundeliegenden historischen Quellen sowie über weiterführende Literatur zu informieren.

Zu besonderem Dank weiß sich der Autor den Angehörigen der Atta-ché-Lehrgänge des Auswärtigen Amtes verpflichtet, nicht zuletzt denen des 46., des ersten „gesamtdeutschen". Das Buch hat von den Anregungen und kritischen Nachfragen profitiert. Die Verantwortung für das Folgende liegt selbstverständlich allein beim Verfasser.

Erlangen, im Oktober 1991   Gregor Schöllgen

I. Aufstiege

1. Sicherheit durch Expansion.

Grundfragen preußisch-deutscher Außenpolitik im 17. und 18. Jahrhundert

Im Dezember 1914, also auf einem Höhepunkt des Ersten Weltkrieges, wurde in Deutschland ein bemerkenswerter Essay publiziert. Er trug den Titel „Friedrich und die große Koalition" und stammte nicht etwa aus der Feder eines Historikers. Vielmehr war Thomas Mann, sein Autor, bislang als Romancier hervorgetreten. Aber wie bei vielen seiner Zeitgenossen hatten die im Kriegsausbruch kulminierenden Ereignisse des Sommers 1914 auch bei Thomas Mann tiefe Spuren hinterlassen.

Indem der Autor nunmehr, am Ende des ersten Kriegsjahres, feststellte, daß „die junge, die aufsteigende Macht ... psychologisch genommen immer im Angriff" sei und „die anderen, die bestehenden Mächte... sich gegen sie zu verteidigen" hätten,[1] verwies er auf ein Grundproblem preußisch-deutscher Außenpolitik. Danach war die Situation des Ersten Weltkrieges prinzipiell durchaus mit derjenigen des Siebenjährigen Krieges vergleichbar. Seitdem der Große Kurfürst durch Arrondierungen die ersten Fundamente für den Aufstieg Brandenburg-Preußens zur Großmacht gelegt hatte, galt es den Hohenzollern als ausgemacht, daß für einen Staat wie den ihren die territoriale Expansion ein denkbares, ein notwendiges, ja ein legitimes Mittel seiner Sicherung sei. Daß sich diese in Etappen realisierte Vorstellung für die direkt oder indirekt betroffenen Nachbarn ganz anders ausnehmen mußte, liegt auf der Hand. Dieses Dilemma hat die preußische wie dann auch die deutsche Außenpolitik bis weit ins 20. Jahrhundert hinein begleitet.

Der wiederholt in Kriegen und Katastrophen endende Kurs dieser Politik läßt nach den Motiven fragen, welche schon die Hohenzollern geleitet haben. Seit dem Großen Kurfürsten haben sie ihre außenpolitischen Vorstellungen in Politischen Testamenten fixiert und damit ihren Nachfolgern überliefert. Studiert man diese, so springt die Kontinuität einiger Grundfragen ins Auge. Das gilt insbesondere für das Problem der geographischen Lage Brandenburg-Preußens und seine politischen Konsequenzen.

Auf diese konzentrieren sich die folgenden Betrachtungen. Sie können und wollen indessen die weitere Entwicklung nicht außer acht lassen, im Gegenteil. Dem Beobachter preußisch-deutscher Außenpolitik seit ihren Anfängen drängt sich ganz unabweisbar der Eindruck einer ins 19. und 20. Jahrhundert herüberreichenden Kontinuität des politischen Denkens auf. Das ist deshalb wenig überraschend, weil sich die Grundlagen dieser Politik in einigen zentralen Punkten nicht oder doch kaum geändert haben.

Mithin bietet es sich an, zunächst (I) nach den Grundthemen der außenpolitischen Vorstellungen der Hohenzollern vom Großen Kurfürsten bis hin zu Friedrich Wilhelm I. zu suchen, dann (II) deren konsequente Weiterentwicklung bzw. zeitbedingte Radikalisierung bei Friedrich dem Großen zu betrachten und abschließend (III) die Frage nach der Kontinuität dieser Ideen zu stellen.

I.

Die Frage nach den außenpolitischen Vorstellungen der Hohenzollern findet ihre klarste Antwort in jenen Politischen Testamenten, die sie für ihre Nachfolger verfaßten und die durchweg von der geographischen Lage Brandenburgs bzw. Preußens ausgehen. Denn sie vor allem hat die Herrscher des Staates, aber auch seine Bewohner, beschäftigt und beunruhigt. Wie stellte sich diese Lage im Ausgang des Dreißigjährigen Krieges dar? Sicher war Brandenburg – territorial gesehen – einer der Gewinner des Krieges. Gemäß den Bestimmungen des 1648 unterzeichneten Westfälischen Friedens erhielt es u. a. die Bistümer Halberstadt und Minden, die Grafschaft Hohenstein sowie die Anwartschaft auf das Erzstift Magdeburg, die 1680 verwirklicht wurde. Vor allem aber wurde ihm Hinterpommern zugesprochen. Dadurch verschaffte sich Brandenburg Zugang zur Ostsee. Das alles bedeutete eine nicht unerhebliche Vergrößerung des Besitzes. Zu diesem zählten neben den alten Besitzungen des Kurfürstentums seit 1614 bzw. 1666 die niederrheinisch-westfälischen Gebiete Kleve, Ravensburg und die Grafschaft Mark sowie insbesondere seit 1618 das Herzogtum Preußen, das vorderhand noch unter polnischer Lehnshoheit stand.

Angesichts dieser Lage mußte es den Hohenzollern zunächst und vorrangig auf die Sicherung ihres weit verstreuten und dementsprechend schwer zu kontrollierenden Besitzes ankommen. Ganz auf dieser Linie lag die endgültige Sicherung der Souveränität des Herzogtums Preußen. Sie gelang im ersten Nordischen Krieg, als sich Friedrich Wilhelm die Souveränität zunächst 1656 im Vertrag von Labiau durch Schweden und dann – nach dem sofort darauf unternommenen Einschwenken auf die antischwedische Koalition – 1657 im Vertrag von Wehlau auch durch Polen bestätigen ließ. Durch diese im Vertrag von Oliva (3. Mai 1660) anerkannte preußische Souveränität machte Brandenburg, wie der Historiker Otto Hintze 1915 formulierte, „einen gewaltigen Fortschritt auf der Bahn zu einer selbständigen Machtstellung".[2] Denn nunmehr war der Kurfürst nicht mehr nur Reichsfürst, sondern er war auch souveräner Herrscher eines außerhalb des Reichsverbandes gelegenen Staates. Als solcher mußte er mehr noch als vordem in Auseinandersetzungen der anderen Staaten hineingezogen werden.

Wie aber sollte man sich in dieser Situation verhalten? Der Große Kurfürst hat sich selbst in einem Politischen Testament aus dem Jahre 1667, der sog. „Vätterlichen Vermahnung", zu diesem Problem ausgelassen. Der Grundtenor seiner Ausführungen ist defensiver Natur. So ermahnt er seinen Nachfolger, zu Gott zu beten, „das Er Euch eine langwirige bestendige vndt fridtfertige Regirung verleihen vndt geben wolle, den der fride ernehret, der krieg aber verzehret". Angesichts der unabweisbaren Tatsache, daß Brandenburg-Preußen innerhalb und außerhalb des Reiches viele Feinde habe, die ihm die Segnung mit „viellen vndt statlichen Landen" mißgönnten, rät er wiederholt und dringend, „Ihnen keine vrsache zu einigen widerwillen" zu geben und „gutten friden" zu unterhalten,[3] eine Warnung, die in dieser Form nicht typisch für die Hohenzollern ist, sondern sich beispielsweise auch in den Testamenten anderer deutscher Fürsten seit dem 16. Jahrhundert findet.

Dieser Wille zum Frieden schloß freilich nicht aus, ja setzte vielmehr gerade voraus, daß man die Schritte der anderen Mächte, sei es gegeneinander, sei es in verschiedenen Kombinationen gegen Brandenburg, genau beobachtete, allzeit vorbereitet und gerüstet war und, ergänzend, „Alliancen" innerhalb wie außerhalb des Heiligen Römischen Reiches schloß: „Den das ist einmahll gar gewiß, wan Ihr dazu stille sitzen wurdet vndt gedencken, Das feuer seie noch ferne von Eweren grensen: Ewere Lande Das theatrum sein wurden, darauff man die tragedi spillen."[4] Unmittelbar findet hier das Erlebnis des Dreißigjährigen Krieges und damit jene Erfahrung Eingang in die „Vermahnung", die man in der neueren Forschung als das Problem der geographischen „Mittellage" verhandelt.

In der Tat bot sich das in der strategischen Mitte des Kontinents gelegene Gebilde als Austragungsort für die Auseinandersetzungen der Mächte untereinander geradezu an. Der Dreißigjährige Krieg hatte dies, unbeschadet territorialer Gewinne Brandenburgs, schmerzlich bewiesen, und die Nordischen Kriege sollten die Furcht vor dieser Gefahr wachhalten.

Überdies hatte sich gezeigt, daß Brandenburg gerade wegen seines weit verstreuten Besitzes vom Niederrhein bis nach Preußen besonders anfällig war. Um diesen Nachteil auszugleichen oder vielleicht sogar aufzuheben, gab es im wesentlichen zwei Möglichkeiten. Einmal konnte man den Besitz, etwa durch Ausbau und Neuanlage von Festungen, militärisch sichern. Dieses Anliegen durchzieht alle Testamente vom Großen Kurfürsten bis hin zu Friedrich II. wie ein roter Faden. Dann aber wurde stets auch die weitere territoriale Arrondierung ins Auge gefaßt, ein Gedanke, der – zumal in der Verbindung mit der Analyse der territorialen Gegebenheiten – deutlich über die in den Fürstentestamenten des 16. und 17. Jahrhunderts gewöhnlich fixierten Vorstellungen hinausging. Dabei blieb das Augenmerk im Westen, trotz des definitiven Teilungsvertrags mit Pfalz-Neuburg von 1666, auf Jülich und Berg gerichtet, im Norden galt es Vor-, nach 1720 Schwedisch-Pommern, im Osten vor allem Polnisch-, also Westpreußen, im Süden, jedenfalls bei Friedrich Wilhelm und Friedrich dem Großen, Schlesien und bei letzterem vorübergehend auch dem Rivalen Sachsen.

Solche Pläne bzw. „Träume", wie es dann in den Testamenten Friedrichs II. heißt, lagen freilich noch weitgehend außerhalb des Blickfeldes des Großen Kurfürsten, mit einer Ausnahme: In seinem Entwurf zur Erwerbung Schlesiens aus dem Jahre 1670 wies er auf das große Interesse des Hauses Brandenburg hin, „was für eine Nachbarschaft Selbiges in der Schlesie habe, in betrachtung der nahen angrensenden Fürstenthumern, wie auch wegen der Oder, welche von dahr herkompt".[5] Ausgehend von umstrittenen Rechtsansprüchen namentlich auf Jägerndorf und Geldern sowie unter dem Vorwand des Schutzes der Protestanten in Schlesien, hatte Friedrich Wilhelm einen detaillierten Plan für seine Erwerbung ausgearbeitet. Darin wurden die begleitenden militärischen, wirtschaftlichen und diplomatischen Aktionen bis ins einzelne festgelegt. Durchaus war sich der Verfasser des großen Risikos bewußt. Ähnlich wie später Friedrich II. mit Blick auf Sachsen riet er daher, zunächst einmal die militärische Sicherung der eigenen Besitzungen aufs sorgfältigste zu betreiben, damit es Brandenburg nicht wie jenem Hunde ergehe, der das Stück Fleisch im Maul hatte, dieses sich im Wasser spiegeln sah, nach dem Schatten schnappte und dabei sein Stück Fleisch fallen ließ und verlor. Der Kurfürst konzipierte nun diese Pläne für den Fall, daß das Haus Habsburg aussterben sollte. Überdies war ihm zu Ohren gekommen, daß auch andere Mächte Vorkehrungen für eben diese Situation getroffen hatten. Das alles deutet bereits auf die Konstellation des Jahres 1740 voraus und läßt zugleich deutlich werden, daß Schlesien für Brandenburg wegen seiner geographischen Lage auch aus strategischen bzw. defensiven Überlegungen heraus von Interesse war.

Der Entwurf des Großen Kurfürsten blieb vorerst ein Plan. Das lag einerseits daran, daß der von ihm vorgesehene Fall nicht eintrat. Andererseits standen die Hohenzollern nach wie vor ganz in der Tradition des von Veit Ludwig von Seckendorff beschriebenen „Teutschen Fürsten-Stats" und sahen in der Erfüllung ihrer Pflichten als Reichsfürsten eine wesentliche Voraussetzung für die Sicherung ihres Besitzes.[6] Offenkundig wird das in der ersten Ermahnung des Kurfürsten Friedrich III. an seinen Nachfolger aus dem Jahre 1698. Dieser hält an der defensiven Grundeinstellung seines Vaters fest, wenn er seinen Nachfolger ermahnt, sich wohl zu hüten, einen „unbesonnenen" Krieg anzufangen, und solange als möglich den Frieden zu erhalten, damit der „gemeine Mann nicht ruiniert" werde. Denn das Sprichwort sage, daß der Friede ernähre, der Krieg aber verzehre. Auch instruiert Friedrich III. seinen Nachfolger ausdrücklich, den Kaiser als Oberhaupt zu achten, habe doch sein „hauß allemahl viel guthes von demselben empfangen".[7] Diese Haltung sollte sich bezahlt machen. Im Januar 1701 gab Kaiser Leopold I. dem Kurfürsten Friedrich III. seine Zustimmung zur Annahme des Titels „König in Preußen". Das war gewissermaßen der Preis für die ihm im November 1700 anläßlich des bevorstehenden Spanischen Erbfolgekrieges zugesagte Unterstützung des Brandenburgers.

Folgenreich war der Schritt des Jahres 1701 in zweierlei Hinsicht. Einmal diente er der weiteren Sicherung des Besitzes. Denn im zeitgenössischen Selbstverständnis wurde dieser durch den Königstitel aufgewertet, und nicht zufällig hatte Friedrich I., wie sich der Kurfürst von Brandenburg jetzt nannte, seine Bemühungen um die Königswürde forciert, nachdem sein Nachbar, Friedrich August I. (der Starke) von Sachsen, im Jahre 1697 die polnische Königskrone erworben hatte. Dann aber und eben deshalb verstärkte jene Aufwertung auch die Gefährdung Brandenburg-Preußens. Denn geradezu notwendig mußte der „König in Preußen" den anderen europäischen Mächten zusehends als ernstzunehmender Rivale erscheinen. Hier stoßen wir auf ein Dilemma, mit dem die brandenburgisch-preußisch-deutsche Entwicklung seit 1649 fast 300 Jahre lang immer wieder konfrontiert werden sollte. Der nicht zuletzt defensiv motivierte Versuch, das in der Mitte des Kontinents gelegene und über weite Zeiträume hinweg zersplitterte, exponierte Staatsgebilde durch verschiedene Maßnahmen abzusichern, führte unwillkürlich zu dem Bemühen der übrigen Mächte, der weiteren Stärkung dieses Staates einen Riegel vorzuschieben, ja gelegentlich sogar, ihn zu zerstören. Das ist in der Zeit Friedrichs des Großen ebenso zu beobachten wie in der Zeit Bismarcks und Wilhelms II. oder auch – freilich unter in vieler Hinsicht grundverschiedenen Umständen – in der Zeit Hitlers.

Die spezifische Ambivalenz dieser brandenburgisch-preußischen Situation kommt auch in der zweiten Ermahnung König Friedrichs I. an seinen Nachfolger aus dem Jahre 1705 explizit zum Ausdruck: Auch hier findet sich wiederholt die eindringliche Warnung, daß der künftige König in Preußen und Markgraf zu Brandenburg seinen „Estat in Friede und Ruhe erhalten, Krieg und Unruhe aber von demselben, solange es immer sein kan, abwenden möge".[8] Als Grund für diese Haltung benennt der König den entsprechend der zunehmenden Stärkung seiner Länder immer offenkundiger werdenden Umstand, „daß Unser Königreich, Churfürstenthumb und übrige Lande sehr weit begriffen und gar viel mächtige und meistentheils in contrairem Interesse gegeneinander stehende, auch über den Anwachs Unsers Hauses nicht wenig Jalousie hegende Nachbaren haben, da es dan gar leicht ist, daß, wen ein König in Preußen mit jemand in Krieg gerät, der andere Theil einen oder mehr von solchen Unsern Nachbarn auf seine Seite ziehe und durch dieselbe die Macht Unseres Hauses dergestalt distrahiret werde, daß man große Mühe fünde den angefangenen Krieg mit gutem Succeß auszuführen".[9]

Hier wird erstmals jener „Alp", jener „cauchemar des coalitions" unmittelbar spürbar, der die leitenden Staatsmänner in Brandenburg, Preußen und dem Deutschen Reich nicht mehr loslassen sollte. Am eindringlichsten wurde er am 15. Juni 1877 von Bismarck in seinem „Kissinger Diktat" beschrieben. Das daraus resultierende und den Präventivkriegsgedanken jedenfalls nicht ausschließende Sicherheitsdenken ist auch mitverantwortlich für den neben der Mahnung zur Friedenserhaltung zweiten Rat des ersten Königs in Preußen an seinen Nachfolger, daß er „keine Gelegenheit, wobei Sie mit Recht und aus solchen Ursachen, die in Gottes Wort, den natürlichen und Völker-Rechten, auch des Römischen Reichs Grund-Gesetzen gegründet sein, ihre Gränzen erweitern und die Grandeur ihres königlichen Hauses mehr und mehr befestigen und ausbreiten können, zu verabseumen" habe.[10] Ganz auf dieser politischen Linie bewegten sich die Nachfolger des ersten Preußenkönigs. Sie hielten sich dabei weitgehend an die bereits vom Großen Kurfürsten ausgegebene Maxime, derartige Schritte nur mit ausreichendem Rückhalt in Allianzen zu unternehmen. Überdies beteiligten sie sich an den beiden großen Kriegen am Beginn des 18. Jahrhunderts, dem Spanischen Erbfolgekrieg und dem Nordischen Krieg, nur in einem Maß, das den eigenen Interessen unmittelbar förderlich war.

Im geographisch eher abgelegenen Spanischen Erbfolgekrieg beschränkte man sich auf das Nötigste, auf die im November 1700 zugesagte Stellung eines Kontingentes im Reichskrieg gegen das Frankreich Ludwigs XIV. Im Nordischen Krieg bezog Friedrich Wilhelm I. erst in dem Augenblick Stellung, als sich mit der Eroberung Stettins durch die verbündeten Russen, Polen und Dänen eine Chance auf die 1648 entgangene, aber seitdem nie aus den Augen verlorene Erwerbung Vorpommerns eröffnete. Diese wurde ihm am 12. Juni 1714 im preußisch-russischen Garantievertrag zugesagt, dem sich England-Hannover und Dänemark anschlossen. Erst danach, am 1. Mai 1715, erfolgte die preußische Kriegserklärung an Schweden. Und es ist ein durchaus typischer Zug nicht nur der preußischen Politik des 18. Jahrhunderts, daß Friedrich Wilhelm I. die Allianz mit Rußland in dem Augenblick verließ, als das angestrebte Ziel endgültig erreicht war. Im Frieden zu Stockholm wurde ihm am 1. Februar 1720 von Schweden der Besitz Stettins und Vorpommerns bis zur Peene gegen Zahlung von 2 Millionen Talern zugestanden.

Wie seine Vorgänger hat auch Friedrich Wilhelm I. seine Erfahrungen in Testamenten an seine Nachfolger niedergelegt. Auch er weist in seiner Instruktion aus dem Jahre 1722 auf die Notwendigkeit von Allianzen „mit grohsse herren" hin, rät aber, „rahr" damit zu sein und keine unerfüllbaren Versprechungen zu machen.[11] Anders als seine Vorgänger unterscheidet er ausdrücklich zwischen ungerechten und gerechten Kriegen. Wie diese warnt er mehrfach und eindringlich „umb Gottes willen kein ungerechten krihg anzufangen und nicht ein agressör" zu sein. Hingegen sollten das Werk der Vorgänger fortgesetzt und insbesondere berechtigte territoriale Ansprüche eingelöst werden: „Kurfürst friederich Wilhelm haht das rechte flor und aufnahme in unser haus gebracht mein Vatter hat die Königl. würde gebracht. mich habe das Landt und Armée in stande gebracht. an euch mein lieber

Successor ist was eure vorfahren angefangen zu sutteniren und eure
Pretensionen und lender darbeyschaffen die unßerm hauße von Gott
und rechtswehgen zugehören."¹² Er dachte dabei vor allem an die alten
Ansprüche auf Jülich und Berg. Mit Blick auf diese schloß er noch selbst
im April 1739 mit Frankreich ein geheimes Abkommen. Und in seiner
letzten Ansprache vom Mai 1740 riet er auch seinem Nachfolger, sich
für deren Durchsetzung an Frankreich zu halten, auch wenn diesem
generell „nicht viel zu trauen" sei.¹³

II.

Friedrich II., der wenige Monate später die Nachfolge seines Vaters an-
trat, hat sich weitgehend an dessen Maximen orientiert, nur daß er sich
nicht nach Westen wandte, sondern nach Südosten, nach Schlesien, wo
er nach dem Tod des Kaisers Karl VI. unter Berufung auf zumindest sehr
umstrittene Ansprüche daranging, „lender darbeyzuschaffen". Mehr
noch als sein Vater war Friedrich II. ein kühl kalkulierender Machtpolitiker. Ausgehend von der bereits 1731 in einem Schreiben an seinen
Kammerjunker von Natzmer formulierten Maxime „...wer nicht vor-
wärtskommt (ich spreche von der großen Politik), der geht zurück",¹⁴
sind seine politischen Handlungen in den kommenden Jahren zunehmend von der Überzeugung geleitet, daß ein schon geographisch so
exponierter Staat wie Brandenburg-Preußen, wollte er nicht durch die
seinen Aufstieg argwöhnisch beobachtenden Mächte in seinem Bestand
gefährdet werden, ein besonderes Sicherheitsbedürfnis haben müsse,
dem nur durch expansives „Vorwärtskommen" gerecht zu werden sei.
Zwar finden sich auch bei ihm alle wesentlichen Elemente aus den Testamenten seiner Vorgänger, wie namentlich die Ermahnung zu großer
Vorsicht bei außenpolitischen und vor allem militärischen Aktionen
oder die Warnung vor ungerechten Kriegen. Doch wird der von seinen
Vorfahren überlieferte defensive Grundgedanke bis an jene Grenze vorangetrieben, auf der er gleichsam mit innerer Notwendigkeit in sein
Gegenteil umschlagen mußte, ohne freilich im Selbstverständnis des
Handelnden der defensiven Dimension verlustig zu gehen.
     Explizit wird das in Friedrichs berühmtem „Antimachiavell", der kurz
vor dem Einmarsch nach Schlesien erschien und von dem Heinrich von
Treitschke einmal treffend bemerkt hat, daß er als Kritik Machiavellis
ebenso wertlos sei „wie wertvoll als Programm für die eigene Regierung

Friedrichs des Großen".[15] Hier nämlich und namentlich bei seiner Unterscheidung zwischen gerechten und ungerechten Kriegen, die er ebenso wie seine Vorgänger verurteilt, zeigt sich der Umschlag des defensiven Gedankens in eine offensive Konzeption.

Denn gerechte Kriege sind für ihn nicht nur solche, die entweder der Verteidigung oder der Behauptung „bestimmter Rechte oder bestimmter Ansprüche, die man ihm bestreiten will", oder – unter bestimmten Umständen – der Erfüllung von Allianzverpflichtungen dienen. Vielmehr gibt es für Friedrich auch „Angriffskriege", die ihre „Rechtfertigung in sich" tragen: „Es sind das die vorbeugenden Kriege, wie sie Fürsten wohlweislich dann unternehmen, wenn die Riesenmacht der größten europäischen Staaten alle Schranken zu durchbrechen und die Welt zu verschlingen droht. Man sieht ein Unwetter sich zusammenziehen, allein vermag man's nicht zu beschwören, da vereinigt man sich mit allen den Mächten, die gemeinsame Gefahr zu Schicksalsgefährten macht."[16] Unüberhörbar nimmt diese Definition eines gerechten Krieges die Situation des Jahres 1756 vorweg, also den Überfall auf Sachsen und den Ausbruch des dritten Schlesischen, des Siebenjährigen Krieges.

Anders freilich lagen die Dinge im Jahre 1740. In Friedrichs Augen und gemäß der Definition des „Antimachiavell" handelte es sich zwar auch hier, beim Einmarsch nach Schlesien, insofern um einen gerechten Krieg, als es dabei um die Behauptung „bestimmter Rechte" ging. Doch kann heute kaum mehr ein Zweifel bestehen, daß er selbst um die Dubiosität dieser rechtlichen Ansprüche wußte, die bezeichnenderweise erst nach dem Einmarsch öffentlich reklamiert und als Kriegsgrund angegeben wurden.

Mindestens ebenso wichtig für seinen Entschluß zur Eroberung Schlesiens wie diese Rechtsansprüche war daher wohl ein Motiv, dem bereits Aristoteles in seiner „Politik" eine maßgebliche Rolle bei den meisten sog. „freiwilligen Vergehen" zugeschrieben hatte, der Ehrgeiz.[17] Das hat Friedrich selbst ausdrücklich bestätigt. In seinen Denkwürdigkeiten, der „Geschichte meiner Zeit", und zwar in allen drei Fassungen (1742, 1746 und 1775), wies er darauf hin, daß sein Großvater, Friedrich I., mit der Erhebung Preußens zum Königreich „einen Keim des Ehrgeizes in seine Nachkommen" gelegt habe. Das schlesische Unternehmen war für ihn vor allem „der Weg, sich Ruhm zu erwerben" und „die Macht des Staates zu vergrößern".[18]

Schließlich aber nutzte Friedrich im Jahre 1740 die sich plötzlich einstellende Situation aus. Ursprünglich waren auch seine Vergrößerungspläne durchaus, wie seinem Brief an Natzmer zu entnehmen ist, auf die traditionellen Ziele der Hohenzollern zugeschnitten, also auf Polnisch-Preußen, Schwedisch-Pommern und eben Jülich-Berg. Im Jahre 1740 trat dann aber der bereits von seinem Urgroßvater ventilierte Fall ein: Die männliche Linie der Habsburger starb aus, und die übrigen Mächte lagen gleichsam auf der Lauer, um die Macht der habsburgischen Monarchie zu schwächen, wenn nicht zu vernichten. Auch Friedrich ergriff die Gunst der Stunde und richtete sein Augenmerk vom Westen und Norden bzw. Nordosten nach Süden. In dieser Hinsicht unterschied er sich also keineswegs von anderen europäischen Herrschern seiner Zeit. Überdies lagen die Dinge beim Tode Karls VI., wie bereits Leopold von Ranke zeigen konnte, ganz ähnlich wie beim Tode des letzten spanischen Habsburgers: „Der Abgang der älteren, der spanischen Linie hatte einen europäischen Krieg veranlaßt; wie durfte man erwarten, daß der Abgang der zweiten ohne große Erschütterungen vor sich gehen würde!"[19]

Tatsächlich sprach Friedrich selbst in seinen 1738 verfaßten „Betrachtungen über den gegenwärtigen politischen Zustand Europas" von dem „stehenden" Grundsatz der Herrscher, „sich zu vergrößern, soweit ihre Macht es gestattet. Die Art der Vergrößerung ist zwar Modifikationen unterworfen und wechselt unendlich, je nach der Lage des Staates, den Kräften der Nachbarn und der Gunst jeweiliger Umstände. Gleichwohl steht das Prinzip als solches fest, und die Fürsten lassen es nie fallen. Ihr angeblicher Ruhm steht auf dem Spiel – kurz, sie müssen sich vergrößern."[20] So offenkundig hier wie in seinem wenig später verfaßten „Antimachiavell" eine Kritik Friedrichs an diesem „Grundsatz" mitschwingt, so unübersehbar ist doch gleichwohl, daß er sich 1740 ebenso wie die anderen „Fürsten" gezwungen sah, nach diesem „Prinzip" zu handeln.

Freilich hielt er sich dabei nicht an die Formen des Rechts. Wäre, wie Reinhold Koser in seiner bedeutenden Biographie Friedrichs des Großen festgestellt hat, „dem Einmarsch der preußischen Truppen in Schlesien zunächst und vor allem und in entschiedenster Weise die Anmeldung der alten Ansprüche... und ihre Bezeichnung als Kriegsgrund zur Seite gegangen, so würde dieser Schritt allem Anschein nach einen tiefen Eindruck gemacht und allem weiteren, das heißt dem Angebot des Ausgleichs und der Bundesgenossenschaft, vielleicht mit einiger Aussicht auf Erfolg den Weg gebahnt haben".[21] Daß Friedrich diesen Schritt unterließ, unterschied ihn von anderen Fürsten und Staatsmännern der Zeit,

die sich selbst da an den rechtlichen Usancen orientierten, wo das Recht
oft nur als Instrument der Macht mißbraucht wurde. Daß er dabei
erfolgreich war, nahm man ihm übel, neidete man ihm. In der Tat ist
hier ein entscheidender Punkt in der preußisch-deutschen Entwicklung
spätestens seit 1740 angesprochen: Das Mißtrauen der anderen Mächte
wuchs in dem Maße, in dem der Neuling Erfolg hatte – und zwar auch
dann noch, wenn die Formen des Rechts gewahrt wurden. Noch 1912
stellte der letzte deutsche Reichskanzler vor Ausbruch des Ersten Weltkrieges, Theobald von Bethmann Hollweg, fest, daß man das Deutsche
Reich nicht „liebe": „Dafür sind wir zu stark, zu sehr Parvenü und
überhaupt zu eklig."²²

Wie aber stellt sich die Eroberung Schlesiens mit ihren Konsequenzen
im Politischen Testament Friedrichs II. aus dem Jahre 1752 dar? Angesichts der vorausgegangenen Entwicklungen liegt es nahe, daß der
Faktor „Außenpolitik" einen prominenten Ort in diesem Dokument
einnimmt. Friedrichs diesbezügliche Ausführungen sind zweigeteilt.
Während der erste Teil „Über die äußere Politik" im wesentlichen eine
Analyse der gegebenen Mächtekonstellation enthält, befaßt sich der
zweite Teil, die „Rêveries politiques", die sog. „Politischen Träumereien",
mit jenen potentiellen Gebietserweiterungen, die sich bei günstiger Konstellation bzw. unter dem Zwang der Umstände ergeben könnten. Zweifellos handelt es sich dabei nicht um mehr oder weniger vage Phantasien
des Königs, sondern um durchaus konkrete Überlegungen. Es darf daher
als weitgehend sicher gelten, daß die beiden außenpolitischen Kapitel
seines Testaments eine innere Einheit bilden.

In Friedrichs Lageanalyse lassen sich erneut jene drei Elemente identifizieren, die bereits in den Testamenten seiner Vorgänger eine zentrale
Rolle gespielt hatten und die auf das spezifische Sicherheitsbedürfnis
Brandenburg-Preußens verweisen. Auch Friedrich geht von dem wohl
wichtigsten Befund aus, daß sich die „Provinzen der preußischen Monarchie" fast alle voneinander getrennt befanden und durch ihre „geographische Lage Nachbarn der größten europäischen Herrscher sind; alle
diese Nachbarn sind Neider oder ebenso sehr geheime Feinde unserer
Macht".²³ Wie bei seinen Vorgängern leitet sich seine Einstellung zu den
anderen zentralen Fragen seiner Analyse aus diesem Tatbestand ab.
Nicht anders als jene erhebt er die *Sicherung des Friedens* zur leitenden
Maxime seiner Politik, jedenfalls – und auch hier in Anlehnung an die
Väter – „so lange es möglich ist, ohne die Majestät des Staates zu verletzen". Unübersehbar spielt hier auch die Erfahrung der Schlesischen

Kriege eine entscheidende Rolle, habe man dadurch doch den „Neid ganz Europas" auf sich gezogen und alle Nachbarn „wachsam gemacht".[24]

Natürlich war Friedrich II. zu sehr realistisch denkender Machtpolitiker, um einen erneuten Krieg ausschließen zu können oder zu wollen. Vielmehr waren seine Ausführungen zur Allianzfrage geprägt vom Wissen um einen jederzeit möglichen Krieg; seine Planungen orientierten sich an der pragmatischen Maxime seiner Politik, „aus günstigen Positionen Nutzen zu ziehen" und die Bildung von Bündnissen jeweils kurzfristig an den gegebenen Interessen auszurichten. In der Situation des Jahres 1752 war für Friedrich wie schon für seinen Vater Frankreich der mächtigste Bundesgenosse: „Sein beständiges Interesse ist es, das Haus Österreich zu demütigen..."[25] „Unsere augenblicklichen Interessen, besonders seit der Eroberung Schlesiens, verlangen, mit Frankreich einig zu bleiben, ebenso mit allen Feinden des Hauses Österreich."[26] Dieses trotz allen sonstigen Mißtrauens in die anderen Mächte erstaunlich feste Vertrauen auf den französisch-österreichischen Gegensatz sollte im Jahre 1756 nicht unerheblich zur fast ausweglos erscheinenden Situation Preußens beitragen.

Zentral für Friedrichs „Träumereien", die sich aus dieser Lageanalyse herleiten, ist die Einsicht, „daß eine uninteressierte Macht, die sich zwischen ehrgeizigen Mächten befände, endlich zugrunde gehen müsse". Damit setzte der König, jetzt übrigens Machiavelli ausdrücklich bestätigend, die Gedankenführung des „Antimachiavell" konsequent fort. Und es liest sich wie eine nachträgliche Erklärung seines wesentlichen Motivs, wenn er bekennt, daß „die Fürsten Ehrgeiz besitzen" müßten, mochte der aufgeklärte Monarch auch die gewiß relative Erläuterung hinzufügen, daß dieser Ehrgeiz „weise, maßvoll und durch die Vernunft erleuchtet sein" müsse.[27] Der auf territoriale Vergrößerung gerichtete Ehrgeiz konnte nun in Friedrichs Augen auf zweierlei Art und Weise gestillt werden, entweder durch Erbschaften (im Falle Brandenburg-Preußens namentlich durch die Ansprüche auf Bayreuth und Ansbach sowie Mecklenburg) oder wie schon 1740 durch „Eroberungen". Dabei dachte Friedrich an drei Provinzen: Sachsen, Polnisch-Preußen und Schwedisch-Pommern. Diese Ambitionen trugen der Zersplitterung des Staates und dem sich daraus ergebenden Sicherheitsdilemma Rechnung. Daß in diesem Zusammenhang und anders als bei Friedrich Wilhelm I. Jülich und Berg keine Rolle spielen, ja nicht einmal erwähnt werden, ist bezeichnend, deutet dieser Sachverhalt doch auf die grundsätzliche und

wohl vor allem durch die Erfahrung der Jahre 1740–1745 bedingte
Änderung der Blickrichtung hin. Diese ging 1752 ganz in den Norden
bzw. Nordosten und Süden.

Lag nun der Wunsch nach der Erwerbung Polnisch-Preußens und
Schwedisch-Pommerns noch in der traditionellen Linie der in den Testamenten dokumentierten Hohenzollern-Politik, so war die von Friedrich
selbst als die „nützlichste" bezeichnete Erwerbung Sachsens, das durch
das gleichzeitig zu erobernde Böhmen entschädigt werden sollte, ein
ganz neuer Faktor: „Es würde die Grenze am weitesten hinausrücken
und Berlin decken."²⁸ Auch über das Vorgehen bei dieser Eroberung hat
sich der König en détail ausgelassen: „Man muß seinen Plan geheim und
verborgen halten, die allgemeinen Umstände benutzen, geduldig diejenigen abwarten, die uns günstig sind, und wenn sie gekommen sind, mit
Kraft handeln. Diese Eroberungen würden erleichtert, wenn Sachsen mit
der Königin von Ungarn verbündet wäre und diese Fürsten und ihre
Nachfolger mit Preußen gebrochen hätten. Das wäre ein Vorwand, in
Sachsen einzumarschieren, um die Armee zu entwaffnen und sich im
Lande festzusetzen."²⁹

Im August 1756 eröffnete Friedrich der Große mit dem Angriff auf
eben dieses Sachsen den dritten Schlesischen Krieg, der ein siebenjähri-
ger werden sollte. Damit entschied er sich für ein Vorgehen, das dem in
seinem „Traum" beschriebenen sehr ähnlich war und das ihm den Vorwurf eingetragen hat, diesen folgerichtig in die Tat umgesetzt zu haben.
Dieser Vorwurf ist schon deshalb nur bedingt berechtigt, weil selbst
Friedrich die für Preußen so bedenkliche, durch das „renversement des
alliances", vor allem den Koalitionswechsel Frankreichs, zusätzlich ver-
schärfte Situation des August 1756 nicht vorausgesehen hat. Zudem galt
Sachsen in diesem Falle nicht sein besonderes Interesse. Daß aus Friedrichs Sicht der Dinge unter den gegebenen Bedingungen und namentlich
in strategischer Perspektive kaum eine andere Möglichkeit als der Über-
raschungsangriff auf Sachsen bestand, beurteilten dann allerdings selbst
die wohlwollendsten Zeitgenossen als „ungeheuren Schritt", wie Goethe
noch in „Dichtung und Wahrheit" schrieb.³⁰

Daß der Faktor Sachsen eine so bedeutende Rolle sowohl im Denken
Friedrichs II., etwa in seinem Testament von 1752, als dann auch bei
seiner Kriegführung spielte, war nicht zuletzt eine Folge der Erwerbung
Schlesiens. Denn dadurch wurde das Sicherheitsproblem Brandenburgs
zum Sicherheitsdilemma Preußens, später des Deutschen Reiches. Mußten bereits mit dem erfolgreich durchgeführten Versuch, den zersplitter-

ten Staat durch den Erwerb neuer Territorien – wie zuvor etwa Vorpommerns, später namentlich Westpreußens – zu arrondieren und damit zu festigen, die Sicherungsbemühungen notwendigerweise auf die neuen Gebiete ausgedehnt werden, so galt das erst recht für die Erwerbung von Territorien, die wie Schlesien nicht der unmittelbaren geographischen Abrundung des Staates dienten.

So mußte jetzt, nach 1740, z. B. auch Sachsen in das strategische Kalkül, ja sogar in die territorialen Arrondierungspläne einbezogen werden. Und je erfolgreicher diese Arrondierung durchgeführt und je stärker dabei der Staat wurde, um so mehr mußte er das Mißtrauen und die Mißgunst der anderen Mächte erwecken und zu entsprechenden Gegenmaßnahmen, wie insbesondere der Bildung von übermächtigen Allianzen, führen. Die Angst vor dieser Entwicklung sollte die preußisch-deutsche Politik bis in die Tage Bismarcks und Wilhelms II. nicht mehr loslassen. Ebenso folgenreich für die preußisch-deutsche Geschichte im besonderen, die Geschicke Europas im allgemeinen war indessen die Tatsache, daß die anderen Mächte und namentlich England, dem schon Friedrich die Rolle eines Drahtziehers der europäischen Politik zusprach, dieses Sicherheitsdilemma nicht erkannten, jedenfalls nicht rechtzeitig. Und es mag schon hier die Frage aufgeworfen werden, ob diese spezifische Situation so manchem Engländer nicht erst sehr spät, vielleicht erst am Ende der 30er Jahre des 20. Jahrhunderts, bewußt wurde, dann freilich mit einer Konsequenz, die für Europa nicht minder folgenreich sein sollte (vgl. Kapitel 5).

Auch das zweite Politische Testament Friedrichs des Großen aus dem Jahre 1768, das in seinen außenpolitischen Passagen ähnlich wie das von 1752 aufgebaut ist, geht von dem spezifischen preußischen Sicherheitsproblem aus. Ausdrücklich spricht Friedrich von der „Grundtatsache", „daß ein König von Preußen immerfort auf einen nahen Kriegsausbruch gefaßt sein muß, daß er sich in lebhaften Farben diese zerstreuten Provinzen und die Macht seiner Nachbarn ausmalen muß".[31] Was die Sicherung und Verteidigung des „eigentlichen Staatskörpers", also Pommerns, der Marken, Magdeburgs, Halberstadts und Schlesiens angeht, so finden jetzt natürlich die Erfahrungen des Siebenjährigen Krieges Eingang in Friedrichs Überlegungen. Zwei Maßnahmen stehen dabei im Vordergrund, zum einen der Ausbau des Heeres und insbesondere des Festungswesens, vornehmlich in Schlesien: „Denn die festen Plätze", so hatte er schon in seinem ersten Testament festgestellt, „halten wie mächtige Nägel die Provinzen des Herrschers zusammen."[32] Als zweite Sicherungsmaßnahme spielt ähnlich wie 1752 auch jetzt, und insbesondere für den Fall einer Verteidigung der Marken und Magdeburgs „gegen die Österreicher", die Bemächtigung Sachsens eine wesentliche Rolle. Auch 1768 steht für den König die Notwendigkeit von Allianzen außer Frage, nur daß nunmehr Rußland an die Stelle Frankreichs getreten ist, sei es doch besser, Rußland zum Verbündeten als zum Feind zu haben, „weil es uns viel schaden kann und wir ihm nichts vergelten können".[33] Die generelle Bedeutung eines Bündnisses schließlich sah Friedrich bezeichnenderweise darin, daß es „viel" sei, die anderen Mächte so gebunden zu haben, „daß sie es nicht wagen, Euch zu schaden, und daß viel gewonnen ist, wenn man in einem schwierigen Unternehmen hinsichtlich einiger dieser großen Mächte ruhig sein kann".[34] Das haben auch die meisten seiner Nachfolger so gesehen, allen voran Otto von Bismarck, der sich nach der Begründung der Großmacht Deutsches Reich einer vergleichbaren Situation gegenübersah.

Daß Friedrich solche „schwierigen Unternehmungen" nach wie vor für möglich hielt, darauf weist das dritte wesentliche Element auch seines zweiten Testaments hin, das Problem von Krieg und Frieden. Zwar plädierte er wie schon im „Antimachiavell" und in seinem ersten Testament für die Erhaltung des Friedens, der jetzt, nach dem kräftezehrenden Krieg, nötiger schien denn je: „Jeder Krieg ist ein Abgrund", so schrieb er auch noch 1776 in seinem „Abriß der preußischen Regierung",[35] und da Preußen arm sei, müsse es sich „besonders vor der Einmischung in solche Kriege hüten, bei denen nichts zu gewinnen" sei. Doch ließ er gleichzeitig, wie es 1768 heißt, keinen Zweifel an der von ihm so genannten „ersten Sorge eines Herrschers", „sich zu behaupten", und ebensowenig an der zweiten, „sich zu vergrößern".[36] Dahinter stand einerseits die geradezu klassisch machiavellistische Feststellung, daß es keinen Herrscher gebe, der nicht die Idee im Kopf habe, „sein Reich zu erweitern".[37] Andererseits spiegelt sich hier die den Zeitgenossen selbstverständliche Ansicht wider, daß die Grundlage aller Macht „Achtung und Respekt" und der Fürst vor allem „mächtig durch seine Reputation" sein müsse. So jedenfalls heißt es bereits im Politischen Testament Richelieus.[38] Auch Friedrich spricht vom „Ansehen" als „der wichtigsten und notwendigsten Sache in Europa", und ein Krieg ist für ihn u. a. schon dann „gut, wenn man ihn führt, um das Ansehen des Staates aufrechtzuerhalten".[39]

Beide Momente, Expansion und Ansehen, von denen insbesondere das gerade für den Neuling wichtige Prestigemoment bis in die Tage

Wilhelms II. eine nicht unerhebliche Rolle in der preußisch-deutschen
Politik spielen sollte, fanden dann auch Eingang in Friedrichs Überlegungen bezüglich künftiger Erwerbungen. Wie schon 1752 unterschied
er zwischen rechtlichen Ansprüchen namentlich auf Bayreuth und Ansbach, auf Mecklenburg sowie auf die Landgrafschaft Hessen-Kassel und
Erwerbungen, die Brandenburg-Preußen nach dem „Recht der Bien-
séance" zustanden. Auch jetzt war dabei die Überlegung maßgebend,
daß ein „benachbartes Land, ein Gebiet, das uns abrundet, ... hundert-
mal wichtiger" sei „als ein Land, das von unseren Grenzen getrennt ist".
Und wie 14 Jahre zuvor nannte er in diesem Zusammenhang an erster
Stelle Sachsen, das „uns abrundet" und „die Hauptstadt gegen Einfälle
der Österreicher schützen" würde, gefolgt von Polnisch-Preußen und
Danzig: „...denn wenn man an der Weichsel einige Plätze befestigt,
könnte man das königliche Preußen gegen Unternehmungen der Russen
verteidigen."⁴⁰ Bezeichnenderweise rubrizierte Friedrich diese projek-
tierten Erwerbungen jetzt aber nicht mehr unter den „Politischen Träumereien", die sich vor allem mit den günstigen Voraussetzungen für
diese Erwerbungen befassen, sondern unter dem Titel „Unsere Ansprüche auf verschiedene Provinzen".

1772 ist es dann Friedrich dem Großen durch die sog. erste Teilung
Polens selbst noch gelungen, Polnisch-Preußen – allerdings ohne Danzig
– zu erwerben, und zwar unter Bedingungen, die er 1768 in seinem
„Träume und chimärische Projekte" betitelten Kapitel als ideal gekenn-
zeichnet hatte: Vielleicht könne man, so lesen wir dort, „dieses Gebiet
besser durch Verhandlungen Stück um Stück gewinnen als durch das
Recht der Eroberung". Als günstige Voraussetzung sah er den Fall an,
daß Rußland der preußischen Hilfe dringend bedürfe,⁴¹ ein Fall, der
dann durch den russisch-türkischen Krieg (1768–1774) und die Furcht
der Zarin vor einem möglichen Eingreifen Österreichs in gewisser Weise
eintrat.

Mit der Erwerbung Schlesiens und Polnisch-Preußens sowie durch
Erbfall Ostfrieslands (1744) war es Friedrich II. gelungen, die seit dem
Großen Kurfürsten immer wieder ventilierte Abrundung des brandenburgisch-preußischen Staates in einem Umfang durchzuführen, der
Preußen innerhalb weniger Jahre zu einer europäischen Großmacht auf-
steigen ließ. War daher mit der territorialen Expansion auch einerseits
einem elementaren Sicherheitsbedürfnis Genüge getan, so war doch andererseits unübersehbar, daß der Großmachtstatus zugleich neue und
anders dimensionierte Sicherheitsprobleme aufwarf. Denn mit der neuen

Stellung im Kreis der Mächte wuchs fast zwangsläufig jenes Mißtrauen der Nachbarn, vor dem die Hohenzollern seit dem Großen Kurfürsten traditionell ihre Nachfolger gewarnt hatten und das sich seinerseits durchaus plausibel aus deren Sicherheitsbedürfnis vor der ständig expandierenden Macht in der Mitte des Kontinents erklärte. So prophezeite auch Friedrich in einer seiner letzten Schriften, den „Betrachtungen über den politischen Zustand Europas" vom Mai 1782, vor dem Hintergrund des soeben abgeschlossenen russisch-österreichischen Verteidigungsbündnisses, daß man versuchen werde, die preußische Monarchie vollständig zu zertrümmern: „Unser unglückliches Land wird einerseits von den Russen in Ostpreußen angegriffen werden, andererseits von den Österreichern, in Schlesien oder in der Lausitz und Sachsen, mit der Absicht, geradewegs auf Berlin vorzudringen." Angesichts derart „gewaltiger" Gefahren sah sich der alte König erneut vor die Notwendigkeit gestellt, Bündnisse herbeizuführen, „um wenigstens eine Art von Gleichgewicht zu erreichen gegen die Übermacht der Feinde".[42]

Mithin finden sich auch noch in den späten Schriften Friedrichs des Großen all jene Elemente einer außenpolitischen Lageanalyse, die bereits die frühesten Äußerungen des jungen Kronprinzen bestimmt hatten, ja, die bereits in den Testamenten seiner Vorgänger angesprochen werden und die auch noch für die Vorstellungen preußisch-deutscher Politiker bis ins 20. Jahrhundert maßgeblich sein sollten. Sie haben offensichtlich eine für die preußisch-deutsche Entwicklung gleichermaßen grundsätzliche und spezifische Bedeutung, die über die persönlichen Motive Friedrichs des Großen, wie namentlich den von ihm selbst beschriebenen Ehrgeiz, hinausweist.

III.

Das Bewußtsein der geographischen Lage und ihrer Gefahren bestimmte von der „Vätterlichen Vermahnung" des Großen Kurfürsten bis hin zu einschlägigen Lageanalysen Wilhelms II. vor Ausbruch des Ersten Weltkrieges maßgeblich die außenpolitischen Vorstellungen. Es erklärt z. B. auch die außergewöhnliche Bedeutung, welche die Hohenzollern dem Problem der politischen bzw. militärischen Planung zumessen. Sie werden nicht müde, darauf hinzuweisen, daß man die Konstellation der Mächte aufs genaueste zu beobachten und danach die geheimen Planungen auszurichten habe, um dann im geeigneten Moment, und zwar überraschend, den ersten Schritt zu tun und den anderen Mächten zuvorzukommen.

Schon hier wird der für die preußisch-deutsche Politik im ganzen typische Präventivkriegsgedanke greifbar, also das Umschlagen des defensiven Gedankens in sein Gegenteil. Er ist auch für das zweite und aufs engste mit der geographischen Lage verbundene Problem charakteristisch, die Bündnisfrage. War einerseits offenkundig, daß man ohne Allianzen kaum überleben, schon gar nicht die als notwendig empfundene territoriale Abrundung durchführen konnte, so ist andererseits die ständige Furcht vor der Bildung übermächtiger Koalitionen unverkennbar. Auch der „cauchemar des coalitions" der deutschen Politik nach 1871 und mehr noch die deutsche Einkreisungsphobie vor dem Ersten Weltkrieg, die ja stark von der Erinnerung an den Siebenjährigen Krieg lebten, stehen in dieser Tradition. War etwa Bismarcks Entschluß zu einem Bündnis mit Österreich-Ungarn im Jahre 1879 auch von der Furcht geleitet, eine Koalition wie die seinerzeit vom österreichischen Staatsmann Graf Kaunitz gegen Preußen geschmiedete könne sich wiederholen, so diagnostizierte der letzte Hohenzoller auf dem Königsthron bereits im November 1904 angesichts der sich bildenden „Tripel Entente": „Die Situation fängt an, immer mehr derjenigen vor dem 7jährigen Kriege zu gleichen."[43] Und sicherlich war diese Furcht entscheidend dafür mitverantwortlich, daß der Präventivkriegsgedanke auch den politischen Leitern des jungen Deutschen Reiches durchaus vertraut war und daß sie sich schließlich 1914 – wie schon 1756 – für einen als präventiv empfundenen Schritt entschieden.

Insofern galt 1914, beim Ausbruch des Ersten Weltkrieges, immer noch jene (allerdings später modifizierte) Ansicht, die Bismarck im November 1871 vor dem Reichstag äußerte, als er die Situation des jungen Deutschen Reiches mit derjenigen Preußens nach seinem Aufstieg zur europäischen Großmacht verglich und feststellte, daß eine „Verteidigung durch den Vorstoß doch eine sehr häufige und in den meisten Fällen die wirksamste ist und daß es für ein Land von einer solchen zentralen Lage in Europa, das drei bis vier Grenzen hat, wo es angegriffen werden kann, sehr nützlich ist, dem Beispiel Friedrichs des Großen zu folgen". Er glaube, fuhr der Reichskanzler fort, „daß diejenigen auf eine ungeschickte und schwer verantwortliche Politik rechnen, die annehmen, daß das Deutsche Reich unter Umständen in der Lage sei, einen Angriff, der gegen dieses Reich geplant werde, vielleicht von übermächtigen Koalitionen, vielleicht auch nur von einzelnen, ruhig abzuwarten, bis dem

Gegner der bequeme und nützliche Zeitpunkt, loszuschlagen, gekommen zu sein scheint. In solchen Lagen ist es die Pflicht der Regierung, und die Nation hat das Recht, von der Regierung zu fordern, daß, wenn wirklich Krieg nicht vermieden werden *kann*, dann die Regierung denjenigen Zeitpunkt wählt, ihn zu führen, wo er für das Land, für die Nation mit den geringsten Opfern, mit den geringsten Gefahren geführt werden kann."[44]

Natürlich findet sich der Präventivkriegsgedanke als solcher nicht erst bei Friedrich dem Großen. Machiavelli beispielsweise, mit dem sich der Kronprinz gerade auch in diesem Punkt auseinandergesetzt hat, war er ebenso vertraut wie Richelieu, dessen Politisches Testament dem König bei der Abfassung seiner Testamente als Vorlage diente. Auch der Kardinal hielt einen Krieg „zu gewissen Zeiten" für „nötig", „um den Übeln zuvorzukommen, von denen man augenblicklich bedroht ist, und von denen man sich auf anderem Wege nicht frei machen kann".[45] Für die preußische Sicht freilich typisch ist die Kombination dieses Präventivkriegsgedankens mit dem Problem der Zersplitterung des Staates und vor allem mit dem seiner geostrategischen Lage, angesichts derer die Bildung von feindlichen Koalitionen besonders gefährlich, d. h. für die Existenz des Staates selbst bedrohlich sein mußte. Das gilt für die Hohenzollern im 17. und 18. Jahrhundert ebenso wie für ihre Nachfolger und deren Berater zur Zeit des Kaiserreichs. Und selbstverständlich war dieser Gedanke auch vielen Deutschen in der Zwischenkriegszeit geläufig. Eben deshalb konnte er dann von Hitler für seine Zwecke instrumentalisiert werden.

Geht man nun von dem für den Ausnahme-, den Notfall ventilierten Präventivkriegsgedanken zurück auf die grundsätzliche Problematik von Krieg und Frieden, dem dritten zentralen, in allen Testamenten wiederkehrenden Element der außenpolitischen Lageanalyse, so wird man allerdings feststellen dürfen, daß die Friedenserhaltung eine der obersten Maximen der Hohenzollern war. Das war bei Friedrich dem Großen ebenso der Fall wie bei seinen Vorgängern und, allen gelegentlich lautstarken Bekundungen namentlich des letzten preußischen Königs zum Trotz, auch bei seinen Nachfolgern bis hin zu Wilhelm II. Die Erfahrung lehrte ja die große, möglicherweise existenzbedrohende Gefährdung eines geographisch so exponierten Staates im Kriegsfall. Und die Möglichkeit seiner „destruction totale", der Reduzierung auf eine zweitrangige Macht, die auf seiten der anderen Mächte erstmals im Siebenjährigen Krieg aufgetaucht war, stand den Hohenzollern seitdem warnend vor

Augen. Das Wissen um diese Möglichkeit ist im übrigen auch eine Erklärung für ihre den Nachbarn nicht selten übertrieben scheinenden Rüstungsbemühungen.

Andererseits waren sich die Hohenzollern allzeit der Möglichkeit, ja der Notwendigkeit eines Krieges bewußt. Im Selbstverständnis der Zeit war der Staat nur durch Expansion, durch territoriale Arrondierung zu sichern. Auch diese Haltung ist in gewisser Weise noch bei Wilhelm II. zu finden, nur daß sich die Erweiterung – dem Geist der Zeit entsprechend – nunmehr auf weltpolitische Ziele verlagerte (vgl. Kapitel 3). Folgenreich für die preußisch-deutsche Politik blieb indessen, daß Friedrich II. mit dem Einmarsch in Schlesien die Formen des Rechts verletzt hatte. Denn seit 1740 wurden alle preußisch-deutschen Gebietserweiterungen von den Nachbarn als in dieser Tradition stehend angesehen, auch wenn sie selbst, freilich unter Wahrung eben dieser Form, nicht grundsätzlich anders handelten. Noch am 1. Januar 1907 zog Sir Eyre Crowe, Senior Clerk im britischen Foreign Office, in seinem berühmten „Memorandum über den gegenwärtigen Stand der britischen Beziehungen zu Frankreich und Deutschland" eine direkte Linie von der „Wegnahme Schlesiens im tiefen Frieden" zur Reichseinigungspolitik Bismarcks und zur „Weltpolitik" seiner Nachfolger.[46]

Damit ist einmal mehr das spezifisch brandenburgisch-preußisch-deutsche Sicherheitsdilemma angesprochen. Die Absicherung des Staates mußte, wie die Hohenzollern selbst sehr wohl wußten, mit geradezu innerer Notwendigkeit den Neid, das Mißtrauen, ja die Angst der anderen Mächte vor einer sich ständig verstärkenden Macht im Zentrum des Kontinents hervorrufen und, beginnend bei der Bildung von Koalitionen, zu entsprechenden Gegenmaßnahmen führen. Das gilt insbesondere seit der Eroberung Schlesiens. Diese entsprach zwar durchaus dem Geist der Zeit, ging aber zugleich über das hinaus, was das Sicherheitsbedürfnis Brandenburg-Preußens unmittelbar nahelegte oder gebot.

Fast ebenso notwendig waren die Gegenmaßnahmen der Nachbarn geeignet, auf preußisch-deutscher Seite das entsprechende Vorgehen noch zu forcieren bzw. durch präventive Schläge den befürchteten Schritten der Mächte vorzubeugen. Damit wiederum wurde eben jener Zustand gefährdet bzw. beendet, den man selbst als den für die Konsolidierung des Staates wichtigsten erachtete: der Friede.

In dieser Hinsicht also unterschied sich die Situation Preußens am Ende der Regierung Friedrichs des Großen nicht wesentlich von derjenigen Brandenburgs im Ausgang des Dreißigjährigen Krieges. Und dieses

Sicherheitsdilemma sollte das Schicksal Preußen-Deutschlands um so deutlicher bestimmen, je stärker es wurde. Das galt, wie der Schöpfer der Großmacht Deutsches Reich, Otto von Bismarck, sehr wohl wußte, zumal für die Zeit nach 1871, und es muß als historische Tatsache zur Kenntnis genommen werden, daß erst die Entscheidungen der alliierten Siegermächte des Zweiten Weltkrieges, indem sie mit der Zerschlagung Deutschlands und insbesondere Preußens dem Sicherheitsbedürfnis eben dieser Mächte entgegenzukommen suchten, auch jenes Dilemma Preußen-Deutschlands erst einmal beseitigten. Ob das 1990 unerwartet vereinte Deutschland, die Großmacht Bundesrepublik, sich erneut einem vergleichbaren Sicherheitsdilemma gegenübersehen wird, dürfte auch von den Erkenntnissen abhängen, die der Einblick in die historischen Grundfragen der preußisch-deutschen Außenpolitik der letzten Jahrhunderte freigibt.

2. Abwege.

Bismarck, die orientalische Frage und das Optionsproblem in der deutschen Außenpolitik

Am 5. Dezember 1876 sprach Otto von Bismarck vor dem Deutschen Reichstag die berühmt gewordenen Worte, daß er zu „irgend welcher aktiven Beteiligung Deutschlands" an den orientalischen Angelegenheiten „nicht rathen" werde, solange er „in dem Ganzen für Deutschland kein Interesse sehe, welches auch nur... die gesunden Knochen eines einzigen pommerschen Musketiers werth wäre".[1] Knapp 38 Jahre später, am 1. bzw. 3. August 1914, erklärte das Deutsche Reich seinen Nachbarn Rußland und Frankreich den Krieg, und Hunderttausende pommerscher Musketiere zogen in eine Völkerschlacht, deren äußerer Anlaß wie aber in mancher Hinsicht auch tieferer Grund in eben jener orientalischen Frage zu sehen sind.

Wenn im folgenden ein Grundproblem deutscher Außenpolitik im 19. und 20. Jahrhundert, das Optionsproblem, am Beispiel der orientalischen Frage betrachtet wird, so liegt das an ihrer herausragenden Bedeutung für die internationalen Beziehungen in Europa, insbesondere vor Ausbruch des Ersten Weltkrieges. Der zerfallende Einfluß des ehedem so mächtigen Osmanischen Imperiums, die u. a. dadurch ausgelösten und gelegentlich konkurrierenden Unabhängigkeitsbestrebungen zahlreicher Völker Südosteuropas, die strategische Bedeutung dieser Region als Nahtstelle zwischen Okzident und Orient sowie schließlich die durch alle diese Faktoren mitbedingten Interessen und Ambitionen der europäischen Großmächte erzeugten einen Sog, dem sich kaum eine von ihnen entziehen konnte. Das gilt auch und gerade für das Deutsche Reich, das nach dem zitierten Bekenntnis seines ersten Kanzlers zunächst kein unmittelbares Interesse an der orientalischen Frage hatte, dann aber in den Strudel eines europäischen Krieges gezogen wurde, der durch eben diese ausgelöst worden war.

Wer nach den Ursachen für diese Entwicklung sucht, wird von der historischen Forschung traditionell vor allem auf die Politik der Nachfolger Bismarcks verwiesen, die sich eben nicht mehr an dessen politische Maximen gehalten und u. a. deshalb das Reich in die Katastrophe einer zunächst europäischen, dann globalen Auseinandersetzung geführt hätten. Für diese Sicht der Dinge gibt es zwar eine Reihe guter Argumente (vgl. Kapitel 3 und 4), aber sie ist einseitig. Denn bei genauem Hinsehen wird man sich kaum des Eindrucks erwehren können, daß es der erste Kanzler des Deutschen Reiches selbst war, der mit einigen folgenreichen Entscheidungen jene politischen Abwege angelegt oder doch zumindest vorbereitet hat, welche die deutsche Politik in das schon von ihm selbst als gefährlich erkannte Spannungsfeld Südosteuropa führen sollten. Dies geschah, indem der Kanzler im Verlauf der 80er Jahre einige jener politischen Maximen aufgab, die er in der zweiten Hälfte der 70er Jahre vor dem Hintergrund einer krisenhaften Zuspitzung der orientalischen Frage formuliert hatte.

Damit liegt es nahe, im Rahmen der nachfolgenden Betrachtungen zunächst (I) die wichtigsten Etappen der Außen- und namentlich der Orientpolitik Otto von Bismarcks Revue passieren zu lassen und dann (II) nach den Ursachen und Folgen der erwähnten politischen Kurskorrektur zu fragen. Abschließend ist (III) das dieser Entwicklung zugrundeliegende eigentliche Problem, das Optionsdilemma, als Faktor der deutschen Außenpolitik zu beleuchten.

I.

Den Anlaß für die eingangs zitierte Grundsatzerklärung Bismarcks vor dem Reichstag bildete die große orientalische Krise der Jahre 1875–1878, die durch Aufstände der Bevölkerung Bosniens und der Herzegowina gegen die türkische Herrschaft ausgelöst wurde und in einem weiteren Krieg zwischen Rußland und der Türkei kulminierte. Einmal mehr suchte das russische Zarenreich die Krise auf dem Balkan für die Erreichung einiger traditioneller Ziele zu nützen, zu denen vor allem die direkte oder indirekte Kontrolle der türkischen Meerengen Bosporus und Dardanellen zählte. Zwar hatte Bismarck auch in den Jahren bzw. Jahrzehnten zuvor die orientalische Frage im Auge behalten, ja als potentielles Kompensationsobjekt politischer Verhandlungen und Absprachen betrachtet. Aber erst die im Juli 1875 losbrechende Krise zwang ihn zur Entwicklung eines über die Krisenbewältigung hinausweisenden Konzepts, schon deshalb, weil sich im Oktober Wilhelm I. „als mächtigster christlicher Souverän zu tätigerem Eingreifen gegen die Türkei verpflichtet" fühlte.[2]

Diesem Ansinnen seines Kaisers trat der Kanzler dreifach entgegen, und zwar erstens – wieder einmal – mit einer Rücktrittsdrohung,[3] zweitens mit mehreren Memoranden, die er in Varzin seinem Sohn Herbert in die Feder diktierte, und schließlich, drittens, mit der erwähnten Rede vor dem Reichstag, welche die Öffentlichkeit, und sicher nicht nur die deutsche, über die Haltung der Reichsregierung zu den orientalischen Dingen ins Bild setzen sollte.

Für uns sind vor allem die Varziner Diktate vom 14. und 20. Oktober sowie vom 9. November von Interesse. Ihre Analysen und Prognosen wurden für die deutsche Politik in der Krise wegweisend. Überdies thematisierten sie erstmals den Kerngedanken des berühmteren Kissinger Diktats vom 15. Juni 1877, in dem viele eine Art Grundsatzprogramm der Außenpolitik Otto von Bismarcks sehen. Eindringlich führte der Kanzler dem Kaiser am 14. Oktober die Gefahren eines deutschen Eingreifens in die orientalische Krise vor Augen: „Je schwieriger die Situation sich zuspitzt, um so deutlicher müssen wir meines Erachtens... in unserer diplomatischen Tätigkeit zum Ausdruck bringen, daß unser Hauptinteresse nicht in dieser oder jener Gestaltung der Verhältnisse des türkischen Reiches liegt, sondern in der Stellung, in welche die uns befreundeten Mächte zu uns und untereinander gebracht werden. Die Frage, ob wir über die orientalischen Wirren mit England, mehr noch mit Österreich, am meisten aber mit Rußland in dauernde Verstimmung geraten, ist für Deutschlands Zukunft unendlich viel wichtiger, als alle Verhältnisse der Türkei zu ihren Untertanen und zu den europäischen Mächten."[4]

Sechs Tage später ließ Bismarck dann seiner „Phantasie" freien Lauf und stellte sich vor, wie er wohl verfahren würde, wenn er „in der Sache" eine „leitende Stimme" hätte. Für diesen Fall, so der Kanzler weiter, wolle er „doch versuchen, ob der so wertvolle Friede zwischen den europäischen Mächten nicht dadurch erhalten werden kann, daß die ohnehin unhaltbare Einrichtung der heutigen Türkei die Kosten dafür hergibt".[5] Daran hatte sich nichts geändert, als Bismarck im Sommer des folgenden Jahres tatsächlich die „leitende Stimme" war. Auf dem Berliner Kongreß, der im Juni und Juli 1878 in der deutschen Hauptstadt tagte und den russisch-türkischen Krieg – nach dem Präliminarfrieden von San Stefano – endgültig beendete, trug der Reichskanzler als respektierter „ehrlicher Makler" maßgeblich dazu bei, daß der Friede insbesondere auf Kosten der Türkei wiederhergestellt wurde. Wenig später, am 2. November 1878, faßte er dann in einem Schreiben an das Auswärtige Amt noch einmal zusammen, welches Grundprinzip seine Krisen- und Kongreßdiplomatie bestimmt hatte und ihn auch in Zukunft leiten sollte. Danach betrachtete er es als „Triumph" deutscher Orientpolitik, „wenn es uns gelänge, das orientalische Geschwür offen zu halten und dadurch die Einigkeit der anderen Großmächte zu vereiteln und unseren eigenen Frieden zu sichern".[6] Das war natürlich zugleich eine Erfolgsmeldung. Wenig ließ sie mehr von den zum Teil erheblichen Schwierigkeiten erkennen, denen sich die deutsche Politik in der Krise wie auf dem Kongreß gegenüber gesehen hatte. Beide bedürfen hier keiner näheren Betrachtung. Jedenfalls stand Bismarck vor einem grundsätzlichen Optionsproblem. Spätestens die berühmte Anfrage des russischen Zaren vom 1. Oktober 1876, wie sich der Kaiser im Falle eines russisch-österreichischen Krieges verhalten werde, hatte deutlich werden lassen, daß das sog. Dreikaiserabkommen des Jahres 1873, ein Konsultationsabkommen zwischen Rußland, Österreich-Ungarn und dem Deutschen Reich ohne Bündnisverpflichtung, kein geeignetes Mittel sein konnte, um ein Wiederaufleben des Interessengegensatzes zwischen den drei Monarchien zu verhindern. Tatsächlich hat Bismarck schon während der Krise jene begrenzte Option für Österreich-Ungarn vorbereitet, die dann auf dem Berliner Kongreß erste praktische Ergebnisse brachte. Damit nahm er eine tiefe Verstimmung bzw. eine weitere Verschlechterung im Verhältnis zu Rußland in Kauf. An dieser hatten freilich auch andere Faktoren, wie insbesondere die neue Zollpolitik des Reiches, einen beträchtlichen Anteil.

Die Annäherung an die Doppelmonarchie erfolgte vor allem aus drei Gründen: Einmal war nicht auszuschließen, daß die von der Herzegowina ausgehende Aufstandsbewegung in eine panslawistische Revolution auf dem Balkan einmünden und diese wiederum Österreich-Ungarn in seinem Bestand gefährden könne. Dann aber hatte der Budapester Vertrag zwischen Österreich-Ungarn und Rußland vom 15. Januar 1877 gezeigt, daß die beiden östlichen Nachbarn ihre Interessen gewissermaßen auch um das Deutsche Reich herum regeln und damit erheblich zu dessen gefährlicher Isolierung beitragen konnten. Immerhin hatten sich Wien und St. Petersburg darin über eine weitreichende Abgrenzung ihrer Interessensphären in Südosteuropa verständigt, auch wenn sie dann nicht realisiert wurde. Schließlich war Bismarck überzeugt, daß Rußland nicht wirklich den Bruch mit Deutschland riskieren werde. Für diese optimistische Prognose sprachen sowohl die erkennbare Annäherung der Donaumonarchie an das Reich als auch der Gegensatz zu Großbritannien, der soeben in der Krise und auf dem Kongreß wieder deutlich geworden war. Tatsächlich beschränkte sich der Zar dann auch auf die berühmte „Ohrfeige" an den deutschen Kaiser vom August 1879, d. h. auf einen allerdings scharf formulierten brieflichen Protest wegen der wenig rußlandfreundlichen Haltung der deutschen Regierung in der Krise und auf dem Kongreß.

Die Gewißheit, daß Rußland seinerseits wieder die Annäherung an Deutschland suchen werde, sowie die bereits zitierte Überzeugung, daß Österreich „feindlichen Einflüssen" verfalle, wenn es nicht „Halt" an Deutschland finde, und überdies noch England „mitbringe",[7] bestimmten Bismarck schließlich zum Abschluß des sog. Zweibundes mit der Doppelmonarchie, der im Grunde die Politik der Krisenzeit konsequent fortsetzte. Zwar richtete sich diese Defensivallianz des Oktobers 1879 in erster Linie gegen einen russischen Angriff, doch blieb die mit dem Vertrag verbundene Option zugunsten Österreich-Ungarns vorerst und insofern noch begrenzt bzw. bedingt, als sie eine künftige erneute Annäherung des Zarenreichs nicht nur nicht ausschließen, sondern vielmehr beschleunigen sollte.

In anderer Hinsicht jedoch war die Entscheidung für ein Zusammengehen mit Wien definitiv und problematisch zugleich, wie Andreas Hillgruber anschaulich gezeigt hat: „Bismarck hatte – in seiner Perzeption gegenüber der Realität verschärft – einerseits durchaus erkannt, daß Südosteuropa infolge der ‚Neuen' russischen Politik zu einem äußerst gefährlichen ‚Minenfeld' geworden war, andererseits führte er durch das Festhalten an der Kompensationskonzeption älterer Prägung nicht nur Österreich-Ungarn tiefer in dieses ‚Minenfeld' hinein, sondern zog das Deutsche Reich auf dem Wege über die... Option zugunsten Österreich-Ungarns mit in das ‚Minenfeld'."[8]

Bismarcks beispielsweise noch im August 1879 geäußerte Ansicht, daß man sich jederzeit wieder aus den orientalischen Angelegenheiten zurückziehen könne,[9] mußte sich bald als Illusion erweisen. Denn die Strategie des Kanzlers, die anderen Großmächte bei eigenem Verzicht auf „Ländererwerb" an der orientalischen Peripherie „unter sich" zu beschäftigen, war angesichts der recht engen Bindung an Österreich-Ungarn kaum mehr unvorbelastet durchzuführen, bildete doch die Donaumonarchie gleichsam den Übergang vom Okzident zum Orient. Vielmehr konnte auch das „orientalische Geschwür" nur noch unter einigen Bedingungen und namentlich mit der Einschränkung „offengehalten" werden, daß ein durch den Zweibund ermutigtes Österreich-Ungarn sich nicht in Südosteuropa in einem Maße engagierte, welches die Russen zu einem aktiven Vorgehen gegen Wien provozierte.

Schon deshalb und weil sie eben die einseitige Option zugunsten Wiens relativierte, kam dem Kanzler die nicht unerwartete Wiederannäherung St. Petersburgs an Berlin und Wien sehr gelegen. Indessen war nicht zu übersehen, daß ihr Resultat, das Dreikaiserbündnis vom 18. Juni 1881, tatsächlich auch ein Abkommen über die orientalische Frage war und insofern mit einigen Prinzipien der Außenpolitik Bismarcks kollidierte. Zwar handelte es sich dabei zunächst einmal um die sich unscheinbar ausnehmende Verpflichtung des Deutschen Reiches, Österreich-Ungarns und Rußlands zu „wohlwollender Neutralität", falls sich eine von ihnen „mit einer vierten Großmacht im Kriege befinden" sollte. Doch band das Zusatzprotokoll auch das Deutsche Reich an die dort getroffenen Vereinbarungen u. a. über Bosnien und die Herzegowina, den Sandschak von Novibazar, Ostrumelien und Bulgarien. Insofern orientierte sich die deutsche Außenpolitik mit diesem Bündnis „ostwärts", wie der amerikanische Historiker William Langer einmal formuliert hat,[10] genauer gesagt: südostwärts. Diese Tendenz sollte sich in den kommenden Jahren noch verstärken, beginnend mit dem faktischen Beitrag Rumäniens zum Dreibund im Jahre 1883, fortgesetzt mit dem zweiten Dreibundvertrag bzw. dem diesen ergänzenden deutsch-italienischen Separatvertrag vom 20. Februar 1887. Das gilt insbesondere auch für den Rückversicherungsvertrag sowie, wenn auch indirekt, für den Orientdreibund, die im gleichen Jahr abgeschlossen wurden und uns noch zu beschäftigen haben.

Dem am 20. Mai 1882 zwischen Deutschland, Österreich-Ungarn und Italien geschlossenen Dreibund, einem vor allem gegen Frankreich gerichteten Defensivbündnis, kommt dabei eine besondere Bedeutung zu. Er wurde im ganzen viermal erneuert und war bei Ausbruch des Ersten Weltkrieges noch in Kraft. Allerdings hatte er inzwischen sein Gesicht erheblich verändert. Das lag in der Hauptsache an den zunehmend divergierenden Interessen Wiens und Roms, die in den erneuerten Fassungen des Dreibundes bzw. in speziellen Separatvereinbarungen, wie der genannten, berücksichtigt werden mußten.

Dabei ist es wichtig zu realisieren, daß die entsprechenden Vereinbarungen der Dreibundverträge ebenso wie die anderen Abkommen durch die orientalische Frage bzw. die diesbezüglichen Ambitionen der Vertragspartner Deutschlands mitbedingt waren. Letztere aber richteten sich nicht nur, wie im Falle Österreich-Ungarns, auf Südosteuropa, sondern im Falle Rußlands darüber hinaus selbstverständlich auch auf die Meerengen und im Falle Italiens auf Nordafrika, d. h. auf die türkischen Provinzen Tripolis und Cyrenaika. Hier hatte das Deutsche Reich sogar auf der Basis des Separatvertrages vom Februar 1887 seiner Bündnisverpflichtung auch dann nachzukommen, wenn die französischen Expansionsbestrebungen auf Kosten italienischer Interessen in Nordafrika zu einem Krieg zwischen Italien und Frankreich geführt hätten.[11] Immerhin hatten die Franzosen mit der Errichtung eines Protektorats über Tunesien im Mai 1881 ihren Einfluß im nördlichen Afrika erheblich ausgedehnt.

Die deutsche Zusage verliert kaum an Brisanz, wenn man weiß, daß Bismarck für den besagten Fall auf eine eindeutige Haltung Englands setzte, wofür es in der Tat einige Indikatoren gab. Jedenfalls war unter solchen Voraussetzungen seine zitierte Maxime vom Oktober 1876, wonach das deutsche „Hauptinteresse nicht in dieser oder jener Gestaltung der Verhältnisse des türkischen Reiches" liegen dürfe, kaum mehr und schon deshalb nicht konsequent zu befolgen, weil sich das „Hauptinteresse" der Bündnispartner nun einmal eben darauf richtete.

Wie wenig sich das Reich inzwischen aus der Orientpolitik heraushalten konnte, hatte die große, aus der bulgarischen Frage resultierende Krise der Jahre 1885–1887 gezeigt, vor deren Hintergrund im übrigen die genannten Abkommen, also der zweite Dreibundvertrag, der Rückversicherungsvertrag und der Orientdreibund, zu sehen sind. Die Krise selbst ist hier von untergeordnetem Interesse. In ihrem Verlauf wurde jedoch sehr bald erkennbar, daß das Dreikaiserbündnis faktisch zerbrochen und definitiv nicht mehr zu erneuern war. Es gehört sicher zu den größten Leistungen Bismarcks, daß er diese Krise nicht mit dem von vielen Seiten geforderten Krieg gegen Rußland, sondern durch eine vertragliche Verständigung mit dem erneut die Annäherung suchenden Zarenreich meisterte.

Diese Krisendiplomatie selbst, zu der ja auch das geschickte Instrumentalisieren des sich lautstark regenden französischen Revanchismus gehörte, hat auch dann noch als beachtlich zu gelten, wenn die nüchterne Betrachtung rückblickend zu dem Befund gelangt, daß mit dem sog. Rückversicherungsvertrag vom 18. Juni 1887 einmal mehr ein Loch im Bündnissystem gestopft werden mußte, nämlich jenes, das der Zerfall des Dreikaiserbündnisses gerissen hatte. Denn für einige Jahre konnte der Rückversicherungsvertrag, der dem Deutschen Reich *de facto* im Falle eines französischen Angriffs die wohlwollende Neutralität Rußlands garantierte, zusammen mit dem Zweibund als vollwertiger Ersatz für das fragile Bündnis der Monarchen und damit als ausreichende Sicherung gegen die Gefahr einer politischen und militärischen Einkreisung des Reiches gelten. Nach Einschätzung Herbert von Bismarcks, dem Sohn des Kanzlers, ging man davon aus, sich die Russen mit dem Vertrag im „Ernstfall" eines deutsch-französischen Krieges „wohl doch 6–8 Wochen länger vom Halse" halten zu können „als ohne dem".[12]

Aber die Kosten für diese Ersatzlösung waren hoch, sehr hoch: Sie bestanden in einem weiteren deutschen Vorrücken in das „Minenfeld" der orientalischen Frage. Denn im ganz geheimen Zusatzprotokoll zum Rückversicherungsvertrag hat Bismarck nicht nur die russischen Interessen in Bulgarien und an den Meerengen ausdrücklich anerkannt, sondern für bestimmte Fälle auch den deutschen „Beistand" bzw. die deutsche moralische und diplomatische „Unterstützung" der russischen Interessen in Aussicht gestellt.[13] Damit wiederum schlich sich – ähnlich wie in der erwähnten Bestimmung des kurz zuvor unterzeichneten Separatvertrages mit Italien – ein offensiv zu interpretierendes Element in das bis dahin grundsätzlich defensiv konstruierte Bündnissystem ein. Daß sich diese Absprachen zudem ausgerechnet auf die orientalische Frage bezogen, erhöhte ihre Bedeutung.

Natürlich wußte Bismarck, daß solche einseitigen Festlegungen in einer überdies brisanten Frage bedenklich waren. Sie anderweitig auszubalancieren lag daher nahe. Das geschah im sog. Orientdreibund zwischen Deutschlands Partnern Österreich-Ungarn und Italien einerseits und Großbritannien andererseits, der am 12./13. Dezember 1887 zustande kam. Er stellte gewissermaßen eine Intensivierung bzw. Präzisierung der sog. Mittelmeerentente vom Februar bzw. März des gleichen Jahres dar, verpflichtete die Vertragspartner zur Verteidigung des Status quo im Mittelmeerraum, namentlich in Bulgarien und an den Meerengen, und stand aus Berliner Sicht in einem engen sachlichen Zusammenhang mit Dreibund- und Rückversicherungsvertrag. Denn der fundamentale Widerspruch in den Bestimmungen insbesondere von Rückversicherungsvertrag und Orientdreibund entsprach ja zunächst einmal durchaus der Bismarckschen Vorstellung, wonach man die Mächte an der Peripherie des europäischen Geschehens unter sich beschäftigen und damit den Druck von Deutschlands Grenzen nehmen könne.

Zwar trat das Reich dem Orientdreibund nicht bei, damit „wir", in den Worten Herbert von Bismarcks, „nicht gleich hineingezogen werden, wenn es wegen orientalischer Fragen mit Rußland zum Bruche

kommt",[14] doch agierte der Kanzler als die treibende Kraft der Verhandlungen im Hintergrund. Besondere Bedeutung besaß dabei das Ziel,
Großbritannien wieder an Deutschland bzw. an den Dreibund heranzu-
führen. Das war indessen leichter gesagt als getan, setzte dieser Schritt
doch ein Überwinden jener Verstimmung Londons voraus, die eine Folge der deutschen Kolonial- und Afrikapolitik der Jahre 1884/85 war. Die
Art und Weise, wie Bismarck das erreichte und die Engländer zu einer
Annäherung an den Dreibund und in diesem Zusammenhang zu einem
Engagement in der orientalischen Frage zu gewinnen suchte, kann je
nach Standpunkt des Betrachters als Überzeugung oder als Erpressung
gedeutet werden.

Jedenfalls gab er Anfang Februar 1887 dem englischen Botschafter in
Berlin unmißverständlich zu verstehen, „daß wir, wenn England sich
von jeder Beteiligung an der europäischen Politik zurückzöge, keinen
Grund mehr haben würden, den französischen Wünschen in Ägypten
oder den russischen im Orient, wie weit immer dieselben sich erstrecken
möchten, unsere Förderung vorzuenthalten". Falls das Reich jedoch
„auf Englands Beistand in der Haltung der Verträge und des status quo
und auf dieselbe englische Machtentwicklung rechnen könnte..., wie
sie noch zur Zeit des Krim-Krieges stattgefunden habe, so würden wir zu
egoistischen Wünschen Frankreichs oder Rußlands eine andere Stellung
nehmen können, als bei völliger Enthaltsamkeit Englands für die Interessen unserer Nation angezeigt sei".[15] Das war ein unverhohlener Hinweis
auf die schwierige Lage, in der sich die Briten seit der Okkupation
Ägyptens 1882 im Orient befanden, auch darauf, daß die stillschweigende deutsche Unterstützung nicht selbstverständlich und umsonst zu haben war. Damit hatte die orientalische Frage im Rahmen der Außenpolitik Otto von Bismarcks eine neue, zusätzliche Qualität erhalten: Sie war
nicht nur Gegenstand einer Reihe von Verträgen, sie diente nunmehr
auch als Druckmittel.

Insofern hielt sich die deutsche Politik längst nicht mehr an jene Re-
zeptur orientalischer Abstinenz, die Bismarck ihr in den 70er Jahren
verordnet hatte. Das gilt keineswegs nur für die mittelbaren und unmittelbaren Verpflichtungen, die sich aus der Bündnispolitik ergaben. Vielmehr ging der Kanzler im Verlauf der 80er Jahre auch in anderer Hinsicht auf Distanz zu seinen eigenen Maximen. So stimmte er im Juni
1880 dem Wunsch des türkischen Sultans zu, seinem wankenden Impe-
rium wie schon einmal in den 30er Jahren durch die Entsendung militärischer und jetzt auch ziviler Berater unter die Arme zu greifen. Zwar hat

Bismarck diese nie für politische Zwecke benutzt, ihnen auch eine politische Betätigung verboten, doch bestimmte ihn selbst bei seiner Entscheidung durchaus auch ein politisches Motiv: Engere Beziehungen zur Türkei, so bemerkte er – ähnlich wie schon 1880 oder 1883 – auch noch einmal wenige Tage vor Abschluß des Rückversicherungsvertrages, könnten von Nutzen sein, falls die Beziehungen zu Rußland einmal „ins Freie fallen" sollten.[16]

Schließlich hat der Kanzler am 2. September 1888 mit einem Schreiben an den Direktor der Deutschen Bank den Weg für den Erwerb türkischer Eisenbahnkonzessionen frei gemacht, indem er Georg von Siemens mitteilte, daß „politische Bedenken" gegen ein solches Vorhaben nicht bestünden, das Risiko allerdings bei den Unternehmen liege.[17] Damit waren die Voraussetzungen für den Bau der Anatolischen Eisenbahn, das erste Teilstück der späteren Bagdadbahn, durch deutsche Banken und Firmen gegeben. Und schon während der noch verbleibenden Amtszeit Bismarcks von gut anderthalb Jahren konnte dann eine deutliche Zunahme der deutschen wirtschaftlichen, aber auch politischen Aktivitäten am Goldenen Horn registriert werden. In diesen Zusammenhang gehört auch die erste Orientreise Wilhelm II. im November 1889. Mit ihr wurde signalisiert, daß der Übergang vom noch verhaltenen zum öffentlich proklamierten deutschen Engagement an der orientalischen Peripherie bevorstand. Man fragt sich, ob angesichts dieser Entwicklung für die deutsche Politik noch galt, was Bismarck im August 1887 dem österreichischen Verbündeten so erläutert hatte: „Die orientalische Frage ist ein Geduldspiel; wer warten kann, gewinnt."[18]

II.

Am Ende der Kanzlerschaft Otto von Bismarcks ergibt sich ein eindeutiger Befund: Die deutsche Politik hatte sich *de facto* weit von jener Enthaltsamkeit in den „orientalischen Dingen" entfernt, die der Kanzler ihr in den Jahren 1876/77 anempfohlen hatte. Das Reich war durch eine Vielzahl von politischen Verträgen, durch die beginnende wirtschaftliche Betätigung sowie durch diverse andere Aktivitäten in erheblichem Maße im Orient involviert, ja engagiert, wenn auch in den meisten Fällen politisch nur in Form indirekt eingegangener Verpflichtungen bezüglich des Erhalts bzw. der Veränderung der „Verhältnisse des türkischen Reiches" durch Dritte. Insofern war Deutschland zu Beginn der

9oer Jahre allenfalls noch, wie Bismarck in seinen „Erinnerungen" zu-treffend formulierte, „die in orientalischen Fragen am wenigsten interes-sierte Macht".[19] Aber bekanntlich hat der Kanzler auch auf anderen Gebieten, wie hier nur am Rande zu vermerken ist, von einigen politi-schen Maximen der 70er Jahre Abstand genommen: Mit der Kolonial-politik der Jahre 1884/85 war jenes Prinzip der Abstinenz auf dem Gebiet des „Ländererwerbs" ad acta gelegt worden, das im „Kissinger Diktat" und anderen Äußerungen der späten 70er Jahre eine wichtige Rolle gespielt hatte.

Wie erklärt sich nun diese sukzessive Aufgabe einiger außenpoliti-scher Kardinalmaximen? Wohl in erster Linie mit der Änderung der Verhältnisse, unter denen sie ursprünglich entwickelt worden waren. Außenpolitik ist niemals eine nur nationale Angelegenheit. Sie definiert sich stets auch über die Aktionen, Ambitionen und Reaktionen anderer, seien es die unmittelbaren Nachbarn, die Verbündeten oder die Gegner. Das galt in besonderem Maße für eine Macht wie das junge Deutsche Reich, das für eine hegemoniale Stellung auf dem Kontinent zu schwach, für eine dauerhafte Einbindung in ein System des Gleichgewichts hinge-gen zu stark und zu selbstbewußt bzw. arrogant war.

Daß sein Bestand wie seine Stellung daher nur durch ein flexibles System von Absprachen und Bündnissen zu sichern waren, hat Bismarck spätestens im Zuge der „Krieg-in-Sicht"-Krise des Jahres 1875 erkennen müssen, als Großbritannien und Rußland deutlich zu verstehen gaben, daß sie eine weitere Stärkung Deutschlands auf Kosten Frankreichs nicht hinnehmen würden. Bündnisse aber beruhen auf Gegenseitigkeit. Was die Deutschen wollten, hat Bismarck deutlich gesagt: keine Koali-tionen gegen das Reich. Was die Partner erwarteten, war eine Unterstüt-zung ihrer Interessen dort, wo diese realistischerweise von Deutschland gegen Ambitionen Dritter mit geschützt werden konnten. Damit wurden die orientalische Frage und namentlich Südosteuropa seit der großen Krise der Jahre 1875–1878 gleichsam automatisch zum Gegenstand vertraglicher Verpflichtungen des Deutschen Reiches. Das gilt für den Zweibund, den Dreibund, jedenfalls in seiner erneuerten Fassung, das Dreikaiserabkommen, den Rückversicherungsvertrag und indirekt auch für den Orientdreibund.

Die in Varzin, Bad Kissingen und vor dem Deutschen Reichstag abge-gebenen Abstinenzerklärungen der Jahre 1876/77 hatten vor allem drei Faktoren nicht ausreichend in Rechnung gestellt bzw. stellen können, und zwar den wachsenden Druck im Innern, der auf „weltpolitische"

Erfolge drängte, die auseinanderdriftenden Kräfte innerhalb des Dreibundes sowie die Intensität, mit der die orientalische Frage alle direkt
und indirekt Involvierten fesselte. Nicht zuletzt aus diesen Gründen
konnten dann die Nachfolger jene Geister nicht mehr bannen, die Bismarck gerufen hatte.

Der innere Druck auf die Gestaltung der auswärtigen Angelegenheiten kann in unserem Zusammenhang insofern vernachlässigt werden,
als er sich zwar auf die Bismarcksche Kolonialpolitik erkennbar ausge-
wirkt, für die deutsche Orientpolitik jener Jahre aber noch keine vergleichbare Rolle gespielt hat. Das sollte sich erst um die Jahrhundertwende ändern. Ob Bismarck diese auf weltpolitische Betätigung auch im
Orient drängenden Kräfte hätte bändigen können, wissen wir nicht. Es
ist jedoch höchst unwahrscheinlich. Sicher ist: Er selbst hat den ersten
Schritt – in diesem Falle nach Afrika – getan. Im Zeitalter des Imperialismus konnte sich offenbar keine Macht diesem Druck entziehen, auch
nicht, ja gerade nicht das Deutsche Reich (vgl. Kapitel 3).

Anfänglich noch nicht im ganzen Ausmaß erkennbar waren für den
ersten Reichskanzler wohl die auseinanderstrebenden Kräfte innerhalb
des Dreibundes, zumal der Gegensatz zwischen Österreich-Ungarn und
Italien, der nach der Jahrhundertwende zum Ausscheren Italiens aus
dem Bündnis führen sollte. Schließlich konnten die Erneuerungen des
Dreibundes nur noch unter Bedingungen durchgeführt werden, die seinen ursprünglichen Charakter deutlich veränderten. Sie bestanden vor
allem in immer neuen Konzessionen an die Ambitionen Wiens und
Roms in Südosteuropa und Nordafrika. Das Muster einer solchen Ver-
tragserneuerung durch Zugeständnisse in der orientalischen Frage, nämlich auf dem Balkan und im nördlichen Afrika, hatte allerdings Bismarck
1887 noch selbst ausgefertigt. Auch hier hat der Kanzler also bereits den
Weg gewiesen. An diesem Befund vermögen die Hinweise auf die Haltung Englands oder auf den Mangel an Alternativen nichts zu ändern.
Ohne den Rückhalt im Dreibund hätte sich weder Wien 1908 endgültig
Bosniens und der Herzegowina bemächtigt noch Rom 1911 den Griff
nach Tripolis und der Cyrenaika gewagt.

Offenkundig und trotz einiger anderslautender Äußerungen hat Bismarck schließlich die brisante Eigendynamik der orientalischen Frage
unterschätzt. Sie war das Ergebnis mehrerer Faktoren und Entwicklungen. Einmal zeitigten das Unabhängigkeitsstreben und der Nationalis-
mus der Völker Südosteuropas nicht nur Spannungen zwischen diesen
und der Türkei, sondern insbesondere auch untereinander und damit

zwischen den jeweiligen Schutzmächten. Sodann hatten alle europäischen Großmächte, auch das Deutsche Reich, ein Interesse an der orientalischen Frage, und sei es nur dieses, „das orientalische Geschwür offen" zu halten. Damit war jener Konflikt programmiert, den Bismarck deshalb und solange wollte, als er erstens gemäß seiner politischen Grundvorstellung im Interesse der Sicherung des Reiches ausgenutzt und damit zweitens von Berlin aus unter Kontrolle gehalten werden konnte – ein abenteuerliches Unternehmen. Bereits der Zweibundvertrag des Jahres 1879 hat dann jedoch die Bindung ausgerechnet an jene Macht gebracht, die am unmittelbarsten im Krisenherd Südosteuropas involviert war, da sie dort vitale Interessen zu behaupten hatte. Somit bestand die Gefahr, daß die sich an der orientalischen Peripherie entwickelnden Spannungen über den Zweibund direkt ins Zentrum Europas geleitet wurden.

Wie sehr Bismarck die auch für das Reich brisante innere Dynamik der orientalischen Frage unterschätzte, zeigt seine Äußerung vom August 1879, wonach angesichts der „undankbaren" Haltung Rußlands jetzt eben „unsere frühere Interesselosigkeit für den Orient wieder ein[tritt]".[20] Was in der Rückschau wie ein unvermuteter Anfall politischer Naivität aussehen mag, entsprach der tatsächlichen Auffassung des Kanzlers. Anders sind beispielsweise seine Zustimmung zur Entsendung einer deutschen Militärmission und zum Erwerb türkischer Eisenbahnkonzessionen durch ein deutsches Konsortium nicht zu erklären, von den vertraglichen Bindungen ganz zu schweigen. Die sich geradezu aufdrängende Frage, ob die weitere Entwicklung für einen Staatsmann von der Statur Bismarcks nicht hätte absehbar sein müssen, ist kaum angemessen zu beantworten. Rundweg zu verneinen ist sie jedenfalls nicht.

Damit ergibt sich folgendes Fazit. Gewiß war in den 8oer Jahren nicht erkennbar, daß die deutsche Militärmission 1913 in der sog. Liman von Sanders-Krise zu einer schweren Erschütterung des deutsch-russischen Verhältnisses führen würde, daß nach 1898 neben dem Flottenbau vor allem der Weiterbau der Anatolischen Eisenbahn das deutsch-englische Verhältnis nachhaltig belasten sollte oder daß 1914 ein Konflikt zwischen Serbien und Österreich zum Anlaß für einen Krieg des Deutschen Reiches gegen Rußland und Frankreich werden könnte (vgl. Kapitel 4). Für die konkreten Entscheidungen, die diesen und anderen Entwicklungen zugrunde liegen, tragen Bismarcks Nachfolger die Verantwortung. Sicher aber ist auch, daß Bismarck mit seinen Bündnissen und namentlich mit der Option zugunsten Österreich-Ungarns, durch sein

Placet für eine neuerliche Militärmission sowie für ein erstes großes Engagement deutscher Banken und Firmen in der Türkei den entscheidenden ersten Schritt auf jenem Weg zu einer vielfältigen deutschen Betätigung an der orientalischen Peripherie getan hat, der zu einem Abweg werden sollte. Und so trat noch vor der Jahrhundertwende dem „vorausschauenden Blick" des deutschen Botschafters in Konstantinopel, Adolf Freiherr Marschall von Bieberstein, der „Moment entgegen, in dem der berühmte Ausspruch, ‚daß der ganze Orient nicht die Knochen eines pommerschen Grenadiers für uns werth sei', eine interessante historische Reminiszenz, aber keine historische Wahrheit mehr bilden" werde.[21]

III.

Offenkundig ist Bismarck von der Stärke und der Dauerhaftigkeit des österreichisch-russischen Gegensatzes auf dem Balkan überrascht worden, der seit Mitte der 8oer Jahre als unüberbrückbar zu gelten hatte. Solange sich das Reich mit einer der beiden Mächte in einem Bündnis oder bündnisartigen Vertrag befand – und eben das war angesichts des Zustandes der deutsch-französischen Beziehungen zwingend –, bestand die Gefahr, in diesen Gegensatz hineingezogen zu werden. Bismarck, der mit beiden eine Verbindung eingegangen war, mußte sich überdies die Frage stellen, für wen er im Falle eines solchen Konfliktes optieren sollte. Bei einer rein östlichen, also österreichisch-russischen Auseinandersetzung wäre die Entscheidung – „selbst über die vertragsmäßige Pflicht hinaus" – zugunsten Wiens ausgefallen, „da dessen ungeschwächte Großmachtstellung für uns ein Bedürfniß des europäischen Gleichgewichts sei". So steht es im Protokoll des Kronrats vom 23. März 1888.[22] Äußerstenfalls hätte der Kanzler aber auch Österreich „fallen" lassen und den Russen „damit den Orient überliefert", nämlich dann, wenn in einem französisch-deutschen Konflikt die russische Neutralität hätte „erkauft" werden müssen.[23]

Bismarcks Nachfolger haben dann den Rückversicherungsvertrag u. a. aus diesem Grund nicht erneuert. Für sie hatte der Vertrag den „Zweck, kriegerische Ereignisse hervorzurufen, deren Lokalisierung äußerst unwahrscheinlich" war. Überdies sahen sie die „Bestimmung des Zeitpunktes des europäischen Krieges der Zukunft... in Rußlands Hände gelegt".[24] Eine Folge der Entscheidung, den Rückversicherungsvertrag nicht zu erneuern, bestand im schrittweisen Rückzug auf die alternative Option, die eben deshalb schon bald keine mehr war, nämlich in der Koppelung des eigenen Schicksals an dasjenige Österreich-Ungarns. Diese Anbindung aber gestaltete sich um so bedingungsloser, je offenkundiger die Isolierung des Reiches wurde. Spätestens seit 1905 war diese aus deutscher Sicht bedrohlich: Die Haltung Englands und in gewisser Weise auch Italiens während der ersten Marokkokrise sowie das Scheitern des im gleichen Jahr unternommenen letzten Versuchs Wilhelms II., seinen russischen Vetter in Björkö von einem Bündnis zu überzeugen, trugen entscheidend mit dazu bei, daß die deutsche Politik – nun ohne Alternative und damit endgültig – auf jenem Abweg weitermarschierte, der sie schließlich über die dritte orientalische Krise seit 1908 in die große Katastrophe des europäischen Krieges führen sollte.

Der Vollständigkeit halber sollte aber immerhin auf den häufig übersehenen Sachverhalt hingewiesen werden, daß die Anlehnung an Österreich auch einer „österreichisch-russischen Separatverständigung" vorbeugen sollte, die beispielsweise Bernhard von Bülow, damals noch deutscher Botschafter in Rom, 1894 für die „gefährlichste und *schlimmste* Kombination" hielt.[25] Daß eine solche nicht prinzipiell auszuschließen war, zeigte sich immer wieder, vom zitierten Budapester Vertrag im Jahre 1877 bis hin zum sog. Mürzsteger Programm des Oktobers 1903 oder der Buchlauer Absprache des Septembers 1908. Im Mürzsteger Programm ging es um das Dauerproblem der mazedonischen Reformen, fünf Jahre später um die jeweiligen Interessen in Südosteuropa und an den Meerengen. Indem sich das Reich an einen der beiden Rivalen band, wurde es selbst mit der Möglichkeit eines russisch-österreichischen Arrangements, das ja auch über die lokale Konfliktregelung hinausgehen konnte, potentiell erpreßbar. Das galt für Bismarck ebenso wie für seine Nachfolger.

Hier offenbart sich das Optionsdilemma in seiner ganzen Dimension. Von wenigen Ausnahmen abgesehen, mochten sich die Deutschen zu keiner Zeit der Illusion hingeben, daß man ohne Bündnispartner auf Dauer überleben könne. Die geographische Lage, die Zahl der Nachbarn sowie deren Stärke forderten und förderten seit dem 17. Jahrhundert die Suche nach geeigneten Partnern (vgl. Kapitel 1). Um der größten Gefahr, einer wirtschaftlichen, politischen und vor allem militärischen „Einkreisung", vorzubeugen, mußte sich unter den Bündnispartnern zumindest einer dieser Nachbarn befinden. In Betracht kamen vor allem Rußland und Frankreich, gelegentlich Österreich(-Ungarn). Eine besondere Rolle spielte seit den Tagen des Siebenjährigen Krieges und bis in die Zeit des Zweiten Weltkrieges, in gewisser Weise auch noch darüber hinaus, England. Mit der Erweiterung des europäischen zum Weltstaatensystem im Zeitalter der Weltkriege kam schließlich den Vereinigten Staaten von Amerika eine entsprechende überragende Bedeutung zu. Damit war bereits die Grundkonstellation gegeben, entweder für den Osten oder den Westen optieren zu müssen. Das Problem barg (und birgt) ein Dilemma: Weil die Möglichkeit der Wahl grundsätzlich bestand, hegten die jeweiligen Partner immer auch den Verdacht, die Deutschen könnten den Verlockungen einer alternativen Option nachgeben und ausscheren. Der sog. „Rapallo-Komplex" der Westmächte ist dafür das bekannteste Beispiel (vgl. Kapitel 9). Der Verdacht erzeugte gelegentlich Mißtrauen – eine schlechte Voraussetzung für ein Bündnis oder auch nur für „gutnachbarschaftliche" Beziehungen.

Bündnisse beruhen, wie gesagt, auf Gegenseitigkeit. Das hieß für die Deutschen, daß sie sich mitunter in Angelegenheiten zu verpflichten hatten, welche für die jeweiligen Partner von vitalem, für sie selbst allenfalls von marginalem Interesse waren. Durch die Bündnispflichten konnte indessen auch ein eigentlich entlegener Schauplatz zum Ausgangspunkt gefährlicher Verwicklungen werden. Die orientalische Frage während der Bismarck-Zeit ist ein besonders eindrucksvolles Exempel. Noch die Bundesrepublik konnte sich nicht immer dieser Tendenz entziehen, wie das mitunter schwierige Verhältnis zu ihrem wichtigsten Verbündeten, den USA, seit den ausgehenden 50er Jahren deutlich macht. Die pikante Brisanz einer solchen Politik aber lag in der zwangsläufigen Entfremdung anderer Mächte, auch potentieller Partner.

Damit nicht genug, barg der Zwang zur Option, die Notwendigkeit, ein Bündnis eingehen zu müssen, immer auch das Risiko, von dem oder den Partnern in einem Maße abhängig zu werden, das im äußersten Falle sogar das Ziel der Partnerschaft, nämlich die Sicherung Deutschlands, gefährdete bzw. ins Gegenteil kehrte. Besonders groß war diese Gefahr in Zeiten tatsächlicher oder vermeintlicher Isolierung. Hier ist an das Beispiel des Zweibundes, an die zunehmende Abhängigkeit vom schwächeren Partner Österreich-Ungarn in den Jahren 1908 bis 1914 zu erinnern.

Schließlich aber enthält jedes Bündnis, zumal jedes bilateral geschlossene, das Risiko, unter Druck gesetzt werden zu können, und zwar in doppelter Hinsicht. Einmal waren fast alle Partner Deutschlands auch von dritten Mächten ansprechbar, ein Sachverhalt, der als Argument für die Partner ebenso nützlich wie für die Deutschen unabweisbar war. Sodann barg die Geheimdiplomatie, mit der wir es, von den Jahren 1918–1933/39 in gewisser Weise abgesehen, bis zum Ende des Zweiten Weltkrieges zu tun haben, die Gefahr, über Zusagen an den Partner erpreßbar zu werden.

Das alles galt und gilt natürlich grundsätzlich für alle Staaten, für keinen aber in dem Maße und mit solchen Folgen wie für Preußen-Deutschland. Denn kein anderes Land, jedenfalls keine zweite Großmacht, war *dauerhaft* so sehr gezwungen zu optieren.

Daran sollte sich auch nach 1945 wenig ändern – weder für die Deutschen noch für die andern. Konrad Adenauer erinnerte sich kurz vor seinem Tode, daß die Bundesrepublik aufgrund ihrer „geographischen Lage" – „in der Mitte Europas" und ohne „geschützte Grenzen" – gezwungen war, sich für die eine oder andere Seite zu entscheiden, wenn sie „nicht zerrieben werden wollte".²⁶ Für den ersten Bundeskanzler hatte sich in *dieser* Hinsicht seit den Tagen Bismarcks wenig geändert. Das sahen die andern ähnlich. Jedenfalls machte der amerikanische Außenminister John Foster Dulles 1959 dem damaligen Regierenden Bürgermeister von Berlin, Willy Brandt, deutlich, daß Russen und Amerikaner sich über „tausend Dinge uneinig" sein mochten. „Doch über eines gibt es zwischen uns keine Meinungsverschiedenheit: Wir werden es nicht zulassen, daß ein wiedervereinigtes, bewaffnetes Deutschland im Niemandsland zwischen Ost und West umherirrt."²⁷ Ein Deutschland mit unkontrollierten Optionsmöglichkeiten galt als gefährlicher denn seine Verankerung im gegnerischen Bündnis, das war die Lehre, die man nach 1945 aus dem deutschen Optionsproblem zog. Die sowjetische Zustimmung vom Juli 1990, daß das vereinte Deutschland selbst entscheiden könne, welchem Bündnis es angehören wolle, bestätigte das noch einmal auf eindrucksvolle Weise, setzte sie doch ganz selbstverständlich voraus, daß es einem solchen angehören müsse.

II. Ambitionen

3. Der Wille zur Weltmacht.

Die deutsche „Weltpolitik" und der Ausbruch des Ersten Weltkrieges

Daß der Ausbruch des Ersten Weltkrieges und die Weltpolitik des Deutschen Reiches in einem sehr engen Zusammenhang standen, ist weniger selbstverständlich, als es klingen mag. Denn der Krieg brach im Zentrum des europäischen Kontinents aus, anläßlich einer jener zahlreichen Zwischenfälle auf dem Balkan, die seit den 70er Jahren des 19. Jahrhunderts die europäische Politik zunehmend in ihren Bann zogen. Die Weltpolitik der Großmächte, auch die des Deutschen Reiches, konzentrierte sich hingegen gerade auf die *außer*europäische Welt. Im folgenden ist zu zeigen, wie beides zusammenhing und welche Rolle die deutsche Außenpolitik im Vorfeld und als Auslöser der großen Katastrophe spielte.

Die Rede ist vom Zeitalter des Imperialismus. Damit ist jene Epoche gemeint, die mit der Errichtung des französischen Protektorats über Tunesien bzw. der britischen Okkupation Ägyptens in den Jahren 1881/ 82 begann und mit dem Ersten Weltkrieg endete. Der Historiker Heinrich Friedjung hat 1919, also noch unter dem unmittelbaren Eindruck dieser Entwicklung, den Imperialismus als den „Drang der Völker und Machthaber nach einem wachsenden Anteil an der Weltherrschaft, zunächst durch überseeischen Besitz",[1] definiert. Im Zeitalter des Imperialismus handelte es sich dabei um Großmächte, die sich durch ihre Teilnahme an diesem Wettlauf um einen „Anteil an der Weltherrschaft" als Weltmächte zu behaupten bzw. allererst zu etablieren suchten.

Es ist daher zunächst (I) zu fragen, wie sich eigentlich eine Groß- bzw. Weltmacht im Zeitalter des Imperialismus definierte. Ein zweiter Schritt (II) gilt der Suche nach den leitenden Motiven für weltmachtpolitische Betätigung, um dann vor diesem Hintergrund die Wirklichkeit deutscher Weltpolitik im Vergleich mit den entsprechenden Aktivitäten anderer europäischer Großmächte dieser Zeit analysieren zu können. Schließlich ist in einem letzten Schritt (III) ein häufig übergangener, für die Gestaltung internationaler Beziehungen im allgemeinen indessen sehr wichtiger Aspekt zu beleuchten: Wie wurde die Wirklichkeit deutscher Welt-

politik von den übrigen Großmächten wahrgenommen und wie reagierten sie auf eben jener weltpolitischen Ebene?

I.

Zunächst aber zu der grundsätzlichen Frage, über welche Kriterien sich
eine Großmacht bzw. eine Weltmacht im Zeitalter des Imperialismus
definierte. Auch hier hilft ein Blick auf die jüngste europäische Großmacht, das Deutsche Reich. Daß dieses seit seiner Gründung im Jahre
1871 eine europäische Großmacht war, stand schon für die Zeitgenossen außer Frage. Seine im Zuge der Einigung unter Beweis gestellte
militärische Stärke sowie seine sich alsbald zeigende wirtschaftliche
Potenz waren dafür die unverkennbaren äußeren Merkmale. Hinzu kamen seine territoriale Größe und seine exponierte geostrategische Lage,
die für die Nachbarn in der Kombination mit den erstgenannten Faktoren
von vornherein eine Bedrohung darstellten: Es war kein Zufall, daß die
Siegermächte des Ersten Weltkrieges im Jahre 1919 mit ihren Reparationsforderungen, der Demilitarisierung Deutschlands sowie den territorialen Beschneidungen des Reichsgebietes gerade dort die Eingriffe vor-
nahmen. Bezeichnenderweise war ihr Ziel nicht, wie nach dem Zweiten
Weltkrieg, die totale Demontage der deutschen Großmacht, sondern
deren Eindämmung, also gewissermaßen die Reduzierung der Weltmacht, die das Deutsche Reich bei Kriegsausbruch dargestellt hatte, auf
den Status einer durchschnittlichen und eben deshalb kontrollierbaren
europäischen Großmacht. Dafür spricht auch die in Paris von den 27
gegen Deutschland alliierten und assoziierten Mächten beschlossene
Auflösung des deutschen Kolonialreiches: Die Weltmacht sollte demontiert, die Großmacht erhalten bleiben. Denn nach wie vor kam dem
Deutschen Reich als einer zur Selbstverteidigung fähigen Macht eine
wichtige Funktion im System der europäischen Kräftebalance zu. In
gewisser Weise galt das sogar jetzt, in den Jahren nach 1917/18, mehr
denn je, war doch mit Sowjetrußland ein neuer, unbekannter Akteur auf
der politischen Bühne des Kontinents erschienen.

Aus dem Gesagten folgt, daß im Zeitalter des Imperialismus der letzte
und zugleich entscheidende Schritt eines Landes auf seinem Weg zur
Großmacht in der Anerkennung durch die bereits etablierten Großmächte bestand. Daß die aufsteigende Macht die entsprechenden Voraussetzungen in der Regel selbst schaffen mußte, liegt auf der Hand. Die

preußisch-deutsche Politik der Jahre 1864–1871, in denen das Reich durch die Kriege Preußens und seiner Verbündeten gegen Dänemark, Österreich und schließlich Frankreich auf kleindeutscher Basis gegründet wurde, zeigt das beispielhaft. Ähnliches gilt aber z. B. auch für den Aufstieg der außereuropäischen Großmächte USA und Japan um die Jahrhundertwende.

Ihren äußeren Niederschlag fand diese Anerkennung eines Neulings und damit seine definitive Institutionalisierung als Großmacht im übrigen in der Zulassung zu jenen großen Kongressen und Konferenzen, auf denen zentrale Fragen der internationalen Beziehungen geregelt wurden. Daß die deutsche Hauptstadt sehr bald, 1878 mit dem Berliner Kongreß und 1884/85 mit der Kongo-Konferenz, selbst zu einem wichtigen Austragungsort derartiger Veranstaltungen avancierte, dokumentiert anschaulich den seit 1871 allgemein unumstrittenen Status des Deutschen Reiches als europäische Großmacht. Das war der erste Schritt, der den zweiten, den Aufstieg zur Weltmacht, geradezu unvermeidlich machte.

Grundsätzlich galt im Zeitalter des Imperialismus das Ausgreifen nach Übersee als ein wesentliches Kriterium für den Weltmachtstatus, indessen keineswegs als das einzige. Länder wie Portugal, Belgien, die Niederlande oder Spanien sind trotz ihres zum Teil erheblichen Kolonialbesitzes nicht zu Weltmächten aufgestiegen. Sie besaßen eben keine Basis als Großmacht in Europa. Andererseits ist nicht zu übersehen, daß der Status bzw. das Prestige einer Großmacht durch erfolgreiche Teilhabe am Expansionsprozeß deutlich aufgewertet werden konnte, ja daß sich die Stellung der Großmächte in Europa zusehends über ihre Stellung in der außereuropäischen Welt definierte. Unerläßlich für den Aufstieg eines Landes zur Weltmacht war schließlich das „bewußte Heraustreten"[2] aus dem Status einer europäischen Großmacht oder, im Falle Japans und der USA, der außereuropäischen Isolierung und die Teilnahme am Wettlauf um die Aufteilung der Welt, mit einem Wort: der Wille zur Weltmacht.

Sieht man in der von der Basis einer etablierten Großmacht aus unternommenen und im Willen zur Weltmacht betriebenen imperialistischen Expansion die beiden wichtigsten Merkmale weltmachtpolitischer Betätigung, dann wird offenkundig, daß einige Großmächte trotz gewisser imperialistischer Aktivitäten und Ambitionen kaum als Weltmächte gelten konnten. Dazu zählten Österreich-Ungarn und vor allem das Osmanische Reich, in gewisser Hinsicht auch Italien, das aufgrund seiner relativen wirtschaftlichen und militärischen Schwäche zumindest ein

Grenzfall war. Die Doppelmonarchie Österreich-Ungarn hat trotz oder eben wegen der begrenzten kontinentalen Expansion in Südosteuropa weder den Schritt zur Weltmacht getan noch diesen Status angestrebt. Das Osmanische Reich schließlich war, wie Heinz Gollwitzer gezeigt hat, „eher Objekt als Subjekt der Weltpolitik" und konnte „nicht entfernt" daran denken, „in großen weltpolitischen Fragen außerhalb seines Bereichs mitzureden".[3] Denn obgleich die Türkei seit dem Ende des Krim-Krieges und den Regelungen des Pariser Friedens von 1856 offiziell als europäische Großmacht rangierte, wurde sie selbst zusehends zum Gegenstand weltpolitischer Expansionsgelüste der übrigen Großmächte.

Anders verhielt es sich im Falle des Deutschen Reiches. Dieses besaß infolge seiner Stellung als europäische Großmacht nicht nur die notwendigen Voraussetzungen für den Aufstieg zur Weltmacht, es entwickelte auch, jedenfalls seit den 90er Jahren, den entsprechenden Willen. Welche Motive aber lagen diesem für die Entwicklung der internationalen Beziehungen vor 1914 in vieler Hinsicht folgenreichen Entschluß zugrunde?

II.

„Ich bin auch heute der Ueberzeugung, die uns beide erfüllte, als wir vor 27 Jahren gleichzeitig Staatssekretäre wurden, ... dass unser Volk nach seiner Tüchtigkeit, seiner Kultur (im besten Sinne des Wortes) und seiner Vergangenheit ein Recht auf die Stellung hätte, die ich damals den Platz an der Sonne nannte, d. h. das Recht auf Gleichberechtigung mit anderen großen Nationen." Diese Zeilen schrieb noch am 26. November 1924, zehn Jahre nach Ausbruch des Ersten Weltkrieges und sechs Jahre nach seiner Beendigung, Bernhard von Bülow an Alfred von Tirpitz.[4] Er bezog sich auf jene Situation des ausgehenden 19. Jahrhunderts, in der die beiden, der eine als Staatssekretär des Auswärtigen, der andere als Staatssekretär des Reichsmarineamtes, maßgeblich für den Entschluß verantwortlich zeichneten, das Deutsche Reich zur Welt- und Flottenmacht zu erheben.

Mit diesem Entschluß erfuhr die klassische Außenpolitik Preußen-Deutschlands eine entscheidende Kurskorrektur. Friedrich der Große etwa, der eigentliche Begründer der Großmacht Preußen, hatte seinem Nachfolger nachdrücklich Abstinenz auf dem Gebiet des Kolonialerwerbs und des Flottenbaus anempfohlen. Preußen, so schrieb er 1768, „ist eine Kontinentalmacht: es braucht eine gute Armee und keine Flotte. Unsere Ostseehäfen gestatten uns nicht, unsere Schiffahrt auszudehnen, und wenn wir keine Kolonien in Afrika und Amerika haben, beglückwünsche ich meine Nachfolger, weil diese entfernten Besitzungen die Staaten, denen sie gehören, entvölkern; man muß sie durch große Flotten schützen, und sie bilden fortwährend neue Anlässe zu Kriegen, als ob wir nicht schon genug davon mit unsern Nachbarn hätten."⁵ An diesen Rat mochten und konnten sich die Nachfolger Friedrichs II. aus ihrer Sicht in dem Augenblick nicht mehr halten, in dem sich das Deutsche Reich mit seinem Aufstieg zu einer europäischen Großmacht den für eine solche im Zeitalter des Imperialismus geltenden weltmachtpolitischen Rahmenbedingungen zu stellen hatte. Dazu zählte eben nicht nur die deutsche Expansion in der außereuropäischen Welt, von der noch zu sprechen sein wird, sondern vor allem auch der deutsche Flottenbau, mit dem man 1898 begann.

Dieser sollte sich für die weitere Entwicklung deshalb als besonders verhängnisvoll erweisen, weil er eben nicht, oder doch zu allerletzt, eine Folge der deutschen Kolonialpolitik und des Versuchs ihrer maritimen Sicherung war: Der Entschluß zum Aufbau einer deutschen Schlachtflotte fiel zwar etwa gleichzeitig mit dem zu weltpolitischer Betätigung, war aber nicht durch diesen bedingt. Vielmehr war er auch, ja vor allem als politisches Druckmittel gegen England gedacht. In dieser Hinsicht lagen dem deutschen Flottenbau zwei Ideen zugrunde. Einmal war man in weiten Kreisen der politischen und militärischen Führung überzeugt, daß das Deutsche Reich ohne eine starke Flotte nicht bündnisfähig sei, ganz gleich ob es um das Bündnis mit Großbritannien selbst oder um die Bildung eines gegen die Inselmacht gerichteten Kontinentalblocks ging. Dann aber und damit durchaus verbunden, sollte die deutsche Flotte nach der Intention ihres Chefs, des Admirals Tirpitz, eine „Risikoflotte" sein. Danach mußte ein Krieg selbst für die stärkste Seemacht, also für Großbritannien, mit derartigen Gefahren verbunden sein, daß im Falle eines Zusammenstoßes mit der deutschen Flotte ihre eigene Machtstellung in Frage gestellt werden konnte. Die relativ breite Zustimmung der deutschen Öffentlichkeit zum Flottenbau beruhte nicht zuletzt auf einem Mißverständnis. Sie nämlich sah darin vor allem auch einen Ausdruck des deutschen Ausgreifens „in die Welt" und stellte ihn damit auf eine Stufe mit den genuin „weltpolitischen" Aktivitäten des Deutschen Reiches, an deren Notwendigkeit und Legitimität sie wenig Zweifel hatte.

Das wohl wichtigste Motiv für dieses Auftreten der deutschen Großmacht, das schon zeitgenössisch als „Weltpolitik" firmierte, hat Bülow
in seinem zitierten Brief an Tirpitz klar benannt: In dem Augenblick, als
sich das europäische Mächtesystem als Folge des neuen imperialistischen Schubes zum Weltstaatensystem auszuweiten begann, sahen sich
die Deutschen gleichsam gezwungen, an dem Erwerb überseeischer Besitzungen teilzunehmen. Die Großmachtposition in Europa – so die pro-
blematische Logik dieses Denkens – war nur zu halten, wenn man sich
auch in der außereuropäischen Welt betätigte und behauptete. Das galt
für alle Großmächte der Zeit. Nur so war der Gefahr vorzubeugen, daß
die auf dem Kontinent soeben errungene Gleichrangigkeit in dem nun
geltenden Weltmaßstab wieder aufgehoben wurde. Als verhängnisvoll
sollte sich erweisen, daß auch der primär ganz anderen politischen Zielen dienende deutsche Flottenbau sehr gut mit diesem Selbstverständnis
deutscher „Weltpolitik" zu harmonieren schien und schon deshalb in der
Öffentlichkeit durchaus populär war.

Denn *daß* die Großmacht als Weltmacht agieren mußte, daran gab es
in Berlin, zumal nach 1890, keinen Zweifel. Diese Überzeugung kommt,
gewissermaßen idealtypisch, in dem berühmten Diktum Max Webers
zum Ausdruck, das im übrigen noch vor der öffentlichen Annoncierung
deutscher „Weltpolitik" durch Bernhard von Bülow formuliert wurde.
In seiner Freiburger Antrittsvorlesung hatte der Nationalökonom und
Soziologe jenes Bild gezeichnet, wonach „die Einigung Deutschlands ein
Jugendstreich war, den die Nation auf ihre alten Tage beging und seiner
Kostspieligkeit halber besser unterlassen hätte, wenn sie der Abschluß
und nicht der Ausgangspunkt einer deutschen Weltmachtposition sein
sollte".[6]

Die historische Kritik am deutschen Imperialismus übersieht in der
Regel, daß Weber mit seiner implizit erhobenen Forderung nach einer
deutschen Weltmachtpolitik aussprach, was die Mehrzahl seiner Zeitgenossen dachte. Und die Sicht der Miterlebenden ist nun einmal für die
Gestaltung der politischen Verhältnisse maßgeblich, ganz gleich wie
falsch oder auch fatal sie sich in der Rückschau darstellen mag.

Für diese grundsätzlich zustimmende Haltung der meisten Deutschen
zur „weltpolitischen" Betätigung ihres Landes waren zunächst einmal
die für den Imperialismus typischen Antriebskräfte ausschlaggebend: Es
waren nicht zuletzt im weitesten Sinne wirtschaftliche Gründe, die dazu
führten, daß sich alle europäischen Großmächte, unter ihnen auch das
Deutsche Reich, seit den 80er Jahren des 19. Jahrhunderts wieder ver-

stärkt um den Erwerb von Kolonien oder, wo dieser nicht möglich war bzw. nicht opportun erschien, um die Sicherung von Einflußsphären bemühten. Diese sollten vor allem die steigende Nachfrage nach Rohstoffen befriedigen, aber auch als Absatzmärkte für die Produkte der expandierenden Industrien oder als Regionen für finanzielle Investitionen dienen. Eine herausragende Bedeutung kam hier dem Eisenbahnbau zu. Hinzu gesellten sich weitere, eher zweitrangige Motive, wie diejenigen der Missionierung der überseeischen Welt, der Unterdrückung des Sklavenhandels oder der sog. „Kulturarbeit" in den weniger entwickelten Ländern der Erde. Gerade im deutschen Imperialismus spielten die Kolonien bzw. Einflußsphären überdies als potentielle Siedlungsgebiete für den erwarteten, von Deutschland selbst nicht mehr zu verkraftenden Bevölkerungsüberschuß eine gewisse Rolle. Daß diese hohen Erwartungen, welche die Zeitgenossen in allen europäischen Großmächten mit dem Erwerb bzw. der Kontrolle von überseeischen Gebieten verbanden, nur in seltenen Fällen erfüllt wurden, sei hier am Rande und der Vollständigkeit halber erwähnt.

Schließlich aber war für dieses letztmalige, synchrone Ausgreifen der Mächte an die Peripherie Europas ein Motiv entscheidend mitverantwortlich, das in den vorausgegangenen Epochen imperialistischer Expansion kaum eine Rolle gespielt hatte, dem aber jetzt und gerade für die Neulinge unter den europäischen Großmächten, Deutschland und Italien, eine erhebliche Bedeutung zukam. Das war der Aspekt des Prestiges und der Gleichberechtigung, also der Versuch, dem Deutschen Reich eine angemessene „Stellung und Geltung" im europäischen Staatensystem zu verschaffen. Diese aber war im Zeitalter des Imperialismus nur durch die Teilnahme am Wettlauf um die Aufteilung der außereuropäischen Welt zu erhalten. Damit stellte und stellt sich die Frage, ob eine Macht, die sich nach 1890 selbstbewußt als gleichberechtigter Partner im Zentrum des Kontinents wie an dessen Peripherie wähnte, überhaupt anders handeln konnte, wenn sie sich nicht von dem verabschieden wollte, was die anderen für selbstverständlich hielten.

Die damit eng verbundene Frage von „Behauptung" und „Blamage" bekam für die deutsche Außenpolitik ein um so größeres Gewicht, je mehr sie sich, selbstverschuldet oder auch nicht, in die Defensive gedrängt sah. Der bayerische Gesandte in Berlin, Graf Lerchenfeld, traf den Kern des Problems, als er am 13. Oktober 1905 anläßlich der noch zu erläuternden Marokko-Krise nach München schrieb: „Wenn ich die Interessen Deutschlands richtig verstehe, so hat es sich in der ganzen

Marokko-Sache weniger um die Stellung des Reiches in diesem afrikanischen Staate, als um die deutsche Weltstellung gehandelt. Man hatte
versucht, uns im Konzert der Mächte zu isolieren und lahm zu legen.
Gegen diesen Versuch wurde mit Fug und Recht die Marokko-Aktion
eröffnet und mit Erfolg durchgeführt. *Deutschland hat bewiesen, daß
man es nicht ungestraft übersehen kann.*"[7] Der „erste und hauptsäch-
lichste Punkt" bei einer wie immer gearteten Beilegung des Konfliktes
mit Frankreich sei daher auch, so definierte der erfahrene Vortragende
Rat im Auswärtigen Amt, Friedrich von Holstein, bezeichnenderweise
den eigentlich wichtigen Aspekt der ganzen Angelegenheit, „daß Frankreich nicht versucht, uns vor der Welt zu blamieren". Dann *müsse* man
eben intervenieren, selbst wenn das die eigenen Zukunftsinteressen, in
diesem Falle in Marokko, schädige.[8]

Die Deutschen selbst hatten mithin wenig Zweifel, daß ihre „Weltpolitik" einerseits eine geradezu logische Konsequenz aus der Begründung der Großmacht Deutsches Reich und andererseits im Zeitalter des
Imperialismus eine Frage der „Gleichberechtigung mit anderen großen
Nationen", also der Weltbehauptung im neuen „Weltstaatensystem"
war, wie Bülow noch 1924 formulierte. Aber die Erkenntnis bzw. der
Anspruch waren eine Sache, ihre Umsetzung eine andere.

Grundsätzlich ist festzustellen, daß sich die Wirklichkeit deutscher
„Weltpolitik", gemessen an ihren Erwartungen und verglichen mit derjenigen Großbritanniens oder Frankreichs, eher „bescheiden" ausnahm.
Das haben bereits die meisten Zeitgenossen so gesehen. Angesichts des
bei vielen Nachbarn, auch bei manchem Historiker bis heute weiter-
lebenden Mythos von der Einzigartigkeit der deutschen weltpolitischen
Erfolge gilt es, diesen Befund im Auge zu behalten, will man die deutsche
„Weltpolitik" und ihren Anteil am Ausbruch des Ersten Weltkrieges
richtig verstehen und angemessen gewichten.

Bescheiden nahmen sich die deutschen Erfolge auf dem Feld imperialistischer Betätigung nach 1890 auch und gerade im Vergleich mit denjenigen der Kolonialpolitik in der Bismarck-Zeit aus. Damals, in den Jahren 1884/85, war das Deutsche Reich immerhin in den Besitz seiner
Südseegebiete und seiner afrikanischen Kolonien Togo, Kamerun,
Deutsch-Südwestafrika und Deutsch-Ostafrika gekommen. Diese sollten bis 1914/1918 den Schwerpunkt des deutschen Kolonialreiches bilden. Abgesehen von dem Erwerb kleinerer Territorien bzw. Stützpunkte
wie demjenigen Kiautschous, eines Teils der Samoa-Inseln oder der Ka-
rolinen-, Marianen- und der Palau-Inseln, bestanden die deutschen Er-

folge nach 1890 im wesentlichen in gewissen Fortschritten auf dem Gebiet des informellen Imperialismus, also der wirtschaftlichen Durchdringung der Peripherie Europas. Das gilt insbesondere für den Nahen Osten, das Osmanische Reich, und hier vor allem für den Bau der Bagdadbahn, der seit 1898 in deutscher Regie betrieben wurde (vgl. Kapitel 4).

Man muß sich die Dimensionen dieses Kolonialbesitzes der Großmacht Deutsches Reich einmal auf der Karte ansehen und sie mit den Kolonialreichen europäischer Klein- und Mittelstaaten wie denjenigen Belgiens, Portugals, der Niederlande oder (bis 1898) auch Spaniens vergleichen, um zu verstehen, warum er vielen Deutschen, in den Worten Max Webers, „lächerlich bescheiden" vorkam.[9] Das gilt natürlich erst recht, wenn man den deutschen Kolonialbesitz mit demjenigen der rivalisierenden Großmächte Frankreich und insbesondere Großbritannien vergleicht. Überdies blieben dem Deutschen Reich spektakuläre weltpolitische Erfolge versagt. Auch darin unterschied es sich von anderen Großmächten wie namentlich Italien. Dieser neben Deutschland zweite Neuling im Kreis der europäischen Großmächte besetzte 1911/12 – zunächst zwar unter erheblichen militärischen Schwierigkeiten, schließlich aber doch erfolgreich – die damals noch zum Osmanischen Reich gehörende Flächenkolonie Libyen, ohne daß es zu einer großen Krise in den internationalen Beziehungen gekommen wäre.

Die Gründe für das Ausbleiben der Krise in diesem Falle sind aufschlußreich. Zum einen hatte keine andere Großmacht ein herausragendes Interesse an dem Wüstenland, zum zweiten galt Italien als eine der schwächsten Mächte Europas. Eine durch seinen afrikanischen Erfolg bewirkte Aufwertung innerhalb des Kreises der europäischen Großmächte durfte also als unwahrscheinlich gelten. Schließlich aber hatten die potentiellen Gegner der libyschen Aktion, nämlich Großbritannien, Frankreich und Rußland, das vordringliche Interesse, Italien aus der ohnehin recht schwachen Bindung an seine Bündnispartner Deutschland und Österreich-Ungarn zu lösen und zu sich herüberzuziehen. Ein Stillhalten in der Libyenfrage war da durchaus auch als Angebot zu verstehen.

Anders im Falle des Deutschen Reiches. Diesem blieb ein solcher spektakulärer weltpolitischer Erfolg nicht nur versagt, vielmehr endeten vergleichbare Aktionen in Debakeln. Das zeigten vor allem die beiden Marokko-Krisen der Jahre 1905 und 1911. Im Gegensatz zu Italien und seiner Okkupation Libyens wollte Deutschland das formell unabhängige

Marokko keineswegs besetzen oder annektieren. Vielmehr wollte man die wirtschaftliche Gleichberechtigung gegenüber Frankreich einklagen, das dabei war, eben jene Unabhängigkeit des nordafrikanischen Sultanats stillschweigend zu liquidieren. Anders als Italien im Jahre 1911 schickte Deutschland auch keine Invasionsarmee, sondern 1905 den Kaiser, der in Tanger eine Rede hielt und dann wieder verschwand, und 1911 ein Kanonenboot, den „Panther", das in Agadir vermeintlich bedrohte Staatsangehörige an Bord nahm und danach gleichfalls wieder abdrehte. Auf die Motive der deutschen Politik, den Wunsch nach Gleichberechtigung und den Willen zur Selbstbehauptung, wurde schon hingewiesen. Sie mögen erklären, warum die Aktionen in der Hauptsache aus Getöse und Säbelrasseln bestanden und dennoch oder eben deshalb den Eindruck gefährlicher, jedenfalls spektakulärer Aktionen erweckten.

Bemerkenswert, wenn auch angesichts dieser deutschen Selbstdarstellung nicht überraschend, waren die Reaktionen der anderen Großmächte. Denn die waren eindeutig. Namentlich Großbritannien ließ keinen Zweifel an seiner vorbehaltlosen Unterstützung Frankreichs. Aber damit nicht genug: Krisen wie diejenige um Marokko trugen in erheblichem Maße dazu bei, daß sich mit England, Frankreich und Rußland ausgerechnet jene europäischen Großmächte vertraglich banden, deren weltpolitische Ambitionen und Aktivitäten vor der Jahrhundertwende nicht selten zu schweren internationalen Konflikten geführt hatten. 1904 steckten Frankreich und Großbritannien ihre gegenseitigen Interessen insbesondere in Ägypten und Marokko ab, und 1907 einigten sich England und Rußland über ihre Ansprüche u. a. in Persien und Afghanistan. Bis 1914 wurden dann diese ursprünglich rein kolonialpolitischen Abmachungen durch eine ganze Reihe militärischer Absprachen ergänzt, die eines gemeinsam hatten: Sie bezogen sich auf den europäischen Kontinent und richteten sich vor allem gegen das Deutsche Reich.

Damit drängt sich die Frage auf, warum es gerade die weltmachtpolitischen Aktivitäten bzw. Ambitionen dieses Deutschen Reiches waren, welche den Argwohn der etablierten Groß- und Weltmächte England, Frankreich und Rußland auf sich zogen und dazu führten, daß sich diese in der besagten Koalition zusammenfanden. Daß diese sog. Tripel-Entente über „periphere" Fragen zustande kam und sich zusehends gegen die deutsche Welt- bzw. Großmacht in Europa selbst richtete, war gewiß kein Zufall. Hinter dieser Entwicklung stand die wachsende Angst jener Mächte, daß das Reich durch noch so bescheidene „weltpolitische" Erfolge an der Peripherie des europäischen Geschehens auch seine Großmachtposition auf dem Kontinent noch weiter verstärken und dadurch vollends zu einer hegemonialen Stellung *in Europa* emporsteigen könne.

III.

Damit ist das zentrale Problem der Wirkung deutscher „Weltpolitik" angesprochen. Sicher hätten die einzelnen Aktionen dieser Politik, für sich genommen, bei den übrigen Mächten noch keine nachhaltige Beunruhigung auslösen müssen. Schließlich taten die Deutschen zunächst einmal nichts anderes als das, was auch die anderen trieben und was in diesem Zeitalter als „normal" gelten konnte. Sorge bereitete indessen der Verdacht, daß die einzelnen Aktionen deutscher Weltmachtpolitik Elemente einer konsequenten Strategie darstellen könnten. Tatsächlich schien die deutsche Weltmacht auf mehreren Gebieten gleichzeitig insbesondere mit Großbritannien in Konkurrenz zu treten, wenn nicht gar die Inselmacht – aus deren Sicht – beerben zu wollen. Bestätigt wurde diese Vermutung für englisches Empfinden häufig genug. Zu erinnern ist hier nur an die deutsche Marokko- und Orientpolitik. Letztere schien mit ihrem wichtigsten Vorhaben, dem Bau der Bagdadbahn, direkt ins Zentrum des britischen Weltreiches zu zielen. In besonderem Maße gilt das schließlich für den deutschen Flottenbau. Dieser war eben kaum mehr als Ausdruck deutscher „Weltpolitik" zu verstehen, sondern wurde mit guten Gründen als unmittelbare Bedrohung der europäischen Position Großbritanniens betrachtet. Die deutsche Außenpolitik tat also das Ihre, um derart ungünstige Lageanalysen bei den Nachbarn heraufzubeschwören.

Diese wiederum offenbaren ein völliges Verkennen der Motive, durch welche die deutsche Politik jener Jahre geleitet wurde. Ob sich dahinter Unwille oder Unvermögen verbarg, sei vorerst dahingestellt. So war beispielsweise die deutsche Marokko-Politik des Jahres 1911 aus deutscher Sicht eine Flucht nach vorn. Sie sollte einer weiteren Machtverschiebung zuungunsten des Deutschen Reiches und seiner wenigen Verbündeten vorbeugen, wenn möglich die Tripel-Entente spalten und damit die aus Berliner Sicht bedrohlich zunehmende „Einkreisung" des Reiches aufhalten. So sehr dieser Wille zur Selbstbehauptung nun das eigentliche und auch im Rückblick noch nachvollziehbare Motiv deutscher Großmachtpolitik gewesen sein mag, so wenig stieß er im französischen oder britischen Außenministerium auf Interesse oder gar Verständnis, im Gegenteil: Mit einer sich von der Realität zusehends entfernenden Konsequenz wurde das Reich jetzt auch für die nächste, sich mit dem italienischen Ultimatum an die Türkei abzeichnende Krise und die ihr folgende Okkupation Libyens verantwortlich gemacht.

In diesem Sinne wurde bereits am 26. September 1911, gewissermaßen vorsorglich, bei Sir Arthur Nicolson, dem einflußreichen Unterstaatssekretär im Foreign Office, angefragt, ob er es für möglich halte, daß Deutschland die italienisch-türkischen Spannungen „abgewartet" habe, „um sich eine für Blitze geeignete Atmosphäre zu schaffen".[10] Daß diese Anfrage von Winston Churchill stammte, also von jenem Mann, der 30 Jahre später zunächst zu einem der erbittertsten Gegner der deutschen „Blitzkriegführung" werden und dann maßgeblich zur endgültigen Auflösung der deutschen Welt- und Großmacht beitragen sollte, ist bemerkenswert. Aber damit nicht genug. Vor dem Hintergrund der mühsam beigelegten Marokko-Krise sowie des soeben in Nordafrika von Italien eröffneten Krieges zeigte sich beispielsweise Sir Charles Hardinge, der englische Vizekönig in Indien, überzeugt, daß es nicht lange dauern werde, bis sich erneut und wiederum als Folge der deutschen weltpolitischen Ambitionen eine ähnliche Situation einstellen werde: „Ich habe stets vermutet – und glaube dies immer noch – daß die große Katastrophe im Jahre 1913 ausbrechen wird." Überdies sei es „nicht unwahrscheinlich, daß Spanien oder sogar Portugal die nächsten Opfer Deutschlands sein werden".[11]

Gewiß, dies und andere Lageanalysen, Erwartungen und Prognosen mögen den rückschauenden Betrachter überraschen, mitunter auch amüsieren. Indessen verweisen sie auf einen für die weitere Entwicklung der internationalen Beziehungen vor Ausbruch des Ersten Weltkrieges ausgesprochen wichtigen Sachverhalt: Spätestens seit der Jahrhundertwende wurden in Paris, St. Petersburg und namentlich in London alle oben genannten Ereignisse sowie andere mehr als lediglich verschiedene Bestandteile bzw. unmittelbare Folgen einer einzigen, in sich konsequent erscheinenden Linie deutscher Weltpolitik betrachtet. Das gilt auch für manche Aktionen seiner Bündnispartner, die Deutschland nicht zu verantworten hatte. Zu nennen wäre hier neben dem italienischen Libyen-Unternehmen die am 6. Oktober 1908 durchgeführte Annexion Bosniens und der Herzegowina durch Österreich-Ungarn und die ihr folgende schwere internationale Krise. Auch in diesem Falle war die deutsche Regierung nicht nur nicht die treibende Kraft, vielmehr wurde auch sie zumindest vom Zeitpunkt der Aktion überrascht. Daß man das in London oder Paris anders sah, lag sicher auch an der unbedingten Bündnisbzw. „Nibelungentreue", mit der sich das Reich dann während der Krise an die Seite seines einzig noch zuverlässigen Partners stellte. In der großen außenpolitischen Debatte des Deutschen Reichstages vom 29. Mai 1909[12] ging selbst ein Abgeordneter der sozialdemokratischen Fraktion „so weit, zu sagen", das „Wesentliche der Bündnisverpflichtungen" bestehe darin, daß im Falle der Gefahr oder der „Komplikation" des einen Staates der andere „bis zu einem gewissen Grade... die Disposition über seine Aktionen aus der Hand" gebe.

Was sich für die Nachbarn als konsequente Linie deutscher Außenpolitik darstellte, nimmt sich für den rückschauenden Betrachter im Spiegel der deutschen Akten ganz anders aus. Dort nämlich ergibt sich eher der Eindruck einer erstaunlichen Konzeptionslosigkeit, ja Unberechenbarkeit. Diese dokumentierte sich besonders kraß im eigentümlichen Oszillieren der deutschen Politik zwischen den Extremen der engen Anlehnung an England und der Bekämpfung der Inselmacht durch eine von Deutschland geführte „Liga" der Kontinentalmächte. Dem korrespondierte eine nur schwer kalkulierbare Politik in den außereuropäischen, vor allem in den orientalischen Angelegenheiten, welche z. B. die Russen erst unter allen Umständen von Konstantinopel fernhalten wollte, dann unter bestimmten Voraussetzungen nichts gegen ihre Präsenz am Bosporus einzuwenden hatte, oder die den türkischen Sultan mal absetzen, mal gegen England stärken zu müssen glaubte.

Mit diesem Kurs hob sich die Politik der „freien Hand" zugleich nachhaltig von derjenigen der Bismarck-Zeit ab. Denn dessen Außenpolitik galt selbst den skeptisch-sensiblen britischen Staatsmännern als kalkulierbar, auch in jenen Phasen, in denen sie, wie etwa zur Zeit der deutschen Kolonialpolitik der Jahre 1884/85, alles andere als englandfreundlich war. Aber auch Unberechenbarkeit kann konsequent sein oder doch – zumal in den internationalen Beziehungen – konsequent wirken. Es war wohl dieser Grundzug deutscher Außenpolitik, verbunden mit ihren „weltpolitischen" Stoßrichtungen, der in den europäischen Metropolen den Alarm auslöste.

Dort stellte sich die deutsche „Weltpolitik", auch wenn sie sich allenfalls mit bescheidenen Erfolgen schmücken konnte, nunmehr sogar als vorläufiger Höhepunkt einer Tradition dar, deren Wurzeln man bereits im 18. Jahrhundert ausmachen zu können glaubte (vgl. Kapitel 1). Das berühmte Memorandum des britischen Diplomaten Sir Eyre Crowe vom

Januar 1907 ist ein klassisches Beispiel für diese Sicht der Dinge. Denn hier zog der einflußreiche Beamte eine direkte Linie von der „Wegnahme Schlesiens im tiefen Frieden" durch Friedrich den Großen, über die „Annexion Schleswig-Holsteins" oder die „Rückeroberung Elsaß-Lothringens" durch Bismarck bis hin zur „Weltpolitik" seiner Nachfolger, die er im übrigen als „unruhig, explosiv und verwirrend" charakterisierte.[13]

Bezeichnenderweise sollte sich eben diese Denktradition im britischen Außenministerium fortsetzen. Für viele Engländer waren der deutsche Überfall auf Polen am 1. September 1939 und die Kriegführung des „Dritten Reiches" ein weiterer Beleg dafür, daß man die preußische Wurzel des deutschen Übels nun endgültig ausrotten müsse. In diesem Sinne forderte Sir Robert Vansittart, einer der Nachfolger Crowes, in einer Denkschrift über das „Wesen der Bestie" vom März 1940: „Wir bekämpfen den *Charakter* der Deutschen. Wenn wir und bis wir diesen Charakter und die Art und Weise, wie er zum Ausdruck kommt, nicht in einem *langwierigen Prozeß* ändern, haben wir keine Zukunft." Die werde dann vielmehr „Deutschland und der Finsternis" gehören.[14] Daß sich solche Erkenntnisse auch auf die Friedensfühler der deutschen Opposition gegen Hitler bezogen, zeigt, wie fundamental das Mißverständnis in den deutsch-englischen Beziehungen im Zeitalter der Weltkriege gewesen ist (vgl. Kapitel 6).

Solche nationalen Perzeptionen und damit auch Interpretationen der Absichten des jeweils anderen spielten – und spielen – eine nicht zu unterschätzende Rolle bei der Konzipierung und spezifischen Umsetzung außenpolitischer Strategien. Es dürfte, mehr noch, zu den interessantesten und bislang nicht angemessen gewürdigten Charakteristika des imperialistischen Zeitalters gehören, daß die verantwortlichen Politiker und Diplomaten aller europäischen Großmächte der Überzeugung waren, zunächst einmal auf die politischen Vorgaben der jeweils anderen Seite zu reagieren. Wie vollends im Verlauf der Julikrise deutlich wurde, beraubten sie sich damit in hohem Maße jener Handlungsfreiheit, die in Krisensituationen dieser Art benötigt wurde und benötigt wird. Denn genau betrachtet, waren die politischen und militärischen Planungen aller Großmächte darauf abgestellt, nicht den ersten Schritt zu tun, sondern eine von anderer Seite unternommene Aktion schnell und entschieden zu beantworten.

Aber so wichtig die solchen Planungen und Entscheidungen zugrundeliegenden Perzeptionen auch waren, eine erschöpfende Erklärung der hier erörterten Entwicklung können sie alleine nicht bilden. Es ist daher

nach den Faktoren zu suchen, die gewissermaßen unterhalb jener sub-
jektiven Wahrnehmung angesiedelt waren, aber gleichwohl entscheidend zu den gravierenden und schließlich im Ausbruch des Ersten
Weltkrieges kulminierenden Veränderungen im europäischen Gleich-
gewichtssystem beigetragen haben.

Gewiß, diese Veränderungen wurden in nicht unerheblichem Maße
durch Fehleinschätzungen und Fehlleistungen führender Repräsentanten
deutscher „Weltpolitik" mitbedingt. Sie standen im Zentrum der durch
Fritz Fischers Arbeiten ausgelösten Kontroverse der 6oer und 7oer Jahre
und werden noch näher zu betrachten sein (vgl. Kapitel 4). Dennoch war
es wohl kaum, jedenfalls nicht in erster Linie, der spezifische, die Nachbarn zusehends aggressiver anmutende Kurs der deutschen Außenpolitik, der das europäische Gleichgewicht fundamental erschütterte. Es waren vielmehr zwei in der Entwicklung des Staatensystems während des
Zeitalters des Imperialismus selbst angelegte Momente, welche die Ba-
lance der Kräfte in Europa zunächst schwer belastet und schließlich
zerstört haben.

Einmal besaß die Weltpolitik der europäischen Großmächte in den
Jahrzehnten vor Ausbruch des Ersten Weltkrieges eine neue Qualität,
durch die sie sich von früheren Phasen kolonialer Betätigung abhob: Die
Stärke und das Ansehen der Staaten waren in deren Selbstverständnis
jetzt aufs engste an den Erfolg geknüpft, den sie bei ihren imperialistischen Unternehmungen vorzuweisen hatten. Damit aber definierte sich
ihre Stellung auf dem Kontinent in wachsendem Maße über ihre Position in der außereuropäischen Welt. Die sich daraus ergebenden Spannungen fanden ihren Niederschlag in den sich ständig verschlechternden
Beziehungen zwischen den Mächten im Zentrum des alten Kontinents
selbst. Die Peripherie hatte das Zentrum eingeholt, der Imperialismus
wurde von seinen Folgen überlagert. In gewisser Weise war der Erste
Weltkrieg eine Konsequenz aus dieser Entwicklung.

Das zweite Moment, durch das die europäische Kräftebalance in erheblichem Maße erschüttert wurde, war die Unvereinbarkeit zweier
Faktoren. Auf deutscher Seite finden wir den Willen zu einer „Weltpolitik", die sich geradezu zwangsläufig aus dem Großmachtstatus des
Reiches ergab und die im Zeitalter des Imperialismus für eine solche
Großmacht selbstverständlich war. Dem stand die Entschlossenheit der
bereits etablierten Großmächte gegenüber, ihre traditionellen weltmachtpolitischen Ansprüche und Besitzungen zu behaupten. Diese Haltung
ließ keine wirklichen Konzessionen an die aufsteigende und kolonial

noch ungesättigte Weltmacht zu. Einen künftigen Konkurrenten auf diesem Feld wollte sich namentlich Großbritannien nicht heranziehen. Die Alternative aber, eine Juniorpartner-Rolle für das Deutsche Reich, war für die Mehrzahl der deutschen Politiker und Diplomaten sowie für die überwiegende Mehrheit der deutschen Öffentlichkeit nicht akzeptabel (vgl. Kapitel 4).

Hinter der entschiedenen Haltung der etablierten Mächte stand nun freilich die eingangs angesprochene Furcht, auch das Deutsche Reich könne durch weltpolitische Erfolge seine kontinentale Großmachtposition weiter ausbauen und festigen. Gerade im deutschen Falle aber mußte der zusätzliche Machtzuwachs das Gleichgewicht der Kräfte in Europa empfindlich stören. Denn dieses Deutschland war nun einmal dank seiner militärischen Stärke, seiner territorialen Größe, seiner Bevölkerungszahl sowie seiner wirtschaftlichen Potenz die ohnehin schon gewichtigste europäische Großmacht. So jedenfalls stellte sich der Sachverhalt aus der Perspektive der Nachbarn dar. Die aus deutscher Sicht zwingende „weltpolitische" Idee war mit der nicht minder zwingenden Wirklichkeit des europäischen Staatensystems unvereinbar.

4. Umwege.

Die Bemühungen um eine weltpolitische Entspannung
vor 1914

Die Jahre vor Ausbruch des Ersten Weltkrieges waren eine Zeit zunehmender Spannungen. Das ist bekannt. Der Anteil der deutschen „Weltpolitik" an dieser dramatischen Entwicklung war und ist Gegenstand intensiver Forschung. Dabei wurde nicht selten übersehen, daß es parallel zu den auf Krieg weisenden Tendenzen durchaus ernstzunehmende Bemühungen um eine „weltpolitische" Entspannung gegeben hat. Daran war maßgeblich eine Gruppe deutscher Politiker und Diplomaten direkt oder indirekt beteiligt. Sie dürfen aus einer Reihe von Gründen Interesse beanspruchen, unter anderem auch deshalb, weil es unter gänzlich anderen Umständen in der Zeit des „Dritten Reiches" noch einmal einen ähnlichen Versuch geben sollte (vgl. Kapitel 5).

Diese Bemühungen um eine Détente sind Gegenstand der folgenden Betrachtungen, die sich zunächst (I) auf die diesen Aktivitäten zugrundeliegenden Konzeptionen richten werden. In einem nächsten Schritt (II) ist nach dem Verlauf der entsprechenden Verhandlungen zu fragen, um dann abschließend (III) die Chancen einer erfolgreichen Realisierung dieser politischen Konzepte beleuchten zu können. Daß sich die Darstellung vor allem an den deutsch-englischen Beziehungen orientiert, ergibt sich aus der besonderen Bedeutung dieses Verhältnisses im Vorfeld des Ersten Weltkrieges.

I.

Die deutsch-englischen Beziehungen befanden sich spätestens seit 1911 in einer tiefen Krise. Geschickt hatte der Chef des Reichsmarineamtes, Admiral Alfred von Tirpitz, die durch die zweite Marokko-Krise entstandene Stimmung genutzt, um auf eine weitere Verstärkung der deutschen Flotte zu drängen: Nach monatelangem Tauziehen wurde im Mai 1912 vom Reichstag zusammen mit einer neuen Wehrvorlage die letzte von insgesamt drei Flottengesetzesnovellen verabschiedet. Zwar entsprach sie längst nicht den ursprünglichen Forderungen des Reichsmarineamtes. So wurden zum Beispiel nur drei der geforderten sechs neuen Schlachtschiffe zugestanden, davon nur zwei im offiziellen Bauplan. Doch hatten das hartnäckige Festhalten an der Novelle durch Tirpitz und den Kaiser und die nicht zuletzt dadurch bedingte Weigerung Englands, sich auf ein uneingeschränktes Neutralitätsabkommen einzulassen, schließlich zu einem Fehlschlagen jener Verhandlungen geführt, die im Februar 1912 mit dem Berlin-Aufenthalt des britischen Kriegsministers Viscount Haldane so hoffnungsvoll begonnen hatten.

Widerstand gegen diese Novelle erfuhren Tirpitz und der Kaiser außer von der Heeresleitung vor allem vom Reichskanzler, Theobald von Bethmann Hollweg, und vom Staatssekretär des Auswärtigen Amtes, Alfred von Kiderlen-Wächter. Schützenhilfe erhielten sie u. a. durch die deutsche Botschaft in London. Diese wurde seit 1901 von Graf Paul Wolff Metternich zur Gracht geleitet, der allerdings eben wegen seines Widerstandes gegen die Flottenpolitik 1912 seinen Hut nehmen mußte und durch den langjährigen deutschen Botschafter in Konstantinopel, Adolf Freiherr Marschall von Bieberstein, abgelöst wurde. Dessen plötzlicher Tod im September des gleichen Jahres zwang Berlin erneut zur Besetzung des außerordentlich wichtigen Londoner Botschafterpostens. Die Wahl fiel auf Karl Max Fürst von Lichnowsky. Schon wegen dieses mehrfachen Wechsels an der Spitze der Botschaft kam dem Vertreter des Botschafters eine besondere Bedeutung zu. Diese Funktion hatte von 1908 bis 1914 Richard von Kühlmann inne, dessen Name sich nicht zuletzt mit seiner späteren Tätigkeit als Chef des Auswärtigen Amtes verbindet. Kühlmann vor allem war es, der von London aus auf eine weltpolitische Entspannung hinzuwirken suchte. Tirpitz argwöhnte gar, daß Bethmann Hollwegs Vorbehalte gegen eine neue Flottennovelle auf die eindringlichen Warnungen des Botschaftsrates zurückgingen. Tatsächlich war Kühlmann Anfang März 1912 nach Berlin gereist und hatte den Reichskanzler vor einer durch die Flottennovelle drohenden Verschlechterung der deutsch-englischen Beziehungen gewarnt.

Der Diplomat sah für den Fall einer neuen Novelle das von ihm maßgeblich vorangetriebene Vorhaben gefährdet, mit England zu einem Abkommen über die afrikanischen Kolonien und die Bagdadbahn zu gelangen, das auch von Haldane bei seinem Berlin-Besuch angeregt worden war. Überdies glaubte Kühlmann, wie schon Hermann Oncken gezeigt hat, die „günstige Konjunktur" für eine englische Annäherung an

Deutschland „mit raschem Zugreifen nutzen zu müssen".[1] Diese hatte mehrere Ursachen. Einmal war sie die Folge einer Verstimmung von Teilen der englischen Öffentlichkeit und des Unterhauses über die Haltung der englischen Regierung in der Marokko-Krise. Dann aber mehrten sich seit dem Herbst 1911 auch die Stimmen, die aus dem aggressiven Vorgehen Rußlands in Persien und an den Meerengen auf eine grundsätzlich verfehlte Außenpolitik Großbritanniens schlossen, die sich seit 1907 immer stärker an das Zarenreich anzulehnen schien.

Vor diesem Hintergrund führte Kühlmann im Januar 1912 dem Reichskanzler die Alternativen deutscher Englandpolitik vor Augen: „Entweder Deutschland benützt unter Vermehrung der Machtmittel zu Lande und voller Beibehaltung des Flottengesetzes, aber ohne Änderung des Bauplanes, die gegenwärtig in England herrschende Stimmung, um sich Großbritanniens Zustimmung zu Arrangements zu sichern, welche Deutschland eine Zukunft als koloniale Großmacht verbürgen, führt damit zugleich eine Entspannung zwischen beiden Ländern herbei und leitet eine Epoche freundlicherer diplomatischer Beziehungen ein, oder aber es vergrößert, dem Druck eines Teiles der Presse folgend, sein Flottenprogramm… und zerstört dadurch sowohl die Möglichkeit einer kolonialen als einer allgemeineren politischen Verständigung mit England und erhöht zugleich die Wahrscheinlichkeit eines bewaffneten Zusammenstoßes mit den Mächten der Tripelentente."[2]

Solche Arrangements waren vor allem in zwei Fragen möglich, in der Erneuerung des Abkommens über die Aufteilung der afrikanischen Kolonien Portugals aus dem Jahre 1898 und in einem Vertrag über die Bagdadbahn. Das Kolonialabkommen besaß eindeutig Priorität. Einmal war hier eher als bei der Flotten- und Orientpolitik auf friedlichem Wege die deutsche „Weltpolitik", insbesondere das Projekt eines sog. „Mittelafrika", realisierbar. Dabei ging es um eine Verbindung Deutsch-Südwest- und Deutsch-Ost-Afrikas durch Erwerb portugiesischen und belgischen Kolonialbesitzes bzw. durch Sicherung von Einflußsphären ebendort. Darüber hinaus aber lag in dieser Politik eine Chance, das dafür als notwendig erachtete englische Einverständnis zu erhalten, ja die Wiederannäherung Englands an das Reich zu befördern: „So paradox es klingen mag", prognostizierte der Botschaftsrat im Januar 1912, „würde eine Festlegung unsererseits auf große koloniale Pläne hier sofort eine Entspannung herbeiführen."[3]

Bereits anläßlich der deutsch-englischen Verhandlungen über ein Neutralitätsabkommen im Herbst 1909 hatte die Möglichkeit einer Annäherung zwischen dem Reich und Großbritannien über zweitrangige Fragen eine gewisse Rolle gespielt. Entsprechende Anregungen waren vom damaligen Gesandten in Bukarest, Kiderlen-Wächter, gekommen. Dieser hatte Bethmann Hollweg darauf hingewiesen, daß England dem Deutschen Reich „ohne direkt feindliche Handlung an allen Punkten außerhalb Europas oder an dessen Peripherie unbequem werden" und es, „namentlich in vielen Fragen zweiter Ordnung, zu einer an Schwäche grenzenden Nachgiebigkeit zwingen" könne. Daher sei es für England durchaus möglich, einige Fragen zu finden, „deren freundschaftliche Lösung zum Ausgangspunkt einer ‚entente' gewählt" werden könne.[4] Dabei schwebte ihm das Exempel der englisch-französischen „Entente cordiale" von 1904 vor, die ebenfalls wesentlich durch ein Arrangement in kolonialen Fragen zustande gekommen war.

Dieser Gedanke, womöglich über eine Einigung in „peripheren" Fragen zu einer Verständigung in Europa selbst zu gelangen, fand offenbar zunächst weniger bei Bethmann Hollweg als vielmehr beim britischen Außenminister, Sir Edward Grey, einen gewissen Anklang. Im Februar 1910 verlieh dieser der Hoffnung Ausdruck, „daß eine Verständigung über die Bagdadbahn einem ferneren politischen und Flotten-Abkommen die Wege ebnen würde".[5] Doch erst nach der Erfahrung der Marokko-Krise und dem Scheitern aller übrigen Versuche rückte die Möglichkeit einer deutsch-englischen Verständigung, die ursprünglich als eine unter anderen ventiliert und zwischenzeitlich von Bethmann Hollweg wieder aufgegeben worden war, ins Zentrum des Interesses.

Neben den deutschen Diplomaten in London, die ja bereits 1911/ 1912 auf dieses Konzept hingewiesen hatten, machte sich jetzt auf deutscher Seite vor allem Staatssekretär Gottlieb von Jagow, Nachfolger des 1913 verstorbenen Kiderlen-Wächter, den Gedanken zu eigen, „unter Abstandnahme von allgemeinen politischen Erörterungen konkrete Differenzen zu beseitigen", also zunächst einmal in den Fragen der afrikanischen Kolonien und der Bagdadbahn zu einer Verständigung zu gelangen. Das jedenfalls notierte Bethmann Hollweg nach dem Krieg.[6] In diesem Sinne hatte Grey im Juli 1912 Marschall wissen lassen, daß sich eine Erneuerung des Abkommens über die portugiesischen Kolonien in Afrika innerhalb von „zwei oder drei Jahren" sehr förderlich auf die „politische Atmosphäre" auswirken könne. Das gelte auch für eine Einigung in anderen die Peripherie des europäischen Geschehens betreffenden Fragen, wie die Bagdadbahn, den italienisch-türkischen Krieg oder eine umstrittene Anleihe für China.[7]

Die Verhandlungen über die afrikanischen Kolonien wurden bis März
1912 vor allem von Grey und Metternich geführt. Dies geschah zu einer
Zeit, als das deutsch-englische Verhältnis angesichts der in Aussicht
genommenen Flottennovelle und Wehrvorlage sowie der gescheiterten
Haldane-Mission eher gespannt war. Überdies meldeten mehrere Mitarbeiter des Foreign Office erhebliche Bedenken an, weil in ihren Augen
ein solches Abkommen dem 1899 mit Portugal geschlossenen Bündnisvertrag, dem sog. Windsor-Vertrag, widersprach. Schließlich konnte bei
solchen englisch-deutschen Gesprächen über Gegenstände, die ja auch
französische und russische Interessen betrafen, eine gewisse Verstimmung der englischen Bündnispartner nicht ausgeschlossen werden.
Gleichwohl riskierte Grey solche Reaktionen, da er der Ansicht war, daß
eine Isolierung des Reiches nicht minder gefährlich sei als seine Vorherrschaft auf dem Kontinent.

Allerdings war auch der britische Außenminister überzeugt, daß man
die Bindungen an Rußland, vor allem aber an Frankreich nicht lösen,
nicht einmal lockern dürfe, um eine Sicherung gegen mögliche deutsche
Expansionsbestrebungen in Europa in der Hand zu halten. Deshalb sah
er anders als z. B. der Unterstaatssekretär im Foreign Office, Sir Arthur
Nicolson, in englisch-deutschen Arrangements an der Peripherie einen
Weg, der geeignet war, das Reich von Aktionen wie zuletzt 1911 in
Marokko abzuhalten, und zudem jedenfalls so lange keine Gefahr für
den Bestand des Entente-Systems bedeutete, als nicht französische oder
russische Interessen tangiert wurden. Daß solche Détente-Bemühungen
von den Partnern Englands wie von den entsprechenden Gruppen des
Foreign Office mit Mißtrauen beobachtet wurden, kann gleichwohl
nicht übersehen werden.

In der englischen Verhandlungsbereitschaft mußte also nicht zuletzt
ein Entgegenkommen der englischen Regierung, namentlich Greys, aber
z. B. auch des britischen Kolonialministers, Sir Lewis Harcourt, gesehen
werden. Das deutsche Reichsmarineamt erblickte darin jedoch – in völliger Verkennung der Prinzipien britischer Politik – eine Bestätigung seiner harten Linie, da „man in England nicht trotz der deutschen Flotte,
sondern *wegen* ihrer anfange sich zu bequemen, auf sie Rücksicht zu
nehmen". Daher mochte auch der Marine-Attaché an der Deutschen
Botschaft in London, Wilhelm Widenmann, nicht die Ansicht Kühlmanns zu teilen, „daß es von Bedeutung sei, die Reichstagsverhandlungen über die Wehrvorlage möglichst zahm zu halten, damit in England
keine Erbitterung entstehe. Gerade letzteres sei ihm [Kühlmann, G. S.]

auch von hiesigen Politikern als wünschenswert bezeichnet worden. Je
würdiger und geräuschloser die Reichstagsverhandlungen gehalten werden könnten, um so dienlicher werde dies der Fortsetzung der im Gange
befindlichen Annäherungsversuche sein."[8]
Es gehört zu den Verdiensten Kühlmanns, daß er sich in jener durch
Flottennovelle und Wehrvorlage gespannten Situation auf den Standpunkt stellte, „trotz dieser ungünstigen Einflüsse den angesponnenen
Faden nicht abreißen zu lassen".[9] In realistischer Einschätzung der nunmehr endgültig verfahrenen Situation in Europa selbst knüpfte er an den
einzig noch möglichen Gegenstand bilateraler Verhandlungen an, die
Frage eines Interessenausgleichs in Afrika und im Nahen Osten. Das war
keineswegs abwegig: Lag nicht in der vertraglichen Sicherung des wichtigsten Prestigeobjekts des Kaiserreichs, der Bagdadbahn, vor allem aber
in der Aussicht auf ein mittelafrikanisches Kolonialreich eine auch die
gerade hier sensibilisierte öffentliche Meinung befriedigende Alternative
zu der so verhängnisvollen Flottenpolitik?

Solche Pläne hatten freilich nur eine Chance realisiert zu werden, weil
die für die Linie deutscher Außenpolitik Verantwortlichen, also Bethmann Hollweg, Kiderlen-Wächter und später Jagow, diese Politik
weitgehend gegen zahlreiche Widerstände auf deutscher Seite deckten.
Allerdings meldeten sie bei der Ausarbeitung der Verträge immer wieder
Bedenken gegen einzelne von der Londoner Vertretung ausgehandelte
Punkte an und warnten vor zu großer Konzessionsbereitschaft. Immerhin war die Reaktion der deutschen Öffentlichkeit auf das sog. Marok-
ko-Kongo-Abkommen vom November 1911 noch gut in Erinnerung:
Von einer starken deutschen Stellung in Marokko, wie sie das Auswärtige Amt in Aussicht gestellt hatte, konnte keine Rede sein. Vielmehr hatte
man sich durch das von Großbritannien unterstützte Frankreich aus
dem nordafrikanischen Sultanat hinausdrängen lassen. Die von Frankreich angebotene, von Deutschland schließlich akzeptierte Gegenleistung, die Überlassung eines relativ unbedeutenden Gebietes aus eigenem Kolonialbesitz, vermochte nicht, jene Hoffnungen auf eine erhebliche Arrondierung des deutschen Kolonialbesitzes zu erfüllen, die durch
die Reichsleitung geweckt worden waren. Diesen wachsenden Druck der
Öffentlichkeit galt es fortan bei allen weltpolitischen Aktivitäten in
Rechnung zu stellen.

Hinzu kam die wenig ermutigende Haltung des Kaisers. Noch im
Januar 1912 hatte Wilhelm II. in völliger Verkennung dessen, was unter
Berücksichtigung der Maximen englischer Politik möglich war, notiert:

„Die Hauptsache ist erstens *politische* Annäherung! Ehe die nicht stattgefunden hat, lasse ich mich auf keine Kolon[ial-]Geschäfte mit England ein."[10] Wo aber lagen die tieferen Gründe der kaiserlichen Abneigung gegen koloniale Geschäfte mit England? Ganz unverkennbar spielte der Schock der englischen Reaktion auf die deutsche Marokkopolitik des Jahres 1911 eine entscheidende Rolle. Hatte man doch einsehen müssen, daß die Politik kolonialer Expansion offensichtlich nicht dazu angetan war, das zu erreichen, was ein wesentlicher Grund für das imperialistische Ausgreifen Deutschlands gewesen war: die Anerkennung des jungen Reiches als gleichberechtigter Partner in der Welt. Wilhelm II. vermochte nicht ausfindig zu machen, warum die englische Regierung, die doch soeben die „berechtigten" deutschen Ansprüche in Marokko entschieden verneint hatte, nunmehr zu einer entgegenkommenden Haltung im mittleren Afrika bereit sein sollte. Er witterte dahinter eine Ablenkungsstrategie, mit der das Reich von der „Weltpolitik abgezogen" und die „große Asiatische Frage" ohne Deutschland und „à Trois Tripleentente mit Japan und Amerika" gelöst werden sollte.[11]

Die Lehre, die man in seinen Augen aus der Marokko-Krise hatte ziehen müssen, ließ sich auf die einfache Formel bringen, „daß *Colonialgroßmacht* sein *zugleich Flottengroßmacht* zu sein erheischt"[12] und daß nunmehr erst recht auf einer Verstärkung von Flotte und Heer zu bestehen sei (vgl. Kapitel 3). Damit reihte sich der Kaiser in die Phalanx derjenigen ein, die – wie die Marine- und Heeresleitung, der Alldeutsche Verband oder der sich im Januar 1912 konstituierende Deutsche Wehrverein – die gleichberechtigte Stellung des Reiches in der Welt weniger durch Verhandlungen und mit der nötigen Geduld zumal gegenüber Großbritannien zu erreichen suchten, als vielmehr durch das Druckmittel militärischer Stärke und Machtdemonstration erzwingen zu können glaubten. Sie verhinderten damit, wie der Ausgang der Haldane-Mission zeigte, in der Konsequenz gerade das, was im Grunde fast alle wollten, die politische Annäherung an England, auch wenn die Motive dieser Politik sehr unterschiedlicher Natur waren. Die Protagonisten dieser harten politischen Linie verkannten, wie eingeschränkt die Möglichkeiten deutscher „Weltpolitik" inzwischen waren, und gefährdeten zugleich das Konzept derer, die in realistischer Einschätzung der Situation eine Politik der Einigung in „peripheren" Fragen betrieben, die ja doch den doppelten Vorzug einer dringend erforderlichen Détente und der Aussicht auf ein die deutsche Weltmachtstellung begründendes Kolonialreich, namentlich auf ein sog. „Mittelafrika", hatte.

II.

Die Aufteilung der portugiesischen Kolonien in Afrika war neben der Benguela-Eisenbahn, der Zukunft des belgischen Kongo und dem Gebietsaustausch zwischen deutschen und englischen Kolonien das wichtigste Thema der kolonialen Verhandlungen. Sie machten zugleich deutlich, daß nach dem wiederholten Scheitern in Marokko kaum mehr mit spektakulären weltmachtpolitischen Erfolgen zu rechnen war. Die Zeiten, in denen auch das Deutsche Reich seine großen afrikanischen Flächenkolonien hatte erwerben können, waren endgültig vorbei. Aussichten auf Erfolg gab es lediglich auf dem Gebiet des informellen Imperialismus sowie bei der Übernahme des Kolonialbesitzes solcher europäischen Mächte, die aus politischen, wirtschaftlichen oder strategischen Gründen zur Veräußerung desselben gezwungen waren. So hatten die Deutschen z. B. 1899 von Spanien die Karolinen-, Marianen- und Palau-Inseln gekauft – nicht ohne sich zuvor mit dem zweiten potentiellen Interessenten, den USA, verständigt zu haben. Ein Jahr zuvor, am 30. August 1898, hatte man mit Großbritannien einen ersten Vertrag über die portugiesischen Kolonien in Afrika unterzeichnet. Dort war für den Fall eines Zusammenbruchs des portugiesischen Kolonialreiches u. a. dessen Aufteilung in eine englische und eine deutsche Einflußzone vorgesehen.

Die Verhandlungen der Jahre 1911–1913, die auf eine Revision des Vertrages von 1898 zielten, hatten mehrere Hürden zu nehmen. So durften sie zum einen nicht gegen den erwähnten englisch-portugiesischen Bündnisvertrag des Jahres 1899 verstoßen. Sein Inhalt war der deutschen Regierung nicht bekannt. Näheres erfuhr sie erst aus einem Schreiben des damaligen Gesandten in Lissabon, Friedrich Rosen, im Oktober 1913, also nach der Paraphierung des Abkommens.[13] Zum anderen setzten sie den Fall des für die Verpfändung der Kolonien notwendigen Staatsbankrotts Portugals und die Weigerung anderer Mächte, nicht zuletzt Englands selbst voraus, das Land vor diesem Ruin zu bewahren. Sie erwiesen sich deshalb und wegen mannigfacher Widerstände auf beiden Seiten als außerordentlich schwierig. Der englischen Forderung, das neu zu schließende Abkommen nur zusammen mit dem bereits 1898 geschlossenen zu veröffentlichen, um die englische Öffentlichkeit von der deutschen Konzessionsbereitschaft zu überzeugen, mochte auf deutscher Seite – aus eben diesem Grunde – kaum jemand zustimmen.

Seit April 1912 wurden die Verhandlungen ausschließlich von Harcourt und Kühlmann geführt, der die deutsche Position in engem Kontakt mit dem Leiter des Reichskolonialamts, Wilhelm Solf, festlegte. Sie verliefen reibungslos. Bereits nach wenigen Wochen konnte ein erster Entwurf zur Revision des Geheimvertrages von 1898 vorgelegt werden. Doch gab es sowohl im Foreign Office als auch im Auswärtigen Amt erhebliche Vorbehalte. Hier galten die britischen Konzessionen als noch nicht ausreichend. Lediglich einige wenige deutsche Diplomaten wie Solf, Rosen, Lichnowsky und offensichtlich auch Marschall erkannten bereits in dieser Phase der Verhandlungen, daß deutsche Vorstellungen von einem „Platz an der Sonne" und realisierbare Forderungen gegenüber England bezüglich Afrikas verschiedene Dinge waren. Kühlmann hatte schon im April 1912 darauf hingewiesen, daß der englische Vorschlag den „günstigsten Bedingungen sehr nahe kommen" dürfte.[14]

Zudem wurde verschiedentlich, namentlich seitens des Reichsmarineamtes, versucht, durch gezielte Pressekampagnen und durch eine vorzeitige Bekanntgabe einzelner zur Debatte stehender Punkte die öffentliche Meinung auf den beschränkten Wert des „kolonialen Handelsgeschäftes" vorzubereiten. Gleichzeitig betonte man, daß „die Stimmung Englands zur Abtretung solcher ‚Anrechte' an uns *nur durch Entwicklung unserer Flotte* gefügig geworden ist". So schrieb jedenfalls noch im November 1913 der Marineattaché in London an Tirpitz.[15]

Es schien offenkundig: Eine Verständigung Deutschlands mit England war selbst in den die Peripherie des europäischen Geschehens betreffenden Fragen kaum mehr möglich. Das änderte sich im Winter 1912/13 auf der sog. Londoner Botschafterkonferenz. Diese beriet über die Haltung der sechs europäischen Großmächte während der beiden Balkankriege, die sich wegen des drohenden Eingreifens von Rußland und Österreich-Ungarn zu einem gesamteuropäischen Konflikt auszuweiten drohten. Dort wurde erkennbar, daß eine vertrauensvolle Zusammenarbeit in solchen Fragen durchaus möglich war. Mitte Oktober 1912 hatte Grey der deutschen Botschaft den Wunsch nach enger politischer Kooperation übermitteln lassen. Sei dann durch die Kooperation in der Balkanfrage „in schwieriger Zeit die Intimität der deutschen und englischen Diplomatie hergestellt", so könne man sich über alle politischen Wünsche und Interessen verständigen. Er sei zu „allergrößtem" Entgegenkommen bereit und halte ein Zusammengehen in China, Persien, Türkei und Afrika für aussichtsreich.[16]

Diese dann tatsächlich gut funktionierende deutsch-englische Zusammenarbeit ist um so bemerkenswerter, als sie auf deutscher Seite voraus-

setzte, daß man den einzigen noch als zuverlässig geltenden Bündnispartner von einem Eingreifen in die südosteuropäischen Vorgänge ab-
hielt. Zwar erklärte Bethmann Hollweg am 2. Dezember 1912 vor dem
Reichstag,[17] daß das Reich – seiner „Bündnispflicht getreu" – an der
Seite des Verbündeten „fechten" werde, falls Österreich bei Geltend-
machung seiner Interessen „wider alles Erwarten" von dritter Seite angegriffen und damit seine Existenz bedroht werden sollte. Gleichwohl hielt
die deutsche Regierung die Doppelmonarchie von voreiligen Schritten in
der Albanienfrage, später auch im bulgarisch-serbischen Konflikt zurück, indem sie sich auf den Standpunkt stellte, daß es auch im Falle
beträchtlicher Gebietsgewinne des Rivalen Serbien keinen Grund für ein
militärisches Eingreifen Wiens gebe. Wie Bethmann Hollweg an den
österreichisch-ungarischen Außenminister, Leopold Graf von Berchtold,
schrieb, wurden diese Maßnahmen nicht zuletzt in dem Bestreben getroffen, „die enge Fühlungnahme mit England nicht zu verlieren"[18] –
was diesen zu dem bitteren Kommentar veranlaßte: „Der deutsche
Standpunkt, daß wir uns nicht rühren sollen, damit das Pflänzchen der
deutsch-englischen Annäherung nicht erdrückt werde, kommt darin mit
sozusagen impertinenter Offenheit zum Ausdruck."[19]

Und tatsächlich konnte der Kanzler bereits am 7. April 1913 vor dem
Reichstag[20] mit Befriedigung registrieren, daß man sich „mit den Zielen
der englischen Politik eins gewußt" und nicht zuletzt deshalb einen europäischen Krieg verhindert habe. Diese Gemeinsamkeit bewährte sich
auch während des zweiten Balkankrieges. Grey hatte seinerseits im
März 1913 festgestellt, daß eine Verbesserung der Beziehungen zu
Deutschland zu verzeichnen sei, weil sich sowohl Kiderlen-Wächter als
auch sein Nachfolger Jagow in der Balkankrise für eine friedliche Lösung eingesetzt hätten.[21]

Diese in London gemachte Erfahrung, daß die unter den gegebenen
Bedingungen einzig noch verbliebene realistische Möglichkeit einer
deutsch-englischen Verständigung in dritten, die Peripherie des europäischen Geschehens betreffenden Fragen offensichtlich auch geeignet sein
konnte, den Frieden in der Mitte Europas zu erhalten, gab den Verhandlungen über die Aufteilung der portugiesischen Kolonien in Afrika wie
über die Bagdadbahn erneut Auftrieb und legitimierte überdies ihre
Fortsetzung.

Hinzu kam die Einsicht maßgeblicher englischer Politiker, daß das
deutsche Flottenprogramm nicht mehr zu revidieren und daß ein weiteres Drängen Englands in diese Richtung dem Fortgang der deutsch-

englischen Verständigung abträglich sei. Man erkannte sehr wohl, daß
die verständigungsbereiten Kräfte um Bethmann Hollweg und das Auswärtige Amt solchen Gedanken zwar nicht abgeneigt waren, ihnen jedoch wegen zahlreicher Widerstände im Innern nicht nachgeben konnten. Bereits im März 1913 hatte Grey die englische Botschaft in Berlin
darauf hingewiesen, daß bislang alle englischen Bemühungen, „eine
Erörterung der Flottenausgaben zu erreichen, wenn auch von Bethmann
Hollweg begrüßt, so doch von Tirpitz übel vermerkt" und ihm daher vor
Lichnowskys Ankunft „ein Wink" gegeben worden sei, „man hoffe im
Interesse guter Beziehungen zwischen den beiden Ländern, daß ich ihm
gegenüber Flottenausgaben nicht erwähnen werde".[22] In diesem Sinne
hatte selbst der als wenig deutsch-freundlich geltende Sir Eyre Crowe im
Februar 1913 registriert: „Ich bin fest überzeugt, daß einer der Haupt-
gründe, warum die englisch-deutschen Beziehungen jetzt herzlicher sind
(– ich übersehe nicht die naheliegenden anderen Gründe –), der ist, daß
wir ganz aufgehört haben, die Frage einer Rüstungsbeschränkung zu
erörtern. Ebenso sicher bin ich, daß eine Wiederaufnahme dieser Erörterung die unvermeidliche Folge haben wird, die Beziehungen wieder zu
verschlechtern. Ich hoffe daher ernstlich, daß wir die Sache nicht wieder
auffrischen werden."[23]

Tatsächlich konzentrierte man sich jetzt ganz auf die Verhandlungen
über die afrikanischen Kolonien. Schließlich war nach zähem Ringen
und dank des englischen Nachgebens in fast allen strittigen Punkten nur
noch die Frage der Veröffentlichung des Abkommens ungeklärt. Der
deutschen Seite war an einem möglichst langen Hinausschieben des
Zeitpunktes gelegen, da nach Jagows Einschätzung „von dem Moment
der Veröffentlichung an in Portugal alle Konzessionswünsche deutscher
Interessenten auf weitgehende Schwierigkeiten stoßen müssen".[24] Doch
war das nur die halbe Wahrheit. Man fürchtete sich nämlich vor allem
davor, daß für den Fall der von England als Voraussetzung für die
Unterzeichnung geforderten gleichzeitigen Veröffentlichung des alten
(1898) und des neuen Abkommens sowie des englisch-portugiesischen
Windsor-Vertrages von 1899 eine durch alldeutsche und Reichsmarine-
amts-Propaganda entsprechend präparierte öffentliche Meinung ähnlich
wie beim deutsch-französischen Kongoabkommen des Jahres 1911 gegen die vermeintlich nachgiebige Haltung der politischen Führung
Sturm laufen werde. Allerdings kam diese Verzögerung der englischen
Regierung nicht ganz ungelegen, da sich vor allem Frankreich beunruhigt zeigte.

Am 20. Oktober 1913 konnte das Abkommen endgültig von Grey
und Kühlmann paraphiert werden. Das Deutsche Reich verzichtete auf
den ihm 1898 zugestandenen Teil der Insel Timor, auf einen Streifen des
ohnehin schon wirtschaftlich von England kontrollierten Gebietes am
Sambesi im nördlichen Mozambique und auf einen Teil des östlichen
Angola. Dafür wurden ihm die Inseln Sao Thomé und Principe und vor
allem fast der ganze, zuvor England zugebilligte Teil des mittleren Angola zugesprochen.[25] Mithin wäre Deutschland für den Fall der Verpfändung der portugiesischen Kolonien der größte Teil des unmittelbar an
Deutsch-Südwestafrika angrenzenden Angola als Einflußgebiet zugefal-
len: ein Schritt auf dem Weg nach „Mittelafrika".

Der Zeitpunkt der Veröffentlichung und damit der Unterzeichnung
und des Inkrafttretens des Abkommens blieb – für immer – offen. Das
schien aber beide Seiten weniger zu beunruhigen, als man annehmen
sollte. So wurde im März 1914 von Lichnowsky und Grey übereinstim-
mend festgestellt, daß das „wichtigere" Ziel der Verhandlungen, nämlich
die Besserung der Beziehungen, erreicht und damit die Entwicklung, die
mit der Londoner Botschafterkonferenz begonnen habe, konsequent
und zufriedenstellend weitergeführt worden sei: „Von diesem Gesichts-
punkt aus sei daher die Sache als freundschaftliches Geschäft zwischen
Deutschland und England nicht mehr so notwendig wie vordem." Und
schließlich wolle er, so schrieb Grey an den englischen Botschafter in
Berlin, „nichts tun noch, wenn ich's vermeiden kann, etwas veröffentlichen, was geeignet wäre, Bethmann Hollweg oder Jagow in dieser Sache
Verlegenheit zu bereiten oder eine ungünstige Wirkung auf die deutsche
öffentliche Meinung auszuüben".[26] Diese aber wäre mit Sicherheit in
einen „Sturm der Entrüstung"[27] ausgebrochen, hätte sich herumgespro-
chen, daß ein Festhalten an den Bestimmungen des Windsor-Vertrages
im Grunde die Vereinbarungen des deutsch-englischen Abkommens zumindest relativierte.

Vor diesem Hintergrund ist es bemerkenswert, daß Bethmann Hollweg offensichtlich Lichnowsky bei dessen Berliner Aufenthalt im Juni
1914 ermächtigte, Grey zu erklären, die deutsche Regierung sei vorbe-
haltlich der Klärung einiger Detailfragen grundsätzlich bereit, im Herbst
das Abkommen mit Großbritannien über die portugiesischen Kolonien
zu unterzeichnen und in die Veröffentlichung des neuen sowie der beiden alten Verträge einzuwilligen.[28] Bereits am 9. Dezember hatte er vor
dem Reichstag[29] angedeutet, daß in der kolonialen Frage gewisse Erfolge
zu verzeichnen seien und daß diese Verhandlungen – ähnlich wie die

über die Bagdadbahn – in „Verfolgung des Grundgedankens" geführt würden, „durch Verständigung über einzelne Fragen des weltwirtschaftlichen und kolonialpolitischen Wettbewerbs zwischen uns und England die Beziehungen beider Länder dauernd wieder in die ruhigen Bahnen zurückzuleiten, die sie eine Zeitlang zu verlassen drohten". Damit war der Weg einer allgemeinen deutsch-englischen Verständigung über „periphere" Fragen auch öffentlich als Maxime der deutschen Politik ausgegeben.

Parallel zu diesen Verhandlungen wurden seit Anfang des Jahres 1913 auch wieder entsprechende Gespräche über ein Bagdadbahn-Abkommen geführt. Die ursprünglich von Bethmann Hollweg angeregte Überlegung, die Verhandlungen über beide Abkommen so miteinander zu verknüpfen, daß englische Konzessionen in Afrika durch entsprechende deutsche Zugeständnisse im Nahen Osten kompensiert würden, wurde bereits im März 1912 von Grey eindeutig zurückgewiesen, da eine Einigung in der Bagdadbahnfrage auf „ganz anderem Felde" liege.[30] Denn im Unterschied zu den vergleichsweise leicht zu machenden Zugeständnissen in noch nicht zur Disposition stehenden afrikanischen Territorien war die orientalische Frage für den Bestand des britischen Empire von elementarem Interesse.

Die traditionelle, in den Krisen der Jahre 1839–1841, 1853–1856 und schließlich auch 1877/1878 in aller Deutlichkeit demonstrierte Haltung Englands in der orientalischen Frage zielte auf die Erhaltung einer starken Türkei, da diese als Bollwerk gegen Vorstöße des russischen Erzrivalen nach Süden galt (vgl. Kapitel 2). Darin lag eine wesentliche Garantie für die Sicherung der als lebenswichtig betrachteten Wege nach Indien. Als sich nach Fertigstellung des Suezkanals im Jahre 1869, mit dem Erwerb der Mehrheit der Suezkanalaktien sechs Jahre darauf sowie durch die 1882 erfolgte englische Okkupation Ägyptens eine Option zugunsten des Weges durch den Kanal anbahnte, schien das unmittelbare Interesse der Briten an der Türkei allerdings nachzulassen, zumal die liberale, auf Durchführung der 1878 beschlossenen Reformen des Osmanischen Reiches drängende Regierung Gladstone seit 1880 eine Wendung ihrer Politik gegenüber der Hohen Pforte vollzog.

Erst nach 1885 wurde die Orientpolitik Gladstones durch Salisbury in wesentlichen Punkten revidiert. Die Entsendung des fähigen William White als Botschafter nach Konstantinopel diente dem erklärten Ziel, die Russen wieder aus ihrer inzwischen recht einflußreichen Stellung am Goldenen Horn zu verdrängen. Nicht zuletzt deshalb und weil man überdies ein Gegengewicht gegen die finanzielle Vorherrschaft der Franzosen in der Türkei zu schaffen hoffte, wurde der Erwerb der Konzession zum Bau der Anatolischen Eisenbahn durch ein unter Führung der Deutschen Bank stehendes Konsortium im Jahre 1889 von englischer Seite ausdrücklich begrüßt, ja gefördert.

Doch aus einem ursprünglich rein wirtschaftlich konzipierten Unternehmen wurde, je weiter dieses fortschritt, schon deshalb ein Politikum, weil – ganz abgesehen von den erklärten Ambitionen deutscher „Weltpolitik" nach 1898 – der Bau der Bahn und das deutsche Engagement in Kleinasien von den übrigen Mächten, auch von England, zunehmend unter politischer Perspektive betrachtet wurden. Das wurde spätestens in dem Augenblick deutlich, als sich mit der Vergabe der Bagdadbahnkonzession an eine unter deutscher Kontrolle stehende Gesellschaft (1903) eine Gefährdung der britischen Stellung am Persischen Golf nicht mehr ausschließen ließ. Nachdem der 1903 unternommene Versuch, durch eine englische Beteiligung an der Bahngesellschaft doch noch den erhofften Einfluß auf das Unternehmen zu gewinnen, am Widerstand der britischen Öffentlichkeit gescheitert war, begann England sein orientalisches Interesse mit Rußland, also ausgerechnet mit der Macht zu regeln, um deren Eindämmung willen es fast zwanzig Jahre zuvor das deutsche Engagement im Osmanischen Reich begrüßt, ja gefördert hatte (vgl. Kapitel 3). Erst als sich endgültig abzeichnete, daß der Bau der Bahn bis zum Persischen Golf nicht mehr zu verhindern war, signalisierten die Engländer erneut ihre Bereitschaft zu einer die Interessen beider Seiten wahrenden vertraglichen Regelung.

Die Verhandlungen über dieses wichtigste deutsch-englische Abkommen der Vorkriegsjahre lagen nach dem plötzlichen Tod Marschalls in den Händen Kühlmanns auf deutscher und Alwyn Parkers, eines Beamten des Foreign Office, auf englischer Seite. Der neu ernannte Botschafter Lichnowsky unterstützte in Übereinstimmung mit Bethmann Hollweg und dem Auswärtigen Amt die Verhandlungen, hatte indessen kaum Anteil an ihrem Verlauf. Kühlmann, nach eigener Einschätzung „in Bismarckischen Traditionen aufgewachsen",[31] hielt die deutsche Expansion in den Nahen Osten wegen des hier programmierten Konfliktes mit Rußland neben der Flottenpolitik für den größten Fehler der deutschen Politik seit 1890. Denn das Bagdadbahn-Unternehmen verband mit dem Minimum wirtschaftlicher Vorteile ein Maximum politischer Belastung für das „in seinen politischen Beziehungen keineswegs gefestigte neue Deutsche Reich".[32] Gleichwohl bestand hier die Chance, die Beziehungen zu England durch die gute Kooperation auf der Londoner Botschafterkonferenz und durch die im ganzen erfolgversprechend angelaufenen Verhandlungen über die afrikanischen Kolonien weiter zu festigen.

Ein deutsches Konsortium war zwar seit 1903 im Besitz der Konzession für den Bau der Bahn bis Basra am Persischen Golf, bedurfte jedoch der englischen Zustimmung zur Erhöhung der türkischen Einfuhrzölle, um auf diese Weise die für die Finanzierung des Unternehmens benötigten Anleihen sichern zu können. England verlangte für dieses Entgegenkommen die Kontrolle des südlichen Streckenabschnitts von Bagdad nach Basra, um eine Garantie für seinen Indien-Handel in Händen zu halten. In den Jahren 1909/10 aufgenommene Verhandlungen scheiterten vorerst daran, daß keine der beiden Seiten zu Konzessionsvorgaben bereit war. Erst im Rahmen der allgemeinen Besserung des deutsch-englischen Klimas während der Jahre 1912/13 wurden die Verhandlungen im Januar 1913 wieder aufgenommen. Am 13. Juni legte Grey der deutschen Botschaft einen detaillierten englischen Vertragsentwurf vor. Die folgenden zähen Verhandlungen und immer wieder überarbeiteten Vorschläge lassen vor allem eine Tendenz erkennen: das schrittweise deutsche Nachgeben gegenüber englischen Forderungen. Gegen diese Konzessionsbereitschaft der Diplomaten meldete die Deutsche Bank wiederholt ihre Bedenken an, da nach Auffassung ihres Direktors, Karl Helfferich, die Engländer „nur zu geneigt" waren, „Zugeständnisse sofort mit weiteren Forderungen zu beantworten".[33]

In dem schließlich von beiden Seiten akzeptierten Abkommen wurde von Deutschland u. a. eine Beteiligung englischen Kapitals an der Bagdad-Eisenbahngesellschaft, einschließlich zweier Verwaltungsratssitze, konzediert, außerdem eine britische Beteiligung an den Gesellschaften zum Ausbau der Häfen von Bagdad und Basra, die englische Kontrolle der Schiffahrt auf Euphrat und Tigris (bei 20prozentiger deutscher Beteiligung) sowie der Anschluß der unter englischer Kontrolle stehenden Smyrna-Aidin-Bahn an die Bagdadbahn. Dafür erhielt die deutsche Seite die englische Zustimmung zur Erhöhung der türkischen Einfuhrzölle und die Zusicherung, keine Konkurrenz von dritter Seite zu den Unternehmen zuzulassen.[34] Das Abkommen wurde am 15. Juni 1914 paraphiert.

Unterzeichnet werden konnte es nicht mehr. Am 28. Juni 1914 wurde der österreichisch-ungarische Thronfolger Franz-Ferdinand im bosnischen Sarajewo ermordet. Indem sich die Reichsregierung entschloß, die

folgenden Aktionen Wiens, d. h. das Ultimatum und die Kriegserklärung
an das für den Mord mitverantwortlich gemachte Serbien vom 23. und
28. Juli, bedingungslos zu unterstützen, stellte sie die Weichen für eine
nicht-diplomatische Lösung der Krise. Das damit bewußt eingegangene
Risiko eines lokal begrenzten Konfliktes mit dem Ziel einer deutlichen
Aufwertung des einzig noch verbliebenen zuverlässigen Bündnispartners
erwies sich indessen bald als unkalkulierbar. Denn die österreichische
Kriegserklärung hatte am 29./30. Juli mit unaufhaltsamer Eigenlogik die
russische Teil- und Generalmobilmachung zur Folge, die wiederum nach
Ablehnung eines entsprechenden Ultimatums am 1. bzw. 3. August zur
Kriegserklärung des Deutschen Reiches an Rußland und an das mit
diesem seit 1892/94 verbündete Frankreich führte. Als schließlich auch
Großbritannien am 4. August auf seiten seiner beiden Verbündeten in
den Krieg eintrat, war vollends klar, daß der Ausbruch des Krieges, der
sich im April 1917 mit dem Eintritt der USA zum Ersten Weltkrieg
ausweiten sollte, auch der Unterzeichnung der deutsch-englischen Abkommen zuvorgekommen war. *Insofern* muß dann auch das hinter den
Verhandlungen stehende Konzept einer weltpolitischen Entspannung als
gescheitert gelten. Damit stellt sich die Frage, ob es überhaupt je eine
Chance für dessen erfolgreiche Realisierung gegeben hat.

III.

Zweifellos hat die deutsche Seite – gemessen an ihrer Haltung in den
Jahren 1909/10 und trotz anders lautender Urteile der Beteiligten – an
die englische Seite erheblich größere Zugeständnisse gemacht als umgekehrt. Wie weit diese gingen, zeigt zum Beispiel die Reaktion des Kaisers
auf die ersten britischen Vorschläge in Sachen Bagdadbahn, die sich im
Vergleich zu dem schließlich von England Erreichten eher bescheiden
ausnahmen: „Unsinn! Das sind Diktate und keine Vorschläge."[35] Angesichts der Ergebnisse des endgültigen Vertrages ist es daher auch sehr
fraglich, ob Wilhelm Stumm, Direktor der Politischen Abteilung des
Auswärtigen Amtes, mit seiner im Juni 1914 angestellten Überlegung
Erfolg gehabt hätte, die öffentliche Meinung durch ein gleichzeitiges
Publizieren beider Vertragstexte über die nur zweifelhaften Ergebnisse
des Kolonialabkommens hinwegzutäuschen.[36]
    Doch lag der eigentliche Gewinn dieser Verträge nicht nur in unmittel-
bar greifbaren Erfolgen der deutschen Kolonial- bzw. Weltpolitik, son-

dern darin, daß es mit dem Abkommen über die Bagdadbahn gelungen
war, eine schwere außenpolitische Belastung des deutsch-englischen
Verhältnisses erfolgreich zu beseitigen. Damit hatte sich die von einigen
deutschen Politikern und Diplomaten gehegte Hoffnung verwirklicht,
durch ein Arrangement in dritten, „peripheren" Fragen eine allgemeine
Annäherung zwischen Deutschland und England herbeizuführen. Das
ist um so bemerkenswerter, als diese Politik gegen zahlreiche Widerstände in den eigenen Reihen durchgesetzt wurde.

Die weitere Hoffnung, über diesen Umweg womöglich zu einer Verständigung in der Mitte Europas selbst zu gelangen, zerschlug sich vor
allem aus drei Gründen. Einmal war das dünne Band der Verständigung
noch nicht stark genug, um den Belastungen einer Krisensituation wie
der des Juli 1914 standzuhalten. Dann aber konnte eine über „periphere" Fragen zustande gekommene und noch nicht (etwa in einem
Flottenabkommen) bewährte Kooperation mit Deutschland bzw. mit den
verständigungs- und kompromißbereiten Kräften seiner *politischen* Führung in den Augen britischer Politiker natürlich keine Option zugunsten
des Reiches und damit in der Konsequenz eine Absage an das Entente-
System bedeuten. Und schließlich zementierte die deutsche Orientpolitik
noch jene fatale, einseitige Option zugunsten Österreich-Ungarns, die
seit der ersten Marokko-Krise und der „Bosnischen Annexionskrise" als
de facto nicht mehr revidierbares Fundament deutscher Außenpolitik
schlechthin galt.

Darin aber offenbarten sich zugleich auch die Folgen der Außenpolitik Otto von Bismarcks. Wie gezeigt wurde (vgl. Kapitel 2), bestand ein
Kernelement der vom ersten Reichskanzler seit 1871 erwogenen und seit
der „Krieg-in-Sicht"-Krise des Jahres 1875 im ganzen konsequent ver-
folgten außenpolitischen Strategie darin, die Interessen der übrigen
Großmächte gegeneinander zu lenken und damit die Spannungen vom
Zentrum des Kontinents an dessen Peripherie zu dirigieren. Solcherma-
ßen konnte man, im günstigsten Falle, die sich aus dem imperialistischen
Ausgreifen der Großmächte ergebenden Gegensätze in Afrika und Asien
ausnutzen und für die Sicherung der eigenen Position in Europa instrumentalisieren. Wie sehr dieses strategische Konzept die Bismarcksche
Politik bis hin zu seiner Entlassung beherrschte, wird aus dem Entwurf
eines für Wilhelm II. im Jahre 1888 verfaßten Schreibens deutlich, das er
den Kaiser zu verbrennen bat, da es „Dinge und Fragen" enthalte, die er
„in der Regel nicht für nützlich halte, dem Papiere anzuvertrauen und
anders als mündlich zu verhandeln", so lange ihre *tatsächliche* Entwick-

lung nicht vorliege: „Ich zweifle nicht an der russischen Absicht, den Vorstoß auf Konstantinopel zu machen... Meines alleruntertänigsten Dafürhaltens liegt es nicht in der Aufgabe *unserer* Politik, Rußland an der Ausführung seiner Pläne auf Konstantinopel zu hindern, sondern dies den anderen Mächten, wenn sie es in ihrem Interesse halten, lediglich zu überlassen... wenn Rußland sich dort einläßt, mindert sich seine Gefährlichkeit für uns durch Abziehung von unsrer Grenze und durch die herausfordernde Spannung, in die es zu den Mittelmächten, namentlich zu England und auf die Länge auch zu Frankreich tritt."[37]

In dieser Strategie, Spannungen an die Peripherie Europas abzuleiten, aber verbarg sich eine große Gefahr, die Gefahr ihres Zurückschlagens in die Mitte des Kontinents selbst. Die Spannungen setzten sich nämlich infolge der festen Koppelung des Reiches an die Donaumonarchie bis an die deutschen Grenzen fort und verschärften sich dort zu schwerwiegenden Konflikten. Nur war die Situation jetzt ungleich komplizierter als noch in den 70er und 80er Jahren, weil eine Reihe sich in Südosteuropa entwickelnder und kaum kalkulierbarer Vorgänge, wie etwa die jungtürkische Revolution von 1908, die Gefahr noch vergrößerte, weil das Bismarcksche Sicherungssystem, wie unzulänglich es auch immer gewesen sein mag, zwischen 1890 und 1896 demontiert worden war und weil überdies kein Bismarck vergleichbarer Staatsmann zur Verfügung stand. Gerade für das Reich besaß diese Gesamtkonstellation eine erhebliche Brisanz. Denn mit dem Engagement in den orientalischen Angelegenheiten hatte sich Deutschland gewissermaßen freiwillig in das durch den englisch-russischen Gegensatz bestimmte Zentrum der Spannungen begeben, dort die bislang von England getragenen Spannungen zu Rußland auf sich gezogen und damit der Strategie Bismarcks die Spitze genommen.

Es war diese Situation, in der sich bei deutschen und englischen Diplomaten und Politikern die Ansicht durchsetzte, daß es gleichsam in umgekehrter Richtung möglich sein müsse, ja einzig noch möglich sei, durch eine Verständigung in „peripheren" Fragen auch wieder zu einem Ausgleich im Zentrum des Kontinents zu gelangen. Als Vorbild schwebte den deutschen Protagonisten dieser Politik die englisch-französische Entente von 1904 vor, die soeben durch ein Arrangement in kolonialen Fragen, namentlich in Marokko und Ägypten, zu einer Wiederannäherung der seit der englischen Okkupation des Nillandes entfremdeten Länder geführt hatte.

Im übrigen hatten die Deutschen selbst bereits entsprechende Erfahrungen gemacht. So zeigte schon der am 1. Juli 1890 zwischen Deutschland und Großbritannien geschlossene sog. Helgoland-Sansibar-Vertrag, daß mit einer Verständigung in peripheren Fragen durchaus auch eine Besserung bzw. Stabilisierung des allgemeinen politischen Klimas zwischen den beiden Ländern möglich war. Vier Jahre später, am 15. März 1894, führte nach Einschätzung des damaligen Staatssekretärs des Auswärtigen Amtes, Marschall von Bieberstein, der zwischen Deutschland und Frankreich geschlossene Kamerun-Vertrag zu einer noch zwei Jahre zuvor „ungeahnten Annäherung"[38] der beiden Nachbarn. Dieser Strang deutscher Außen- bzw. Weltpolitik wurde nach 1909 und vor allem seit 1911 wieder aufgenommen, und zwar keineswegs nur im Verhältnis zu England. Zu nennen sind hier der deutsch-französische Marokko-Kongo-Vertrag vom 4. November 1911 oder das am 15. Februar 1914 paraphierte Abkommen zwischen deutschen und französischen Banken über Eisenbahnbauten im Osmanischen Reich sowie das deutsch-russische sog. Potsdamer Abkommen vom 19. August 1911 über die Bagdadbahn und Persien.

Unter den Verträgen der Vorkriegszeit kam nun dem deutsch-englischen Abkommen über eine Aufteilung der portugiesischen Kolonien in Afrika eine besondere Bedeutung zu, hätte es doch im Falle seiner Ausführung einen bedeutsamen Schritt auf dem Wege zur Realisierung eines deutschen „Mittelafrika" bedeutet. Aber einmal abgesehen von dem Umstand, daß die portugiesischen Kolonien nicht zur Disposition standen, setzte ein Kolonialgeschäft mit England auf deutscher Seite Kompromißbereitschaft voraus, die erhebliche Abstriche von ursprünglich gehegten Kolonialträumen und vor allem auch das Akzeptieren der Juniorpartner-Rolle einschloß.

Der Versuch scheiterte. Dennoch hat das ihm zugrundeliegende Konzept als das einzige zu gelten, das unter den gegebenen Umständen eine gewisse Aussicht auf Erfolg hatte: „Die Tatsache", so schrieb der bei Kriegsausbruch amtierende Staatssekretär des Äußeren, Gottlieb von Jagow, nach der Katastrophe, „daß England und Deutschland zu zwei so weitgehenden Verständigungen auf wirtschaftlichem und kolonialem Gebiet gelangen konnten, hätte zweifellos allmählich zu einer politischen Entspannung geführt."[39] „Der Weg der Detailabkommen", so resümierte Bethmann Hollweg 1919, „war gangbar."[40]

Ob ihm Erfolg beschieden gewesen wäre, wenn für den Gehversuch mehr Zeit zur Verfügung gestanden hätte, wissen wir nicht. Aber alleine die Hoffnung, welche die Wegbereiter in Deutschland und England mit ihm verbanden, war den Versuch wert. Sie bestand in der Aussicht, über den Umweg einer Entspannung auf weltpolitischem Gebiet auch das eigentliche Ziel eines Ausgleichs in den zentralen, die Spannungen verschärfenden Fragen eines politischen und Flotten-Abkommens zu erreichen. Dieser Weg aber, der mit Blick auf das übergeordnete Ziel einen Umweg darstellte, war in anderer Hinsicht zugleich ein Königsweg. Denn die Verständigung in „peripheren" Fragen bot die große Chance, die Idee einer deutschen Weltmachtpolitik ihrer Realisierung ein gutes Stück näher zu bringen, eine Idee, die der deutschen Öffentlichkeit seit den Tagen der Reichsgründung vertraut und zunehmend selbstverständlich war. Das gilt insbesondere für den Plan eines deutschen „Mittelafrika".

Seine Protagonisten waren insofern typische Repräsentanten ihrer Zeit, als sie es schon aus ökonomischen Erwägungen heraus für unabdingbar hielten, daß eine politisch starke und wirtschaftlich expandierende europäische Macht auch über ein entsprechendes Kolonialreich verfügte. Im Unterschied zu vielen ihrer Zeitgenossen, auch in der politischen und namentlich der militärischen Führung des Reiches, hielten sie es jedoch nach den Erfahrungen der Marokko-Krise für unwahrscheinlich und wenig angemessen, das Ziel durch Demonstrationen der Stärke oder gar unter Androhung von Gewalt erreichen zu können oder zu wollen. Das galt insbesondere für jenes Machtmittel, das einem Land, das schon von seinen geographischen Bedingungen her eine reine Kontinentalmacht war, nicht anstand, nämlich für den Aufbau und Einsatz einer Schlachtflotte. Und schließlich mußte man sich, wie mit Hans Plehn[41] einer der publizistischen Wegbereiter dieser „peripheren" Strategie schrieb, der „Konstellation der Mächte sicher" sein, „wenn man nicht nur ohne Krieg, sondern auch ohne eine tiefgreifende europäische Krise eine erfolgreiche Expansionspolitik treiben" wollte.

War das Gleichgewicht der Kräfte jedoch erst einmal erschüttert, wie seit der Jahrhundertwende, so mußte es konsequenterweise zunächst am Ausgangspunkt der Erschütterung wieder stabilisiert werden. In einer solchen Politik lag die doppelte Chance, ein relativ großes Kolonialreich zu erwerben und gleichzeitig dem umworbenen England zu versichern, daß man die Weltmachtstellung nicht (wieder) durch eine gewaltsame Veränderung der zentraleuropäischen Verhältnisse, sondern durch eine angemessene und die Interessen der anderen Mächte nicht wirklich gefährdende Beteiligung an der kolonialen Expansion festigen wollte. Das setzte ein Akzeptieren der Juniorpartner-Rolle, eine erhebliche Kompromißbereitschaft und vor allem ein Umdenken in der politischen und militärischen Führung des Reiches voraus, das indessen in der kurzen Zeit, die bis zum Ausbruch des Krieges noch bleiben sollte, kaum zu verwirklichen war.

Was diesem Denken fehlte, waren Maß und Mäßigung – nicht zum ersten Mal in der Geschichte Preußen-Deutschlands und nicht zum letzten Mal. Bestimmt durch ein extremes Sicherheitsbedürfnis einerseits, durch die Forderung nach weltpolitischer Gleichberechtigung andererseits, galt jeder Umweg als unnütz, wenn nicht als gefährlich. Daß die Jahre nach der Jahrhundertwende für die deutsche Großmacht die wohl einmalige Chance boten, durch moderate, mit den anderen Mächten abgestimmte weltpolitische Expansion zugleich Entspannung und damit auch Sicherheit in Europa zu erreichen, begriff nur eine Minderheit unter den deutschen Politikern und Diplomaten jener Zeit.

III. Brüche

5. Das Ende einer Tradition.

Weimars Revisionismus, Hitlers Expansionspolitik und Großbritanniens Reaktion

Die Frage bleibt: Warum konnte Adolf Hitler das Deutsche Reich, Europa und die Welt in einen nie dagewesenen Vernichtungskrieg führen? Unter den möglichen Antworten findet sich auch der wichtige Hinweis auf den mangelnden Widerstand, der dem Diktator entgegengesetzt wurde. Zwar gab es im In- und Ausland eine zunehmende Zahl skeptischer, kritischer, auch warnender Stimmen. Aber erst mit der britischen und französischen Kriegserklärung vom 3. September 1939 sowie mit dem Staatsstreichversuch der deutschen Opposition gegen Hitler vom 20. Juli 1944 wurden erkennbare Versuche von außen und innen unternommen, den verhängnisvollen Kurs des Diktators zu stoppen.

Warum aber ließ man den Mann so lange gewähren? Diese Frage soll uns im folgenden beschäftigen. Die Betrachtung konzentriert sich dabei auf jenes Land, von dem während der 30er Jahre alleine ein wirkungsvolles Vorgehen gegen Hitlers Expansionskurs hätte organisiert werden können, auf Großbritannien. Der Aufbau der inneren Opposition und die Gründe ihres Scheiterns werden uns noch beschäftigen (vgl. Kapitel 6). Hier bietet sich ein Vorgehen in drei Schritten an. Zunächst (I) ist nach den Grundzügen und Triebkräften der Hitlerschen Expansionspolitik und dann (II) nach den Konzeptionen und Maßnahmen zu fragen, mit denen die englische Regierung diesen entgegenzutreten beabsichtigte. Schließlich (III) sind die Gründe für das Scheitern der britischen Krisenstrategie und in diesem Rahmen auch für den Erfolg Hitlers in den Blick zu nehmen.

I.

Die einzelnen Etappen der Hitlerschen Außenpolitik sind bekannt. Für unsere Fragestellung wichtig ist der Befund, daß diese sich zunächst kaum vom außenpolitischen Kurs seiner Vorgänger, namentlich Brü-

nings und von Papens, zu unterscheiden schien. Als Deutschland am
14. Oktober 1933 die Abrüstungskonferenz und den Völkerbund verließ,
war das so sensationell nicht: Das Reich war nicht der erste Staat, der
den Völkerbund verließ, und es sollte nicht der letzte bleiben. Die Abrüstungskonferenz hatten die Deutschen im übrigen schon einmal, im Juli
1932 – also noch vor der Machtübernahme durch Hitler – verlassen,
damals mit dem Erfolg, daß ihnen im Dezember von den Westmächten
grundsätzlich die „Gleichberechtigung" in Rüstungsfragen[1] zugesprochen worden war.

Und was die anderen außenpolitischen Aktivitäten der Regierung Hitler angeht, so stellten manche, wie etwa die Wiedereinführung der allgemeinen Wehrpflicht am 16. März 1935, einerseits gewiß einen Bruch
bestehender Verträge dar. Auf der anderen Seite schienen diese Maßnahmen aber ganz in das Bild jener Revisionsforderungen zu passen, die seit
der Unterzeichnung des Versailler Vertrages am 28. Juni 1919 sämtliche
Regierungen der Weimarer Republik auf ihre Fahnen geschrieben hatten. In den Jahren von 1919 bis 1933 hatten sie zugleich so etwas wie
den kleinsten gemeinsamen Nenner aller ihrer politischen Kräfte dargestellt.

Diese Forderungen bezogen sich auf nahezu alle Bestimmungen des
Vertrages, aber das Engagement in den einzelnen Fragen war doch recht
unterschiedlich. Die Kolonialfrage etwa spielte allenfalls am Rande eine
Rolle. Ohnehin besaß sie nicht mehr denselben Stellenwert wie noch vor
Ausbruch des Krieges. Überdies glaubte kaum jemand in Deutschland
ernsthaft an eine Rückgabe des ehemaligen Kolonialbesitzes. Um so
erstaunlicher waren dann Hitlers diesbezügliche Forderungen.

Erheblich emotionaler wurden die Fragen der Rüstungsbeschränkungen und der Reparationen diskutiert. Die im Versailler Vertrag festgeschriebenen Beschränkungen z. B. des deutschen Heeres auf 100 000
Mann galten vor allem deshalb als nicht akzeptabel, weil die an das
Reich angrenzenden Staaten sich keineswegs in vergleichbarer Selbstbeschränkung übten. Entrüstet, ja empört war man in Deutschland aber
vor allem über die Reparationsforderungen der alliierten Siegermächte
des Ersten Weltkrieges. Das lag einmal an deren Höhe. Nach dem
Young-Plan, dem letzten Zahlungsplan aus dem Jahre 1929, wären immerhin in den folgenden 59 Jahren noch 112 Milliarden Reichsmark zu
zahlen gewesen. Vor allem aber war die Reparationsfrage im Versailler
Vertrag an den sog. „Kriegsschuldparagraphen" 231 gekettet, der im
Grunde alleine das Deutsche Reich (und seine Verbündeten) für den

Ausbruch des Ersten Weltkrieges verantwortlich machte und deshalb vehementen Protest hervorrief. Als besonders schmerzlich wurden schließlich die territorialen Abtretungen empfunden. Aus deutscher Sicht vergrößerten sie, zumal in Verbindung mit den Rüstungsbeschränkungen, nachhaltig das Sicherheitsdilemma der Großmacht, die das Deutsche Reich nicht nur in den Augen seiner Bewohner nach wie vor war. Das galt in erster Linie für die Ostgrenze und die erheblichen Gebietsabtretungen an Polen; mit den Regelungen im Westen konnte man sich eher abfinden. In den Locarno-Verträgen des Oktobers 1925 verpflichtete sich das Reich, dessen Außenpolitik 1923–1929 von Gustav Stresemann geleitet wurde, zur dauerhaften Respektierung des in Versailles festgeschriebenen Status quo, also u. a. der Rückgabe Elsaß-Lothringens an Frankreich. Anders im Osten. Die dortige Regelung, insbesondere die Abtretung eines großen Teils von Westpreußen, Posen und Oberschlesien sowie die Korridorlösung und den Status von Danzig, mochte kaum jemand akzeptieren, auch nicht Stresemann.

Immerhin, als Adolf Hitler das Ruder der deutschen Politik übernahm, konnten zahlreiche Revisionsforderungen als erfüllt gelten. Das bewies, daß der konsequent auf eine Verständigung mit den Nachbarn zielende außenpolitische Kurs von Männern wie Stresemann sich zwar wenig spektakulär, aber durchaus erfolgreich ausnahm. Bereits im Januar 1927 hatte man die Interalliierte Militärkommission aus Deutschland zurückgezogen, seit dem September 1926 war Deutschland Mitglied des Völkerbundes. Im Juni 1930 war – eine Spätfolge der Außenpolitik Stresemanns – die letzte Zone des Rheinlandes vorzeitig von alliierten Truppen geräumt worden. Im Juli 1932 waren vor dem Hintergrund der internationalen Wirtschaftskrise auch die deutschen Reparationsschulden bis auf eine geringe, symbolische Restsumme erlassen worden, und im Dezember 1932 hatten die Westmächte schließlich, wie bereits erwähnt, die deutsche Gleichberechtigung in der Rüstungsfrage grundsätzlich anerkannt.

Dennoch oder eben deshalb konzentrierte sich Hitler auf die noch verbleibenden Forderungen, d. h. – zumindest zeitweilig – auf die Kolonialfrage, auf die Umsetzung der Rüstungsbeschlüsse vom Dezember 1932 und besonders lautstark auf die Revision der durch den Versailler Vertrag gezogenen Reichsgrenzen. In gewisser Weise hat Hitler sogar den Revisionismus auf breiter Basis erst wieder mobilisiert bzw. mobilisieren müssen. Das gelang ihm um so besser, je erfolgreicher er bei seinen ersten Aktionen war und je umfangreicher dabei der Katalog seiner Forderungen wurde. Daß dieser bald auch Ansprüche einschloß, die entweder, wie der Anschluß Österreichs, in den 20er Jahren niemals ernsthaft vorgetragen worden waren oder aber, wie die Abtretung der sudetendeutschen Gebiete der Tschechoslowakei, überhaupt keine Revisionsforderungen darstellten, wurde im Zuge seiner außenpolitischen Offensiven zunehmend übersehen, und das keineswegs nur in Deutschland. Manchem Beobachter kam der revisionistische Anstrich der Hitlerschen Außenpolitik wohl auch gelegen, gab er ihr doch den Anschein der Normalität, ja der Legitimität. Die immer wieder vorgetragenen Forderungen nach Beseitigung des Versailler „Schanddiktats" hatten für die meisten Zeitgenossen etwas Vertrautes. Nicht zuletzt deshalb wurden sie ja von Hitler erhoben und für seine Zwecke instrumentalisiert.

Vorerst also schien auch der neue Reichskanzler auf dem außenpolitischen Terrain die alten Wege zu benutzen. Daß er das auch deshalb tat, um auf diesen Wegen zu Zielen zu gelangen, deren Realisierung einen radikalen Bruch mit der außenpolitischen Tradition nicht nur der Weimarer Republik, sondern Preußen-Deutschlands insgesamt darstellte, erkannte vorerst kaum jemand. Hier liegt einer der Gründe, warum die Briten – wie auch andere Regierungen – die Wiedereinführung der allgemeinen Wehrpflicht Mitte März 1935 nicht mit scharfen politischen oder gar militärischen Maßnahmen, sondern lediglich mit dem Entschluß beantworteten, sich künftig „jeder einseitigen Aufkündigung von Verträgen"[2] widersetzen zu wollen. Es blieb bei der Absicht. Schon drei Monate später schloß das Königreich mit dem Vertragsbrüchigen sogar einen eigenen Vertrag, das Flottenabkommen.

Nachdenklicher wurde man in London erst am 7. März 1936: Denn der Einmarsch deutscher Truppen in die entmilitarisierte Zone des Rheinlandes stellte nicht nur einen Bruch des auch in England nicht sonderlich populären Versailler Vertrages dar, sondern er verletzte darüber hinaus die Bestimmungen der Locarno-Verträge. Zu einem aktiven Vorgehen der britischen Regierung führte indessen auch diese erneute „einseitige Aufkündigung" eines Vertrages durch Deutschland nicht. Wohl aber wurden jetzt intensiver denn zuvor Überlegungen angestellt, wie man weiteren und für die britischen Interessen womöglich verhängnisvollen Schritten Hitlers zu einer gewaltsamen Veränderung der Lage in der Mitte Europas vorbeugen könne.

Seit Juli 1936 wurde im englischen Kabinett die Frage diskutiert, ob man das Deutsche Reich nicht durch Zugeständnisse in der kolonialen

Frage zu einem sog. „general settlement", einer Art Generalbereinigung aller offenen Fragen also, bewegen könne. Darin nämlich sah die englische Regierung zunehmend die beste, ja schließlich sogar die einzig noch mögliche Lösung. Andere Initiativen zum Abschluß von Einzelabkommen, darunter Verhandlungen über einen Nichtangriffspakt oder ein Luftabkommen, waren inzwischen gescheitert. Am 27. Juli 1936 signalisierte daher der britische Außenminister, Sir Anthony Eden, vor dem Unterhaus, daß der Übertragung einer Kolonialverwaltung an das Deutsche Reich zwar Schwierigkeiten entgegenstünden, unter bestimmten Bedingungen eine Erörterung der Kolonialfrage mit Deutschland aber durchaus denkbar sei. Konkrete Schritte folgten der Ankündigung indessen nicht. Neuen Auftrieb erhielt die Erörterung auch dieser Frage erst mit der Übernahme des Premierministeramtes durch Neville Chamberlain im Mai 1937.

Inzwischen hatte der deutsche Reichsbankpräsident und Reichswirtschaftsminister, Hjalmar Schacht, einen hohen britischen Regierungsbeamten wissen lassen, daß die Lösung der Kolonialfrage das wichtigste deutsche Anliegen sei. Vor allem aber glaubte die englische Regierung, auch ein steigendes Interesse Hitlers selbst an der Kolonialfrage registrieren zu können. Diese hatte bis dahin in den öffentlichen Äußerungen des Diktators eine allenfalls zweitrangige Rolle gespielt und war der Lösung der mitteleuropäischen Fragen, namentlich der Schaffung von „Lebensraum" im Osten, stets deutlich nachgeordnet gewesen. Am 3. Oktober 1937 jedoch erhob Hitler – ähnlich wie bereits am 20. Januar vor dem Reichstag – in einer großen öffentlichen Rede den deutschen Anspruch auf Kolonien, ohne sich freilich über konkrete Gebietsforderungen oder den Zeitpunkt für die Lösung der Kolonialfrage auszulassen. Gleichwohl rief gerade dieser Punkt seiner Ausführungen in der europäischen Presse ein lebhaftes Echo hervor.

In London ging man jetzt von der Annahme aus, daß die Umsetzung der kolonialen Forderung eines der Nahziele Hitlers sei und daß man den „Führer" durch ein entsprechendes Entgegenkommen in diesem Punkt für die Idee eines „general settlement" empfänglich machen könne. Heute wissen wir: Diese Annahme basierte auf einem fundamentalen Irrtum. Ursprünglich war die Forderung nach kolonialer Revision und der darin potentiell implizierte und als Angebot gedachte Verzicht Deutschlands auf Kolonien nur eines der Mittel Hitlers gewesen, um England für das erstrebte Bündnis mit dem Deutschen Reich zu gewinnen. Im Verlauf des Jahres 1937 gelangte der Diktator dann aber – wohl nicht zuletzt unter dem Einfluß des deutschen Botschafters in London, Joachim von Ribbentrop – zu der Einsicht, daß er seine europäischen Ziele gegebenenfalls ohne oder auch gegen England realisieren müsse. Damit bekamen auch die Kolonien in seiner programmatischen Konzeption ein anderes Gewicht. Sie avancierten zu Fernzielen, die sich nach der erfolgreichen Abwicklung seiner europäischen Pläne gleichsam von selbst verwirklichen würden. Mithin waren die Kolonien im Oktober/ November 1937 für Hitler zwar nach wie vor ein politisches Druckmittel, aber wohl kaum mehr ein aktueller Verhandlungsgegenstand.

Das wurde in seinen Ausführungen vor den Oberbefehlshabern der drei Wehrmachtteile sowie dem Reichskriegs- und dem Reichsaußenminister am 5. November 1937 deutlich, in denen Hitler seine ostmitteleuropäischen Expansionspläne darlegte und die Niederwerfung Österreichs und der Tschechoslowakei für das Jahr 1938 ins Auge faßte. In eben dieser Ansprache, über deren Inhalt wir durch eine wenige Tage später angefertigte Niederschrift des Wehrmachtsadjutanten Hitlers, Oberst Hoßbach, informiert sind, machte Hitler seinen Zuhörern außerdem deutlich, daß der in seinen Augen für das deutsche Volk notwendige Lebensraum „nur in Europa gesucht werden" könne, nicht aber „ausgehend von liberalistisch-kapitalistischen Auffassungen in der Ausbeutung von Kolonien": „Eine ernsthafte Diskussion wegen der Rückgabe von Kolonien an uns käme nur zu einem Zeitpunkt in Betracht, in dem England sich in einer Notlage befände und das deutsche Reich stark und gerüstet sei".[3]

Unter diesen Auspizien fand dann auch jene berühmte Unterredung statt, zu der Hitler 14 Tage später, am 19. November 1937, Lord Halifax, den damaligen „Lord President" im Kabinett Chamberlain, auf dem Obersalzberg empfing. Was der englische Unterhändler, der am 17. November offiziell auf Einladung Görings zu einer Jagdausstellung in Berlin eingetroffen war, Hitler vorzuschlagen hatte, war nun zweifellos mehr, als dieser erwarten konnte: Nach der offiziellen Aufzeichnung stellte Halifax klar, daß man englischerseits nicht glaubte, der Status quo in Europa müsse „unter allen Umständen" aufrechterhalten werden. England mache seinen Einfluß nur in der Richtung geltend, daß diese Änderungen nicht auf eine Weise erfolgten, die „dem Spiel der freien Kräfte, das letzten Endes Krieg bedeutete, entspräche". Zu diesen Änderungsmöglichkeiten zählte der Abgesandte der britischen Regierung ausdrücklich „Danzig und Österreich und die Tschechoslowakei. England sei nur daran interessiert, daß diese Änderungen im Wege friedlicher

Evolution zustande gebracht würden." Gleichzeitig signalisierte Halifax die englische Bereitschaft, „die Kolonialfrage mit Deutschland zu besprechen", wies freilich darauf hin, „daß sie nur als Teil eines neuen Starts und einer Generalbereinigung gelöst werden könne". Als Nahziel seiner Bemühungen und damit als aus britischer Sicht wichtigen Bestandteil einer solchen „Generalbereinigung" bezeichnete er Deutschlands Rückkehr in den Völkerbund und auf die Genfer Abrüstungskonferenz.[4]

Insgesamt mußte Halifax aus seinen Unterredungen auf dem Obersalzberg den Schluß ziehen, daß die Lösung der Kolonialfrage das wichtigste deutsche Anliegen sei, hatte Hitler diese doch wiederholt als die einzige zwischen Deutschland und England schwebende Differenz und als die „schwerste Frage" bezeichnet. Halifax, so heißt es dann auch in einer Aufzeichnung des Foreign Office vom 27. November, habe den bestimmten Eindruck gewonnen, daß es abgesehen von den Kolonien nichts oder doch nur wenig gebe, was „Herr Hitler" von England wolle.[5] War das nicht plausibel? Zwar hatte die Kolonialfrage im Rahmen der Weimarer Revisionsforderungen eine ganz untergeordnete Rolle gespielt, aber sie gehörte prinzipiell dazu, und ihre Mobilisierung schien darauf hinzudeuten, daß Hitler auch in diesem Punkt an die Tradition der Zwischenkriegszeit anknüpfen wollte.

Diese Sicht der Dinge muß, wie gesagt, in der Rückschau als krasse Fehleinschätzung angesehen werden. Kaum etwas lag Hitler ferner, als nunmehr die Kolonialfrage in Angriff zu nehmen. Zwar diente sie ihm weiterhin als mögliches Mittel für Kompensationen oder Sanktionen gegenüber England. Auch dürfte Hitler durch die von Halifax angedeutete Gesprächsbereitschaft in seiner Haltung bestärkt worden sein, die Kolonien als „Fernziele" im Auge zu behalten. Doch kann kein Zweifel bestehen, daß er sein Augenmerk jetzt endgültig auf die alsbaldige Realisierung seiner europäischen Pläne richtete, für die ihm Halifax nach seiner Einschätzung geradezu einen Blankoscheck ausgestellt hatte.

Und diese Pläne waren doppelbödig. Daß Hitler bis spätestens 1943/45 die „Raumfrage" zu „lösen" beabsichtigte und in diesem Zusammenhang – als aus seiner Sicht notwendige Vorstufe – eine rasche Niederwerfung u. a. Österreichs und der Tschechoslowakei ins Auge faßte, hatte er zwar nicht seinen britischen Gesprächspartnern, wohl aber in der Besprechung des 5. November 1937 führenden deutschen Militärs unmißverständlich klar gemacht.[6] Daß jedoch diese Lebensraumeroberung weit über die aus der Zeit des Ersten Weltkrieges bekannten Pla-

nungen etwa Ludendorffs hinausgehen sollten, daß Hitler damit zugleich und vor allem einen brutalen, rassenideologisch motivierten Vernichtungskrieg zu führen beabsichtigte, dem schließlich alleine sechs
Millionen europäischer Juden zum Opfer fallen sollten, sagte er bei
dieser Gelegenheit nicht. Das konnten allenfalls die wenigen ahnen, die
seine frühen Äußerungen wörtlich nahmen.

II.

Welche Konzeptionen wurden nun jenseits des Kanals im Anschluß an
den Halifax-Besuch entwickelt? Die Akten des Foreign Office geben eine
klare Antwort: In einer grotesk anmutenden Verkennung der eigentlichen Ziele Hitlers konzentrierte man sich in London zusehends auf die
Kolonialfrage. Zwar ließen englische Politiker und Diplomaten keinen
Zweifel an ihrer bereits von Halifax klargestellten Auffassung, nach der
eine Regelung nur ihm Rahmen bzw. als Bestandteil einer „Generalbereinigung" denkbar sei. Doch ist gerade in diesem Punkt eine sukzessive
Gewichtsverlagerung zu beobachten.

Sir Nevile Henderson, der englische Botschafter in Berlin, war dabei
zunächst die treibende Kraft. Mitte Dezember 1937 übermittelte er dem
Außenministerium einen Vorschlag für das weitere Vorgehen. Danach
sollte die britische Regierung die Initiative ergreifen und mit konkreten
Vorschlägen für eine Regelung der Kolonialfrage an Deutschland heran-
treten, um dann in einem zweiten Schritt ihre eigenen Forderungen wie
diejenigen nach Rüstungsbegrenzung, Deutschlands Rückkehr in den
Völkerbund und „appeasement" in Mitteleuropa vorzutragen.[7]

Gewiß, auf ungeteilte Zustimmung trafen diese Überlegungen im
britischen Außenministerium nicht. Immerhin trugen sie aber in Verbindung mit Halifax' Bericht über die Ergebnisse seines Deutschland-
besuchs dazu bei, daß die Kolonialfrage im Januar 1938 erneut auf
den Kabinettstisch kam. Denn auch für Eden und diejenigen Beamten
des Foreign Office, welche das Thema Kolonien mit der deutschen
Regierung nur im Rahmen von Gesprächen über ein „general settlement" erörtern wollten, stand als Resultat der Unterredung zwischen
Hitler und Halifax fest, daß es an Großbritannien sei, den nächsten
Schritt zu tun und der deutschen Seite konkrete Vorschläge zu unterbrei-
ten. Und zu diesen mußte in ihren Augen vor allem auch die Kolonialfrage
gehören.

Bei der Ausarbeitung ihrer Vorschläge zu diesem Punkt sah sich die englische Regierung von vornherein und schon deshalb mit erheblichen Problemen konfrontiert, weil sie verschiedene Faktoren in Rücksicht stellen mußte, die sie allenfalls indirekt kontrollieren konnte, ohne die aber im Grunde eine Regelung der Kolonialfrage nicht möglich war. Vor allem hatte man in London traditionell Rücksicht auf die öffentliche Meinung im eigenen Land zu nehmen. Das war ein grundsätzliches Problem britischer Außenpolitik, das in Deutschland nie auf Verständnis gestoßen war. Hatten bereits die Politiker der Wilhelminischen Ära die englische Regierung in Verkennung der Prinzipien britischer Politik zur Kontrolle der öffentlichen Meinung zu bewegen versucht, so mußte der Hinweis auf deren Bedeutung natürlich den Vertretern eines totalitären Regimes erst recht unverständlich, ja lächerlich erscheinen.

Sodann galt es für die englische Regierung bei allen Verhandlungen mit Deutschland, das französische Mißtrauen zu beachten. Auch hier liegt die Parallele zu den deutsch-englischen Verhandlungen vor 1914 auf der Hand, als Paris die Annäherung der beiden Rivalen auf kolonialem Gebiet mit Argwohn verfolgte. So kann es kaum überraschen, daß man die französische Regierung unmittelbar im Anschluß an den Halifax-Besuch über dessen Ergebnisse unterrichtete und auch in den folgenden Monaten in ständigem Kontakt über das weitere Vorgehen blieb. Ähnliches gilt z. B. auch für Belgien und Portugal, deren Londoner Vertretern Eden noch im Dezember 1937 versicherte, daß eine möglicherweise auch den Kolonialbesitz dieser Länder tangierende Vereinbarung mit Deutschland nur in Absprache mit den jeweiligen Regierungen getroffen würde.[8]

Schließlich mußte die Stellung der Dominions Südafrika, Australien und Neuseeland berücksichtigt werden, unter deren Mandatsverwaltung einige der ehemaligen deutschen Kolonien standen. Sie schlossen, wie rasch deutlich wurde, durchweg eine Rückgabe der Kolonien aus. Daß die zuständige Behörde, das Dominions Office, sogleich nach der Halifax-Mission in der Kolonialfrage konsultiert wurde, verweist auf ein weiteres Charakteristikum der englischen Außenpolitik, das gleichfalls aus der Zeit vor dem Ersten Weltkrieg bekannt war und die Verhandlungen mit dem Deutschen Reich über koloniale Fragen nicht unwesentlich erschwert hatte: Auch vor 1914 konnte das Foreign Office – im Unterschied zu den deutschen Außenpolitikern – seine Strategie nur in ständiger Absprache mit anderen Behörden wie dem Colonial Office und dem India Office festlegen. Daß dieser Unterschied in der Entscheidungsfin-

dung auf deutscher und englischer Seite in den hier zur Debatte stehenden Jahren 1937/38 noch krasser hervortreten mußte, liegt angesichts
der Machtstellung Hitlers nahe.

Aus all diesen Gründen schieden bei den Ende Januar/Anfang Februar
1938 im „Committee of Foreign Policy" des Kabinetts stattfindenden
Beratungen über die Kolonialfrage von vornherein einige Lösungen aus.
Grundsätzlich waren drei Vorschläge an die deutsche Regierung denkbar, nämlich erstens die von Hitler geforderte Rückgabe der ehemaligen
deutschen Kolonien. Dieses Vorhaben wäre freilich an der öffentlichen
Meinung in Großbritannien ebenso gescheitert wie am Einspruch der
Dominions und anderer Länder, namentlich Frankreichs, das dadurch in
Zugzwang geraten wäre. Zweitens war daran zu denken, Deutschland
für diejenigen Territorien, die ohnehin – z. B. aus strategischen Erwägungen – nicht wieder zurückgegeben werden konnten, mit Gebietstei-
len aus dem englischen Kolonialbesitz zu entschädigen. Auch diese Lösung wäre insbesondere angesichts der zu erwartenden Reaktionen in
der Öffentlichkeit nicht durchsetzbar gewesen.

Die dritte, einzig noch verbleibende Lösungsmöglichkeit mußte unter
solchen Umständen ein Kompromiß sein. In seiner Sitzung vom 3. Februar 1938 kam das „Committee of Foreign Policy" zu dem Entschluß,
der deutschen Regierung eine gemeinsame Kolonialverwaltung vorzuschlagen, an der neben England und Deutschland auch andere Mächte,
wie z. B. Frankreich und Belgien, beteiligt werden sollten. Dieser Vorschlag wurde an Henderson übermittelt. Über konkrete Territorien sollte
der Botschafter aber nicht sprechen, sondern zunächst nur eine grundsätzliche Stellungnahme der deutschen Regierung zu den britischen
Absichten einholen. Gleichzeitig wurde er instruiert, auf die Bedeutung
der deutschen Zusammenarbeit in Sachen „appeasement", insbesondere
in der Tschechoslowakei- und der Österreichfrage, hinzuweisen.[9]

Das geplante Gespräch zwischen Henderson und Hitler kam freilich
vorerst nicht zustande. Zunächst war der „Führer" mit der Inszenierung
und Bewältigung der sog. Blomberg-Fritsch-Krise befaßt, mit der u. a.
die Ersetzung des konservativen Außenministers Konstantin Freiherr
von Neurath durch Joachim von Ribbentrop einherging. Dann hatte die
Begegnung Hitlers mit dem österreichischen Bundeskanzler Schuschnigg
am 12. Februar Vorrang. Eben diese „Unterredung" und die berühmte
Reichstagsrede Hitlers vom 20. Februar, in der er unüberhörbar darauf
hinwies, daß „allein zwei der an unseren Grenzen liegenden Staaten...
eine Masse von über 10 Millionen Deutschen" umschlössen,[10] machten

es in englischen Augen dringlicher denn je, Hitler das Kolonialangebot vorzutragen und ihn bei dieser Gelegenheit auf die Notwendigkeit einer friedlichen Regelung der europäischen Fragen hinzuweisen. Die Unterredung zwischen Henderson und Hitler fand schließlich am 3. März 1938 statt. Der Botschafter hat die Ergebnisse seines Gesprächs mit Hitler in mehreren Berichten zusammengefaßt, die im übrigen bereits an Halifax gingen, da Eden am 21. Februar wegen erheblicher Meinungsverschiedenheiten in der Frage der britischen Appeasementpolitik gegenüber dem faschistischen Italien Mussolinis zurückgetreten war. Henderson kam in diesen Berichten zu dem Schluß, daß der „Führer" hinsichtlich der Kolonien und Mitteleuropas noch immer die gleiche Auffassung vertrete wie bereits 1925 in „Mein Kampf". Dort heißt es: „Das deutsche Volk besitzt solange kein moralisches Recht zu kolonialpolitischer Tätigkeit, solange es nicht einmal seine eigenen Söhne in einem gemeinsamen Staat zu fassen vermag. Erst wenn des Reiches Grenze auch den letzten Deutschen umschließt, ohne mehr die Sicherheit seiner Ernährung bieten zu können, entsteht aus der Not des eigenen Volkes das moralische Recht zur Erwerbung fremden Grund und Bodens."[11]

Henderson hatte keine Zweifel, daß Hitler die Kolonialfrage vorläufig, d. h. bis zur Regelung der mitteleuropäischen Fragen, ruhen lassen wolle. Und weiter: „Besonders entschlossen zeigte er [Hitler, G. S.] sich in seiner Absicht, die Interessen der 10 Millionen außerhalb des Reichsgebietes lebenden Deutschen zu schützen. Für diese sei er bereit Krieg zu führen, welchen Tribut dieser auch immer fordere." Realistisch und zugleich resigniert resümierte der Botschafter: „Wenn ihn nicht einmal das Angebot britischer Freundschaft und die Aussicht auf ein Kolonialabkommen zurückhalten oder auch nur ein vorübergehendes Stillhalten sicherstellen können, wie unwirksam ist dann erst eine mehrdeutige Warnung, die nicht von einer Demonstration der Stärke begleitet wird."[12]

Wie wenig freilich selbst der Gesprächspartner Hitlers diesen zu berechnen vermochte, zeigt seine abschließende Prognose: Er glaube nicht, so schrieb er am 5. März an Halifax, daß Hitler zu diesem Zeitpunkt an „Anschluß oder Annexion" denke.[13] Eine Woche später, am 12. März 1938, marschierten die deutschen Truppen in Österreich ein, das einen Tag darauf per Gesetz an das Deutsche Reich „angeschlossen" wurde. „Die ganze Arbeit der vergangenen 11 Monate", so mußte Henderson am 16. März an Halifax schreiben, „ist in sich zusammengebrochen!"[14]

III.

Wo liegen die Gründe für dieses folgenreiche Scheitern der britischen Deutschlandpolitik in den Jahren 1937/38? Im Rückblick ist die Antwort eindeutig: Hitler hätte rechtzeitig in seine Schranken verwiesen werden müssen. Aber der rückschauende Betrachter ist in der Regel klüger als der unter Zugzwang stehende Zeitgenosse, und ein Mann wie Halifax konnte sich eben kaum vorstellen, daß sich Deutschland, nachdem es seine Ziele in Mitteleuropa erreicht habe, mit dann überwältigender Macht daran machen werde, auch Frankreich und selbst England zu „zerstören".[15]

Das erklärt, warum die Europäer – und wiederum vor allem die Engländer – auch bei Hitlers nächsten Schritten von Gegenmaßnahmen absahen: Die von diesem geschürte Krise um die Tschechoslowakei wurde im deutschen Sinne geregelt. Die Abtretung der sudetendeutschen Gebiete an das Deutsche Reich, der Großbritannien, Frankreich und Italien auf der Münchner Konferenz am 29. September 1938 ausdrücklich zustimmten, entsprach den Forderungen Hitlers, auch wenn er einen anderen Weg zur Erreichung dieses Ziels vorgezogen hätte. Sein „Griff nach Prag" vom 15. März 1939, der Einmarsch deutscher Truppen in die Tschechoslowakei also, blieb seitens der europäischen Großmächte ohne angemessene Antwort. Die Reaktion auf diesen Gewaltakt sowie auf die eine Woche später unter Druck erfolgende Rückgabe des Memelsgebietes durch Litauen an das Reich bestand in einer britischen und französischen Garantieerklärung für die Unabhängigkeit Polens (nicht für seine Grenzen). Wenig deutet darauf hin, daß diese und die ihr folgenden Maßnahmen der britischen Regierung bis hin zur Kriegserklärung des 3. September 1939 von der Erkenntnis geleitet gewesen sind, daß man selbst das nächste Opfer Hitlers sein werde.

In diesem mangelnden Vorstellungsvermögen ist sicher einer der Gründe für das Fehlschlagen der britischen Krisenstrategie zu sehen. Zwar wies Henderson auf die Schwierigkeit hin, im Gespräch mit Hitler eine gemeinsame Basis für eine „vernünftige" Diskussion zu finden: Dessen Wertvorstellungen seien so „anormal", daß dagegen jedes Argument machtlos scheine.[16] Doch änderten diese und andere Einschätzungen des „Führers" nichts daran, daß man ihn vorerst als einen zwar auf Expansion ausgerichteten, aber eben deshalb berechenbaren Politiker behandelte und in eine Linie mit Staatsmännern wie namentlich Bismarck stellte. Nahezu unvorstellbar schien auch solchen englischen Politikern, die „Mein Kampf" gelesen hatten, daß Hitler die dort dargelegte Rassenideologie konsequent in die Tat umsetzen werde. Überdies machten es Hitlers sich häufig widersprechende Äußerungen gegenüber den diplomatischen Vertretern anderer Länder oder in der Öffentlichkeit, an die man sich ja solange halten mußte, bis ihnen die entsprechenden oder eben nicht entsprechenden Taten gefolgt waren, außerordentlich schwer, seine wirklichen Vorhaben, Ziele oder auch nur Forderungen zu erkennen. Das gilt auch und gerade für die Kolonialfrage. Tatsächlich konnten englische Politiker aus Hitlers Rede im Oktober 1937 und aus seinen Äußerungen gegenüber Halifax den Schluß ziehen, daß die Lösung der Kolonialfrage nunmehr (wieder) einen prominenten, ja womöglich gar den wichtigsten Faktor in den deutschen politischen Planungen bildete. Daß man in den folgenden Monaten die britische Strategie entscheidend auf diese Frage zuschnitt, muß daher in der Rückschau zwar als verhängnisvolle, gleichwohl aber in gewisser Weise verständliche Entwicklung gewertet werden.

Der Fehler lag in der Annahme, daß Hitler im Grunde nur die traditionelle Linie deutscher Außenpolitik seit den Tagen Bismarcks weiterverfolge, daß er also das Deutsche Reich an die Peripherie führen und dadurch zur Weltmacht erheben wolle. Das aber war gerade nicht seine Absicht, denn für ihn war die imperiale Machtbasis nur durch die Eroberung von „Lebensraum" in Europa zu errichten. Indem die englische Politik in Verkennung dieser programmatischen Gebundenheit der Hitlerschen Politik jenem Bestreben eine „periphere" Strategie entgegensetzte und insofern nach ihrem eigenen Verständnis angemessen reagierte, mußte sie fast notwendig scheitern: Die Tradition britischer Deutschlandpolitik, an die man in London gerade jetzt wieder anknüpfen zu können bzw. zu müssen glaubte, sollte sich als Irrweg erweisen.

Damit drängt sich ein Vergleich mit der Situation der Jahre 1912–1914 auf. Damals, nach der Marokko-Krise des Jahres 1911, hatten sich einige weitsichtige Diplomaten, Politiker und Publizisten auf beiden Seiten des Kanals um eine Annäherung in „peripheren" Fragen bemüht. Angesichts der Tatsache, daß die als dringend notwendig empfundene deutsch-englische Verständigung in der gegebenen Situation nicht mehr in den zentralen Fragen, nämlich über ein Flotten- bzw. politisches Abkommen, möglich war, galt es in ihren Augen, das Verhältnis der beiden Mächte zunächst dort wieder zu stabilisieren, wo es am nachhaltigsten gestört worden war, also an der Peripherie des europäischen Geschehens und vor allem in der orientalischen Frage. Daß hier im Grunde die einzige verbleibende Möglichkeit einer Verständigung lag, hatte die berühmte Berliner Mission des damaligen britischen Kriegsministers Lord Haldane Anfang Februar 1912 gezeigt, die an der zentralen Frage eines Flottenabkommens gescheitert war (vgl. Kapitel 4).

Es war Nevile Henderson, der im Februar 1938 einen expliziten Vergleich zwischen den Missionen von Haldane und Halifax zog. Bezeichnenderweise gewann er dabei seine Kenntnisse über den Verlauf der Haldane-Mission aus der Literatur. Anders als bei den politisch Verantwortlichen der Wilhelminischen Zeit, namentlich Bethmann Hollweg und Tirpitz, glaubte Henderson bei den, wie er schrieb, „verständigeren" Vertretern innerhalb der Führung des „Dritten Reiches", zu denen er grundsätzlich auch Hitler zählte, eine realistischere Beurteilung der Prinzipien englischer Außenpolitik und damit auch eine implizite Anerkennung der „essentials" britischer Außenpolitik erkennen zu können. Ein Indikator war für den Botschafter im übrigen das deutsch-englische Flottenabkommen, das ja deutscherseits eine Selbstbeschränkung im Kriegsschiffbau vorsah.[17]

Diese Sicht der Dinge implizierte eine doppelte Einsicht, die Henderson bereits im Mai 1937 in einem bemerkenswerten Memorandum zu Papier gebracht hatte. Anders als britische Politiker vor 1914 erkannte er, daß die deutsche Aufrüstung nicht zuletzt die Konsequenz aus der exponierten geographischen Lage und damit in gewisser Weise unausweichlich war: „Großbritannien liegt außerhalb Europas, Deutschland hingegen in seinem Zentrum. Es ist der Sklave seines geographischen Schicksals und in dieser Hinsicht in einer weit ungünstigeren Situation als die meisten anderen Länder. Diese Überlegung kann bei der Rüstungsfrage nicht außer acht gelassen werden. Wie Großbritannien stark zur See und in der Luft sein muß, so muß auch Deutschland für seine Selbstverteidigung stark in der Luft und zu Lande sein." Zu dieser Einsicht gesellte sich für den Botschafter die zweite, daß Deutschland nach wie vor ein unvollendeter Nationalstaat sei: „Anders als Großbritannien, Frankreich oder seit 1914 [!] selbst Italien ist Deutschland als politische Größe immer noch unvollständig."[18]

Was aber folgte aus dem doppelten, nicht nur in den Augen Hendersons verständlichen, ja legitimen Bedürfnis der Deutschen nach Sicherheit und nationaler Einheit? Hier gab es für den britischen Diplomaten drei Möglichkeiten, nämlich erstens entweder schärfstens zu protestieren, aber nichts zu tun, falls Deutschland Österreich „schlucke", die

Sudetendeutschen Gebiete annektiere oder seine schlesische Grenze „begradige", oder aber zweitens offen zum Blocksystem zurückzukehren und sich unter Bedingungen auf den Krieg vorzubereiten, die denen des Jahres 1914 ähnlich, aber weniger vorteilhaft, weil weniger zu rechtfertigen waren.[19]

Blieb der dritte, dann auch eingeschlagene Weg, Deutschland seine Ansprüche in Europa zuzugestehen, allerdings unter der Bedingung, daß sie auf friedlichem Wege verwirklicht würden. Nicht die Ansprüche Deutschlands selbst standen mithin zur Debatte, sondern die Methoden ihrer Realisierung. Das war der Kern der Appeasement-Politik. Damit aber gestand Großbritannien ausgerechnet Hitler das zu, was es den Politikern des Kaiserreichs und insbesondere der Weimarer Republik stets verweigert hatte.

Das koloniale Angebot Englands war der in mancher Hinsicht verzweifelte Versuch, friedliche Methoden zu erkaufen und so die britischen Interessen auch und gerade in Zentraleuropa zu wahren. Konnte einem solchen Versuch vor 1914 eine gewisse Aussicht auf Erfolg beschieden sein, da man mit einem Land verhandelte, das „in die Welt" ausgreifen wollte, so mußte der in den Jahren 1937/38 erneut unternommene Versuch mit Notwendigkeit scheitern: Hitler wollte keinen „Platz an der Sonne" der außereuropäischen Welt, er forderte den „Lebensraum" auf dem Kontinent selbst.

So sind die deutsch-englischen Beziehungen der 30er Jahre in vieler Hinsicht durch jenes Charakteristikum geprägt, das sie auch schon um die Jahrhundertwende auszeichnete, durch ein grundlegendes Mißverständnis. Ihm sollte schließlich auch die deutsche Opposition gegen Hitler nicht entgehen (vgl. Kapitel 6). Vor 1914 hatten englische Politiker nicht erkennen können oder erkennen wollen, daß ein schon von den geographischen Bedingungen her so exponiertes Land wie das Deutsche Reich seine Politik vor allem an dieser Grundtatsache ausrichten mußte. Ganz anders ihre Nachfolger: Ausgehend von den Erfahrungen, die sie mit der Entstehung und dem Verlauf des großen Krieges gesammelt hatten, aber auch unter dem von Hitlers Expansionskurs ausgehenden Druck, begannen sie in den 30er Jahren das Spezifische der Situation Deutschlands zu erkennen und zu akzeptieren. Dabei gingen sie allerdings von der – falschen – Annahme aus, daß Hitler ähnlich wie Bismarck und andere mehr ein rational kalkulierender Staatsmann sei, der eine dieser Situation Rechnung tragende Machtpolitik traditionellen Zuschnitts treiben werde. Sie mochte zwar mit einer gewissen Unvermeidlichkeit auf begrenzte und begrenzbare Konflikte mit Großbritannien hinauslaufen, schien aber – eben deshalb – berechenbar zu sein. Insofern trafen und ergänzten sich in den 30er Jahren zwei Irrwege europäischer Geschichte auf fatale Weise. Indem Hitler die deutsche Politik und Kriegführung mit brutaler Konsequenz an seiner rassenideologischen Vernichtungsidee orientierte, brach er radikal mit der außenpolitischen Tradition Preußen-Deutschlands. Das war der erste Irrweg. Denn die preußisch-deutsche Außenpolitik hatte zwar stets zwischen den – sich keineswegs immer ausschließenden – Extremen von Expansion und Sicherheit oszilliert, war aber insofern die zentraleuropäische Version und eben deshalb ein typischer Ausdruck klassischer Machtpolitik. Daß Hitler für seine weitergehenden und zugleich ganz andersgearteten Zwecke die bekannten Wege benutzte, also die den Nachbarn zwar wenig sympathische, aber immerhin vertraute Tradition scheinbar fortsetzte, sollte sich als verhängnisvoll erweisen. So nämlich wurde kaschiert, daß es sich um einen Irrweg, einen Bruch mit jener Tradition handelte.

Das vor allem erklärt, warum die meisten Beobachter im In- und Ausland, und namentlich die Briten, falsch reagierten. Indem sie Hitler als lediglich jüngsten Exponenten einer langen Tradition preußisch-deutscher Expansionspolitik wahrnahmen, traten sie ihm mit den Methoden klassischer Machtpolitik entgegen, so wie sie das seit jenen Tagen getan hatten, in denen Brandenburg-Preußen sich angeschickt hatte, zur Großmacht aufzusteigen. Das war der zweite Irrweg. Das Zusammentreffen beider mußte fast unweigerlich in eine Katastrophe führen: Die in fataler Fehleinschätzung Hitlers angewandten Methoden traditioneller Diplomatie konnten dessen am Vernichtungsprinzip orientierter Ideologie nicht gewachsen sein.

6. Auswege.

Ulrich von Hassell und die außenpolitischen Vorstellungen des deutschen Widerstandes

Am Mittag des 20. Juli 1944 versuchte eine kleine Gruppe entschlossener Offiziere mit einem Attentat auf Adolf Hitler den Staatsstreich einzuleiten. Ziel des Unternehmens war die Beseitigung eines Mannes, dessen Regime durch seine Methoden der Politik und Kriegführung nicht nur jedwede politische wie moralische Legitimation verloren hatte, sondern der auch dabei war, das Deutsche Reich in den Untergang zu führen. Der Coup schlug fehl. Damit mußten die Verschwörer auch die Hoffnung aufgeben, ihre Vorstellungen von einem „anderen" Deutschland in die Tat umsetzen zu können.

Wie aber sollte diese Alternative zu Hitlers Deutschland aussehen? Natürlich bezogen sich die Planungen des Widerstandes zunächst und vor allem auf außenpolitische Fragen: Deutschland befand sich im Krieg, und ein rascher Waffenstillstand war das Gebot der Stunde. Zu welchen Bedingungen aber konnte bzw. durfte man ihn eingehen? Die Antwort auf diese Frage führt ins Zentrum der politischen Vorstellungen der deutschen Opposition gegen Hitler. Es liegt auf der Hand, sich dem Thema durch eine Studie über die Gedankenwelt Ulrich von Hassells zu nähern. Hassell war nicht nur eine herausragende Figur der Widerstandsbewegung; er war auch als wichtiger Diplomat der Zwischenkriegszeit sowie designierter Außenminister des oppositionellen Kabinetts für die Behandlung solcher Fragen besonders prädestiniert. Schließlich verkörperte er geradezu idealtypisch die Tradition preußisch-deutscher Außenpolitik in ihrer letzten Phase.

Im folgenden ist daher zunächst (I) Hassells Weg in die Opposition zu skizzieren, um dann (II) seine politischen Vorstellungen und Konzeptionen in der Zeit des Widerstandes zu beleuchten. Abschließend wird dann (III) nach den leitenden Motiven dieser Politik und den Chancen ihrer Realisierung zu fragen sein.

I.

Ulrich von Hassell, am 12. November 1881 als Sohn eines preußischen Offiziers in Pommern geboren und seit 1911 mit einer Tochter des Großadmirals Alfred von Tirpitz verheiratet, war ein Kind des Kaiserreichs, das er auf der Höhe seiner Machtstellung erlebte. Nach dem Rechtsstudium, Sprachstudien im Ausland und seiner Ausbildung als Gerichtsreferendar, unter anderem im deutschen Schutzgebiet Tsingtau, war Hassell 1909 als Assessor in das Auswärtige Amt eingetreten. Zwei Jahre später befand er sich auf seinem ersten Auslandsposten als Vizekonsul in Genua. Am Ersten Weltkrieg nahm er als Leutnant der Reserve teil, bis er in der Marneschlacht am 8. September 1914 schwer verwundet wurde. 1916 schied Hassell daher vorübergehend aus dem Auswärtigen Dienst aus und ging zunächst als Regierungsrat nach Stettin und dann als Direktor des Verbandes der preußischen Landkreise nach Berlin. 1918 schloß er sich der konservativen „Deutschnationalen Volkspartei" an und gründete wenig später, im Januar 1919, die „Staatspolitische Arbeitsgemeinschaft" der Partei.

Hassell hat diese Jahre in der preußischen Verwaltung unter anderem genutzt, um sich in zahlreichen Zeitungsartikeln öffentlich zu Wort zu melden. Das gilt insbesondere für die Umbruchphase deutscher Geschichte in den Jahren 1918/19. Diese Arbeiten des „jungen Konservativen", wie Hassell sich und seine politischen Freunde in einem berühmten Artikel vom November 1918 bezeichnete, diese frühen Arbeiten also sind für die Biographie und die Würdigung der Persönlichkeit und ihrer politischen Vorstellungen unverzichtbar. Denn bei allen Wandlungen und Entwicklungen insbesondere in den 30er Jahren hat Hassell in der Zeit des Widerstandes doch in sehr hohem Maße an seine frühen Konzeptionen angeknüpft. Daß die Kontrolle des Staatslebens auf der Grundlage der örtlichen und körperschaftlichen Selbstverwaltung sicherzustellen sei, blieb für ihn ein ebenso wichtiger Grundsatz wie die Forderung, „daß der ordnungsgemäß ausgebildete Berufsbeamte grundsätzlich an die Stelle von aus Parteigesichtspunkten ernannten Personen zu treten" habe.[1] Die Erfahrungen mit der ausgehenden Weimarer Republik und dem „Dritten Reich" sollten diese frühen Diagnosen und Forderungen bestätigen.

Hassells Tätigkeit in der inneren Verwaltung war nur von kurzer Dauer. 1944 erinnerte er sich, daß er „angesichts der Verständnislosigkeit der Parteibürokratie auf diesem Wege keine großen Aussichten mehr" gesehen und den Auswärtigen Dienst doch als seine „eigentliche Linie" empfunden habe.² Diese Einsichten bestimmten ihn, der Aufforderung des damaligen Außenministers Hermann Müller nachzukommen und 1919 als Botschaftsrat an die deutsche Botschaft in Rom zu gehen. Es folgten Tätigkeiten als Generalkonsul in Barcelona, als Gesandter in Kopenhagen und Belgrad und schließlich, von 1932 bis 1938, als deutscher Botschafter in Rom. Und eben hier geriet er in zunehmende Distanz zu den Machthabern in Berlin. Der Grund lag vor allem in der Richtung, welche die deutsche Außenpolitik unter Hitler einschlug, und in den Methoden, derer sie sich dabei bediente.

Daß die ersten Schritte nationalsozialistischer Außenpolitik noch durchaus mit Hassells Vorstellungen vereinbar waren, ist indessen unübersehbar. Der Diplomat war eben, wie der englische Historiker Trevor Roper 1960 festgestellt hat, ein typischer Vertreter jener alten deutschen Führungsschicht aus konservativen Beamten, Generalen und Politikern, die Hitler nach 1933 wenigstens eine Zeitlang treu dienten, weil sie die „verständliche Absicht" hatten, das durch die Niederlage von 1918/19 erschütterte deutsche Selbstbewußtsein wieder aufzurichten. Die Forderungen dieser Männer waren „durchaus begrenzt, durchaus restaurativ".³

Bereits im Februar 1938 hatte mit dem italienischen Außenminister Ciano einer seiner entschiedensten Gegner notiert, daß Hassell „schicksalsmäßig und unweigerlich" zu jener „Welt der Junker" gehöre, die das Jahr 1914 nicht vergessen könnten und „im Grund gegen den Nazismus eingestellt" seien.⁴ Daß gerade die Angehörigen dieser alten preußisch-deutschen Führungsschichten Hitlers weitergehende Vorstellungen eines rassisch fundierten deutschen Großreiches im Osten für absurd hielten, sollte sich in diesem Falle als besonders verhängnisvoll erweisen: Zu spät erst erkannten die meisten, und unter ihnen auch Hassell, daß sie mit ihrer Unterstützung der traditionell anmutenden Außenpolitik des zunächst auf sie angewiesenen Diktators *de facto* zugleich dessen wesentlich weiter gehenden „Lebensraum"-Plänen im Osten Vorschub leisteten.

Die erste Skepsis gegenüber der nationalsozialistischen Außenpolitik stellte sich bei Hassell anläßlich des Einmarsches deutscher Truppen in die durch den Versailler Vertrag entmilitarisierte Zone des Rheinlandes am 7. März 1936 ein. Hitler vollzog diesen Schritt ja gleichsam im Windschatten der italienischen Abessinienpolitik. Bei der diplomatischen Vorbereitung fiel dem deutschen Botschafter in Rom daher eine wichtige Rolle zu. Daß sich mit Hassell über den Schritt selbst „durchaus reden" ließ, wie er in einer privaten Aufzeichnung vom 15. März vermerkte,[5] kann auch den rückschauenden Beobachter kaum überraschen. Auf Dauer waren die einschlägigen Bestimmungen des Versailler Vertrages für den Botschafter ebensowenig akzeptabel wie wohl auch für die Mehrzahl seiner Landsleute. Hinzu kam die weitere grundlegende Erkenntnis, daß Europa – wie er noch 1944 notierte – nicht „ohne ein gesundes und kräftiges Herz" leben könne.[6] Diese Auffassung blieb für die Vorstellungen des konservativen Widerstandes „vom anderen Deutschland" maßgeblich. Hier lag das Dilemma: So überzeugt die meisten Oppositionellen nach 1938 von einem Sturz des Regimes und einer Beseitigung seines „Führers" waren, so wenig wollten bzw. konnten sie auf jene außenpolitischen Erfolge verzichten, die dieser bis dahin, und zwar mit ihrer Unterstützung, verbucht hatte.

Irritiert zeigte sich der Diplomat im März 1936 hingegen von dem „unwiderstehlichen Drang" Hitlers, „aus der Passivität herauszutreten", und von dem „zu hohen Risiko für das zu erreichende Ergebnis". Die „schlimmste Wirkung" aber sah der Verehrer der Bismarckschen Staatskunst in dem „Schlag gegen Hitlers Glaubwürdigkeit".[7] Diese Glaubwürdigkeit der deutschen Politik wurde für Hassell endgültig mit dem zwischen Deutschland und Japan abgeschlossenen sog. Antikominternpakt vom November 1936 in Frage gestellt, dem Italien ein Jahr später beitrat. Schon die Tatsache, daß dieser Vertrag in Rom von deutscher Seite durch den damaligen Botschafter in London und späteren Außenminister, Joachim von Ribbentrop, unterzeichnet wurde, betrachtete Hassell wegen der darin offenbar werdenden „Methode" als „unerträglich".[8] Geradezu verhängnisvoll aber war in seinen Augen der Umstand, daß sich der Pakt nicht nur gegen die Sowjetunion, sondern eben auch gegen die Westmächte und insbesondere gegen Großbritannien richtete. Denn in Hitlers Vorstellung hatte dieser nicht zuletzt die Funktion einer Ersatzlösung: Sollte sich England nicht zu einem Bündnis bewegen lassen, dem Hitler ebenso wie schon die deutsche Außenpolitik der Vorkriegszeit die Priorität einräumte, dann konnte man sich auf das von Ribbentrop sogenannte „weltpolitische Dreieck" Berlin-Rom-Tokio zurückziehen. Diese Dimension des „Antikominternpaktes" wurde natürlich von einem Mann wie Hassell sogleich erkannt: „Hier handelt es sich um eine Neuorientierung der deutschen Außenpolitik, die ... sich bewußt gegen England stellt und einen Weltkonflikt geradezu ins Auge faßt."[9] Eine solche „Neuorientierung" aber konnte der Botschafter nicht mitverantworten. Im Gefolge der Blomberg-Fritsch-Krise und der Ersetzung Neuraths durch Ribbentrop wurde daher auch er am 17. Februar 1938 in den Wartestand versetzt.

Sehr bald kam er jetzt in Kontakt zu Männern wie Carl Goerdeler und Ludwig Beck, Verbindungen, die ihm durch Stellungen zunächst im Vorstand des „Mitteleuropäischen Wirtschaftstages", später dann, seit dem März 1943, im „Institut für Wirtschaftsforschung" erleichtert wurden. Zwar war er hier „nicht glücklich", wie er seinem Tagebuch anvertraute, denn inzwischen waren ihm durch Intervention des Sicherheitsdienstes die Reisemöglichkeiten weitgehend genommen worden. Doch er betrachtete seine persönliche Unzufriedenheit als Nebensache. Diese Tätigkeiten waren als Basis für seine Untergrundarbeit wichtig und notwendig.[10]
Über Hassells politische Konzeptionen sowie seine Aktivitäten in den Jahren 1938–44 sind wir ungewöhnlich gut unterrichtet. Zum einen hat der Diplomat – ähnlich wie schon während seiner Zeit in der inneren Verwaltung – zahlreiche Aufsätze und Bücher zu politischen und historischen Themen verfaßt. Diese wiederum zeigen Hassell nicht nur als hochgebildeten Mann, sondern sie ermöglichen auch einen Einblick in sein Verständnis der „Europäischen Lebensfragen der Gegenwart", wie er eines seiner Bücher betitelte. Zum anderen aber besitzen wir in seinen Tagebüchern eines der wichtigsten Dokumente des deutschen Widerstandes überhaupt. Diese bezeugen auf eindrucksvolle Weise, daß Abscheu und Empörung über die sich mehrenden Unrechtstaten des Regimes und namentlich über die „teuflische Barbarei"[11] zunächst der Verfolgung der Juden, dann ihrer Vernichtung, wichtige, wenn auch nicht die einzigen Gründe Hassells waren, um sich am Aufbau einer deutschen Opposition und den Vorbereitungen für einen Staatsstreich zu beteiligen. „Hat je", so fragte er am Ende des Jahres 1942, „hat je ein Volk sich stumpfer gefügt?"[12]
Hassells erste Sorge galt der Vermeidung eines Krieges, dann, seit dem deutschen Überfall auf Polen am 1. September 1939, seiner möglichst raschen Beendigung. Spätestens seit Hitlers „Griff nach Prag" vom 15. März 1939 glaubte er freilich nicht mehr, wie er sieben Tage später in seinem Tagebuch festhielt, „daß diese Sache anders als unheilvoll ausgehen" könne: „Es ist der erste Fall offenbarer Hybris, das Überschreiten aller Grenzen, zugleich jedes Anstands."[13] Seine Möglichkeiten, im Sinne der Kriegsverhütung bzw. -beendigung zu wirken, waren nach seinem Ausscheiden aus dem politischen Amt naturgemäß sehr begrenzt. Gleichwohl ist er mehrfach in dieser Hinsicht tätig geworden.

Noch am 31. August 1939 versuchte er auf Bitten des Staatssekretärs im Auswärtigen Amt, Ernst Freiherr von Weizsäcker, in Gesprächen mit dem ihm „befreundeten" britischen Botschafter in Berlin, Sir Nevile Henderson, einerseits, mit Göring andererseits, „den Weltkrieg zu vermeiden".[14] Vergleichbare, auf eine Beendigung des Krieges abzielende Aktivitäten sind auch für die folgenden Jahre überliefert. So bemühte er sich beispielsweise im Februar/März 1940 über den Geschäftsträger an der amerikanischen Botschaft in Berlin, Alexander Kirk, oder im Verlauf des Jahres 1941 mehrfach über den amerikanischen Geschäftsmann Frederico Stallforth um entsprechende Kontakte zu den USA. Überdies traf er sich im August 1941 in der Nähe von München und noch einmal im Januar 1942 in Genf mit Carl Jacob Burckhardt in der Absicht, über den Vertreter des Roten Kreuzes Verbindung mit England zu knüpfen. Es darf heute als sicher gelten, daß bei keiner dieser gefahrvollen Unternehmungen jemals eine realistische Chance für erfolgreiche Verhandlungen bestanden hat. In englischen und amerikanischen Archiven finden sich Beweise, daß es Hassell in allen Fällen mit Unterhändlern zu tun hatte, die sich selbst als Vermittler präsentiert und angeboten hatten, die aber eben nicht als solche autorisiert waren, jedenfalls nicht von den Stellen und Personen, mit denen der Diplomat gerade ins Gespräch kommen wollte. Das gilt wohl auch für seine bekannteste Mission, die ihn im Februar 1940 in die Schweiz führte.

Am 22./23. Februar traf Hassell in Arosa mit dem Amateurdiplomaten Lonsdayle Bryans zusammen. Dabei verfolgte er das in seinen Tagebüchern so formulierte Ziel, vom britischen Außenminister Halifax eine Erklärung zu erhalten, „daß eine etwaige Regimeänderung in Deutschland von der andern [Seite] in keiner Weise *aus*genutzt, sondern im Gegenteil *be*nutzt werden würde, um zu einem dauerhaften Frieden zu kommen".[15] Eine solche „Sicherheit", so sagte Hassell im August 1941, brauchten die oppositionellen Politiker nicht für sich, denn ihnen war „die *absolute* Notwendigkeit des Systemwechsels klar, sondern für die Generäle".[16] Hier offenbart sich eine der größten Schwierigkeiten des Widerstandes überhaupt, die Lösung der Frage nämlich, wie die Militärs, mit deren Hilfe allein der Staatsstreich gelingen konnte, von dessen Notwendigkeit und Legitimation gleichermaßen zu überzeugen waren. Denn nicht nur fühlten sich die meisten von ihnen an den Eid auf die Person Hitlers gebunden. Vielmehr standen zahlreiche Offiziere lange Zeit unter dem Eindruck der militärischen Erfolge, denen sich ja schließlich auch ein vergleichsweise distanzierter Beobachter wie Hassell nicht ganz entziehen konnte.

Bekanntlich ist Hassells Versuch einer Friedensvermittlung vom Februar 1940 – ebenso wie andere mehr – nicht zuletzt am Unvermögen oder Unwillen (in diesem Falle der englischen Regierung) gescheitert, sich auf entsprechende Vorschläge des deutschen Widerstandes einzulassen. Die außerordentlich interessanten Gründe für diese britische Haltung können hier nicht weiterverfolgt werden. Immerhin hat Hassell seinem britischen Gesprächspartner in Arosa ein sog. „statement", eine Aufzeichnung über Grundsatzfragen, übergeben. Dieses wiederum ist für das Verständnis seiner Vorstellungen vom „anderen Deutschland" sowie von einem künftigen Europa außerordentlich aufschlußreich.

II.

Neben dem obersten Ziel seiner Bemühungen, den „Krieg so schnell als möglich zu beenden", hat das „statement" drei Schwerpunkte, und zwar die Verhinderung einer „Bolschewisierung" Europas, die Erhaltung Deutschlands als Großmacht und schließlich den inneren Neuaufbau des „anderen Deutschland".[17]

Einen raschen Friedensschluß hielt Hassell vor allem deshalb für notwendig, weil die Gefahr, daß Europa „vollkommen zerstört und vor allem bolschewisiert" werde, ständig wachse. Diese Furcht durchzog sein politisches Denken wie ein roter Faden. „Alles tritt aber zurück", so hatte er beispielsweise in seinem Tagebuch den „Hitler-Stalin-Pakt" kommentiert, „gegen die unbekümmerte Auslieferung eines großen wichtigen Teils des Abendlandes ... an den Bolschewismus".[18] Die Überlassung der baltischen Staaten, Finnlands, des östlichen Polen sowie Bessarabiens an Stalin, die Hitler in geheimen Zusätzen zu den deutsch-sowjetischen Abkommen vom 23. August und 28. September 1939 zugesagt hatte, war für Hassell schon aus diesem Grund nicht akzeptabel.

Immer wieder betonte der Diplomat den „uneuropäischen" und expansiven Charakter des Bolschewismus, der eines Tages „unentrinnbar" auch Großbritannien, ja selbst die Vereinigten Staaten ergreifen werde.[19] Ähnlich wie viele andere führende Köpfe der Opposition war auch Hassell fest davon überzeugt, daß die Furcht vor der „bolschewistischen Gefahr" eine gemeinsame Basis für die Verständigung zwischen der Widerstandsbewegung und den Westmächten bilden könne. Das war keineswegs unrealistisch, wenn man in Rechnung stellte und stellt, daß die dramatischen englisch-sowjetischen Bündnisverhandlungen des Sommers 1939 nicht zuletzt am tiefen Mißtrauen führender britischer Staats-

männer gegenüber ihren sowjetischen Gesprächspartnern gescheitert
waren.

Am 23. Januar 1943 verkündeten Roosevelt und Churchill in Casablanca ihre Forderung nach „bedingungsloser Kapitulation", die in der
Konsequenz jedwede vorherige Verständigung auch mit den Verschwörern ausschloß. Damit mußten die Hoffnungen des Widerstandes aufgegeben werden, daß sich der Antibolschewismus als gemeinsame Grundlage benutzen lasse. Nunmehr mochte Hassell, u. a. als taktisches
Druckmittel namentlich gegenüber England, auch Kontakte zu Stalin
nicht mehr ausschließen. Entsprechende Überlegungen stellte er vor dem
Hintergrund einer möglichen erneuten Verständigung Hitlers mit Stalin
an: Das „daraus entstehende Unheil", so notierte er am 15. August
1943, sei „unvorstellbar... Es gibt eigentlich nur noch diesen einen
Kunstgriff: *entweder* Rußland *oder* den Angloamerikanern begreiflich
zu machen, daß ein erhalten bleibendes Deutschland in ihrem Interesse
liegt. Ich ziehe bei diesem Mühlespiel das westliche Ziel vor, nehme aber
zur Not auch die Verständigung mit Rußland in Kauf."[20]

Daß „ein gesundes, lebenskräftiges Deutschland" ein „unentbehrlicher Faktor" für Europa sei, hatte Hassell auch schon im Februar 1940
betont, wobei er natürlich gegenüber seinem britischen Verhandlungspartner nicht unerwähnt ließ, daß dies „gerade im Hinblick auf das
bolschewistische Rußland" gelte.[21] Wie aber sollte dieses „lebenskräftige" Deutschland aussehen?

Die Vorschläge, die Hassell der britischen Regierung in seiner Aufzeichnung unterbreitete, müssen zunächst überraschen: Zwar sollte die
Regelung des Versailler Vertrages, welche die westliche Grenze des Deutschen Reiches betraf, nicht wiederaufgerollt werden. An eine Rückforderung insbesondere Elsaß-Lothringens war also nicht gedacht. Dagegen, so Hassell im Februar 1940, müsse „die deutsch-polnische Grenze
im wesentlichen mit der deutschen Reichsgrenze im Jahre 1914 übereinstimmen". Die „Vereinigung Österreichs (und des Sudetenlandes) mit
dem Reich", Folgen der Hitlerschen Expansionspolitik im Jahre 1938,
sollte „außerhalb der Erörterung" stehen.[22]

Weniger überraschend waren die Forderungen, die der als Außenminister des oppositionellen „Schattenkabinetts" vorgesehene Hassell
an die englische Adresse richtete, wenn man die britische Haltung zur
deutschen Politik vor Ausbruch des Krieges in Rechnung stellt. So hatte
ja beispielsweise Halifax, damals noch in seiner Funktion als Lord President im Kabinett Chamberlain, am 19. November 1937 dem „Führer"

erklärt, man sei in England nicht der Ansicht, daß der Status quo in Europa „unter allen Umständen aufrechterhalten werden müsse". In diesem Zusammenhang hatte er ausdrücklich Danzig, Österreich und die Tschechoslowakei erwähnt und überdies die Bereitschaft seiner Regierung zu erkennen gegeben, „die Kolonialfrage mit Deutschland zu besprechen".[23] Mehr noch, England hatte dann den „Anschluß" Österreichs und des Sudetenlandes an das Reich hingenommen, obgleich zumindest der erste Schritt nicht in jenem „Wege friedlicher Evolution" erfolgt war, den Halifax von Hitler gefordert hatte. Auch in der Kolonialfrage war seitens der englischen Regierung Entgegenkommen signalisiert worden: Im März 1938 hatte man Hitler den Plan einer gemeinsamen Verwaltung afrikanischer Kolonialgebiete durch eine Gruppe europäischer Staaten einschließlich des Deutschen Reiches vorgeschlagen (vgl. Kapitel 5).

Aber natürlich hatte sich die Situation mit dem Kriegsausbruch gewandelt: Für britische Politiker standen derartige Regelungen, wie sie nunmehr zwar von der Opposition, aber eben von *deutscher* Seite als „Bedingungen" für einen Friedensschluß vorgetragen wurden, im Verlauf des Krieges und insbesondere nach dem deutschen Angriff auf Belgien, die Niederlande, Luxemburg und Frankreich im Mai 1940 nicht mehr ernsthaft zur Diskussion. Überdies ist gar nicht zu übersehen, daß auch die Angehörigen des Widerstandes die Erfolge Hitlers bzw. der Wehrmacht aufmerksam registrierten, ja daß ihre Vorstellungen hinsichtlich Deutschlands Rolle in Europa nach Hitler davon nicht unberührt blieben. Besonders deutlich wird das auch in einem „Friedensplan" Carl Goerdelers, der vom 31. Mai 1941 stammt und ebenfalls zur Übermittlung an die britische Regierung gedacht war. Er wurde offensichtlich unter dem Eindruck des raschen Vorrückens der deutschen Armeen in Westeuropa und im nördlichen Afrika zu Papier gebracht. So forderte Goerdeler jetzt – anders als noch Hassell im Februar 1940 – die „Wiederherstellung der Grenzen Deutschlands von 1914 gegenüber Belgien und Frankreich", die inzwischen von deutschen Truppen besetzt waren, sowie die „Rückgabe der deutschen Kolonien oder gleichwertiger Kolonialgebiete".[24]

Auch Hassell blieb von den deutschen militärischen Erfolgen nicht unbeeindruckt und vermerkte im April 1941 in seinem Tagebuch: „Die Wehrmacht ist ein unerhört glänzendes Instrument, geboren aus dem preußischen Geist und alle tüchtigen Eigenschaften des Deutschen enthaltend, zugleich von absolutem Selbstvertrauen erfüllt. Es ist tragisch:

Mit diesem wunderbaren Instrument wird die Zerstörung Europas à la perfection durchgeführt."²⁵ Diese Sicht hinterließ ihre Spuren in den politischen Planungen der Oppositionellen. So rückte z. B. 1941 – gewissermaßen im Gleichschritt mit den deutschen Truppen auf dem Balkan und in Nordafrika – das Mittelmeergebiet als wirtschaftlicher Ergänzungsraum eines von Deutschland „geführten und geordneten" Kontinents in den konzeptionellen Horizont Ulrich von Hassells.²⁶ Für den Diplomaten stand fest, daß auch dem „anderen Deutschland" die Rolle einer Ordnungsmacht auf dem Kontinent zufallen müsse. Dabei blieb der Nationalstaat Bismarckscher Prägung der eigentliche Bezugspunkt seines Denkens.

Hassell selbst hat nie einen Zweifel an der Bewunderung für die Leistung Bismarcks und an der Notwendigkeit der Fortsetzung seines Werkes gelassen. In diesem Sinne begrüßte er – ganz unbeschadet der von Hitler angewandten Methoden – den „Anschluß" Österreichs an das Deutsche Reich. Dieser sei erst nach der Zerstörung der Donaumonarchie durch die „gewaltigen Geschehnisse des Jahres 1938" möglich geworden, wie er 1939 in einer Arbeit über „Bismarck als Meister der Diplomatie" formulierte.²⁷

Damit nicht genug. Deutschland habe, so schrieb der Diplomat 1942, das Erbe „der Mission des alten Österreich" namentlich in Südosteuropa anzutreten und in Form eines „einheitlichen großdeutschen Wirtschaftsgebietes" fortzusetzen.²⁸ Hassell ging dabei von einer politischen und insbesondere wirtschaftlichen Reorganisation Europas aus, die unter deutscher Führung erfolgen sollte. Dabei kam dem Südosten des Kontinents, der ja 1942 von Deutschland kontrolliert wurde, eine besondere Bedeutung zu. In dieses als Alternative zu Hitlers „Lebensraum-Programm" entwickelte Konzept fanden jene praktischen Erfahrungen Eingang, die Hassell zunächst als Gesandter in Belgrad und dann als Mitarbeiter des Mitteleuropäischen Wirtschaftstages bzw. des Instituts für Wirtschaftsforschung gesammelt hatte. Vergleichbare Gedanken finden sich auch mit Blick auf den Ostseeraum. So schrieb er 1942, daß „die Organisation des Ostseeraums" – als Folge des Kriegsverlaufs – „zur deutschen Aufgabe geworden" sei. Allerdings wurde der Diplomat nicht müde zu betonen, daß es sich hier – ähnlich wie in Südosteuropa – nicht um eine deutsche „Vorherrschaft" handeln könne, daß vielmehr mit der „deutschen Aufgabe" die Verantwortung verbunden sei, die Interessen aller Völker „im Auge zu behalten".²⁹

Hassell hatte keine Zweifel: Deutschland mußte als Großmacht, ja als

Weltmacht erhalten bleiben, ganz gleich wie der Krieg ausgehen würde. Nur so hatte es in seinen Augen eine wirkliche Chance zu überleben. Als historisch denkender Mensch kannte er die Gefahren, die sich für das Deutsche Reich aus seiner geostrategischen Lage in der Mitte des europäischen Kontinents ergeben konnten, Gefahren, denen man seit den Tagen des Großen Kurfürsten nur durch entsprechende Stärke begegnen zu können glaubte. In der Tradition des Bismarck-Reiches stehend, galt es ihm als ausgemacht, daß eine Großmacht, die das Deutsche Reich seit 1871 und eben auch noch nach 1918/1919 nun einmal war, auch Großmacht-, ja Weltmachtpolitik betreiben müsse (vgl. Kapitel 3). Das erforderte schon sein Prestige als „ebenbürtiger" Partner im Kreise der europäischen Mächte. Dafür sprachen aber beispielsweise auch, wie seine Pläne für ein „einheitliches großdeutsches Wirtschaftsgebiet" zeigen, ökonomische Gründe. Deutschland mußte eine Großmacht bleiben, doch es sollte gewissermaßen eine „andere" Großmacht werden. Deren neue Qualität mußte sich in ihrem *inneren* Neuaufbau zeigen. Wie aber sollte dieser aussehen?

Auf diese Frage hat Hassell im Februar 1940 eine Antwort gegeben, die sehr deutlich das unterhalb aller „praktisch-politischen" Erwägungen angesiedelte Grundmotiv seines Handelns offenbar werden läßt: Der Wiederaufbau Europas sollte sich an „Grundsätzen" orientieren, die für alle Staaten, mithin auch für Deutschland, verbindlich sein mußten. Dazu zählten – neben dem „Prinzip der Nationalität", allgemeiner „Rüstungsverminderung" und dem „Wiederaufbau der internationalen Zusammenarbeit in wirtschaftlicher Hinsicht" – vor allem die folgenden Prinzipien: „a) Die Grundsätze der christlichen Sittlichkeit b) Gerechtigkeit und Gesetz als Grundlage des öffentlichen Lebens c) Soziale Wohlfahrt d) Effektive Kontrolle der Staatsgewalt durch das Volk in einer der betreffenden Nation angemessenen Weise e) Freiheit des Gewissens, der Gedanken und der Geistesarbeit."[30]

Diese Vorstellungen waren *cum grano salis* für die Vertreter des konservativen Widerstandes um Goerdeler, Beck und Hassell im ganzen bestimmend. Sie haben ihren Niederschlag auch in einigen Gesetzesentwürfen gefunden, so zum Beispiel im „Gesetz über die Wiederherstellung geordneter Verhältnisse im Staats- und Rechtsleben", das um die Jahreswende 1939/1940 vom preußischen Finanzminister Johannes Popitz verfaßt wurde und auf Beratungen unter anderem mit Beck und Hassell zurückgeht. Auch hier werden die „Regeln des Anstandes und der guten Sitten" zum „obersten Gesetz des Handelns" erhoben und

„Christentum und christliche Gesittung" als „unersetzbare Grundlagen deutschen Lebens" betrachtet.[31]

Die Frage, wie sich die Verschwörer den inneren Aufbau eines künftigen Staates im einzelnen vorstellten, ist deshalb nur sehr schwer zu beantworten, weil derartige Entwürfe vor allem auf die nach einer Beseitigung Hitlers zu treffenden Sofortmaßnahmen abzielten. Sie waren erste Notlösungen für den Übergang vom Sturz Hitlers bis zur Bändigung des politischen und organisatorischen Chaos. Mißt man diese Pläne und die Intentionen ihrer Verfasser daher an den demokratischen Errungenschaften der Nachkriegszeit, so wird man ihnen nicht gerecht. Der rückschauende Betrachter ist bekanntlich immer klüger als der unter Zugzwang stehende Zeitgenosse, und diejenigen, die in konspirativer und lebensgefährlicher Untergrundarbeit auf die Beseitigung einer Diktatur hingearbeitet haben, standen ja zudem unter einem enormen Zeitdruck. Daß den konservativen Oppositionellen kein demokratisch verfaßter Staat vor Augen schwebte, ist unübersehbar. Nicht nur in ihren Augen hatten das Versagen der ersten deutschen Demokratie und der rasche Auf- und Ausbau einer menschenverachtenden Diktatur gerade deren Unfähigkeit, ja Gefährlichkeit offenbart. Für Hassell, Goerdeler, Beck und andere schienen diese Entwicklungen die eingangs erwähnten Befürchtungen aus den Jahren 1918/19 zu bestätigen.

Bereits bei ihrer ersten Begegnung, die Mitte August 1939 in München stattgefunden hatte, waren Hassell und Goerdeler sich einig gewesen, „daß es hohe Zeit wird, den hinabrollenden Wagen zu bremsen".[32] Daß es noch fast fünf Jahre dauern sollte, bis der Versuch tatsächlich unternommen wurde, hat sich zu diesem Zeitpunkt wohl keiner der beiden Gesprächspartner vorstellen können. Aber wie die meisten Oppositionellen überschätzten auch Goerdeler und Hassell zunächst die Haltung der Militärs und unterschätzten die Wirkung der Erfolge Hitlers auf diese wie auf die Bevölkerung insgesamt. Die skizzierten, uns heute weitgespannt erscheinenden territorialen Vorschläge, welche die Konservativen an die Adresse der Alliierten richteten, erwuchsen ja nicht zuletzt aus der Erkenntnis, daß man der Bevölkerung wie den Militärs die Beseitigung eines erfolgreichen Hitler überhaupt nur dann verständlich machen könne, wenn nach einem Friedensschluß bestimmte territoriale Minimalforderungen, wie eben die Sicherung des bis 1938 Erreichten, garantiert wurden.

Der Verlauf und das Scheitern des Staatsstreiches, an dessen unmittelbarer Vorbereitung Hassell nicht beteiligt war, sind bekannt. In ihrem

Gefolge wurde der langjährige Botschafter am 28. Juli 1944 verhaftet, dann zunächst in das Konzentrationslager Ravensburg in Mecklenburg und am 18. August nach Berlin gebracht. Dort fand am 7./8. September vor dem „Volksgerichtshof" die Verhandlung gegen Hassell und andere Verschwörer statt. Das Todesurteil gegen Ulrich von Hassell wurde noch am 8. September in Berlin-Plötzensee vollstreckt.

III.

Die Frage nach den Motiven Ulrich von Hassells hat sicherlich weder von der Erfolglosigkeit seiner zahlreichen Versuche einer Friedensvermittlung noch von der Tatsache des letztendlichen Scheiterns des Staatsstreiches auszugehen. Denn Mißerfolg, so hat Hans Rothfels einmal mit Blick auf die deutsche Opposition gegen Hitler insgesamt formuliert, kann an und für sich niemals ein „endgültiger Maßstab der Beurteilung" sein.[33]

Auch wird man den Diplomaten nicht ausschließlich nach seinen Vorstellungen „vom anderen Deutschland" beurteilen können, jedenfalls dann nicht, wenn man den nach 1945 erreichten Stand der parlamentarischen Demokratie zugrunde legt. Ihm wie den meisten Mitgliedern der oppositionellen Gruppe, der er angehörte, schwebte sowohl innen- wie außenpolitisch ein in der Tradition des Bismarck-Reiches stehender starker, in mancher Hinsicht autoritärer Staat vor. Das wird verständlich, wenn man die Erfahrungen in Rechnung stellt, die in derartige Konzeptionen Eingang gefunden haben. Es waren dies innenpolitisch das Erlebnis der „Revolution" des Novembers 1918 und vor allem die Erfahrungen mit der Weimarer Republik, deren Zustand und schließliches Scheitern den Aufstieg Hitlers nicht unwesentlich gefördert hatten. Vergleichbares gilt für die außenpolitischen Vorstellungen von einem starken Nationalstaat. Der deutsche Widerstand insgesamt war keineswegs ein Widerstand gegen eine deutsche Politik, die seit 1918 nationale Ziele verfolgte und die Sicherung einer deutschen Großmachtposition in Mitteleuropa anstrebte. Vielmehr galt die kontinentale Hegemonie Deutschlands dieser Generation als das „historisch-politisch Normale".[34] So selbstverständlich eine solche Zielsetzung in den 20er und 30er Jahren für die wohl meisten Zeitgenossen auch gewesen sein mag, so fatal sollte sich auswirken, daß Hitler eben deshalb an dieselbe anknüpfen und sie für die folgende Verwirklichung seiner eigentlichen, rassenideologisch motivierten Ziele nutzen konnte.

Daß die Angehörigen der alten Führungsschichten Preußen-Deutschlands anfänglich die traditionell anmutende Außenpolitik Hitlers unter-
stützten, daß ein Ulrich von Hassell das „Dritte Reich" als Botschafter
nach außen vertrat und damit zu dessen Stabilisierung im internationalen
Bereich sowie zur wachsenden Reputation seines „Führers" mit beitrug,
hatte drei Gründe: Zum einen schien sich Hitler eben zunächst ganz in
den vertrauten Bahnen der Weimarer Revisionspolitik zu bewegen, die
Hassell 15 Jahre lang mit Überzeugung in Rom, Barcelona, Kopenhagen
und Belgrad vertreten hatte. Zwar waren ihm die Methoden der „neuen"
Außenpolitik zunehmend suspekt, doch schien der unbestreitbare, kurz-
fristige Erfolg die zunächst eingesetzten Mittel zu rechtfertigen. Entziehen
konnte sich dieser Wirkung jedenfalls kaum ein zeitgenössischer Beobachter. Zum zweiten, und damit aufs engste verknüpft, war Hassells
Einstellung auch Ausdruck jener allgemeinen Unterschätzung Hitlers im
In- und Ausland, ohne die dessen Aufstieg und anfänglicher Erfolg ganz
und gar unverständlich bleiben müssen.

Schließlich aber war Hassell, wie Margaret Boveri einmal festgestellt
hat, ein Karrierediplomat, mit dem „Ehrgeiz und dem Geltungsdrang
eines Mannes, der seine eigenen hohen Fähigkeiten genau kannte".[35]
Schon deshalb wäre für ihn ein früher Rückzug von seinem Posten kaum
denkbar gewesen, obgleich er sich beispielsweise sehr rasch von der
„Minderwertigkeit" der ihn in Rom umgebenden „Parteielemente" überzeugt hatte.[36]

Gleichwohl entschloß sich Hassell zu der gefährlichen und für einen
Konservativen seiner Herkunft und Überzeugung ganz ungewöhnlichen
Haltung konspirativer Opposition. Und es sind dieser Entschluß selbst
sowie die ihm zugrundeliegenden Motive, die zählen. Diese waren, geprägt von seiner zutiefst konservativen und christlichen Herkunft, nicht
zuletzt moralischer Natur. Eben deshalb mußte ihm die Hitler-Diktatur
in ihren Konsequenzen für Deutschland und für das „christliche Abend-
land" insgesamt nicht minder gefährlich erscheinen als die bolschewistische Bedrohung.

So wichtig nun dieses Motiv als Antriebskraft für die Opposition
insgesamt gewesen ist, so wenig vermag es alleine zu erklären, warum
ein Mann wie Hassell zum Widerstand gefunden hat. Anlaß und Auslöser für diese Entscheidung bildete die politische, die außenpolitische
Entwicklung Deutschlands: Seit 1935/36 begann sich bei Hassell die
Überzeugung zu festigen, daß die Methoden der Hitlerschen Politik
langfristig zum Verlust der Groß- bzw. Weltmachtstellung des Deut-

schen Reiches und damit zwangsläufig zu dessen Untergang führen
mußten. Für den Diplomaten stand fest, daß dies weder im deutschen
noch im gesamteuropäischen Interesse liegen könne.

Eben deshalb entwickelte er während des Krieges *sein* Konzept von
„Großeuropa",[37] das auf der Idee einer wirtschaftlichen und politischen
Neuordnung des Kontinents basierte. Es verstand sich für ihn von selbst,
daß diese nur unter deutscher Führung erfolgen könne. Alte und neue
Elemente gingen in seinem Plan eine Verbindung ein. Einerseits plädierte
Hassell mit Nachdruck für die Eigenständigkeit jener Staaten und Völker, die unter deutscher „Führung" wirtschaftlich und politisch „organisiert" werden sollten. Damit grenzte er sich sowohl von manchen aus-
greifenden deutschen Kriegszielplanungen der Jahre 1917/18 ab, wie sie
im Umkreis Ludendorffs und der Obersten Heeresleitung entwickelt
worden waren, als auch und vor allem von den am Vernichtungsprinzip
orientierten „Lebensraum"-Plänen Hitlers. Andererseits handelte es sich
natürlich um eine Neuauflage und Modifikation jenes alten Hegemo-
nialgedankens, der seit dem Aufstieg Brandenburg-Preußens zur europäischen Großmacht in der preußisch-deutschen Geschichte nachweisbar ist.

Daß die Nachbarn, daß insbesondere die Briten, an die sich Hassell
mit seinen Ideen wandte, nur diesen Aspekt sahen bzw. sehen wollten,
ist verständlich. Für sie war der Krieg, den Hitler am 1. September 1939
entfesselte, der vorläufig letzte in einer langen Tradition, die mit dem
Griff Friedrichs des Großen nach Schlesien begonnen hatte. Indem sich
Hassell in diese Tradition stellte, galt er als typischer Vertreter auch jenes
extremen Exponenten Hitler, der mit seinem rassenideologischen Ver-
nichtungsfeldzug die Tradition gerade verlassen, ja pervertiert hatte und
den der Konservative eben deshalb bekämpfte. Daß jenes Deutschland,
das Hassell und seinen Weggefährten vorschwebte, ein anderes, d. h. ein
moralisch geläutertes, an den Grundsätzen der „christlichen Sittlichkeit"
orientiertes und – verglichen mit demjenigen Hitlers – politisch gemä-
ßigtes Deutschland sein sollte, zählte nicht, galt allenfalls als Vorwand.
Der „Staat der Zukunft", die „andere" Großmacht, für die sich Hassell
mit höchstem Risiko einsetzte, war keine Alternative – weder für die
Nachbarn noch für die Mehrzahl der Deutschen. Beiden galt die
Besinnung auf die Grundlagen und Grundfragen preußisch-deutscher
Außenpolitik als Rückzug Deutschlands auf die Position und in die
Situation der Jahrzehnte vor Ausbruch des Ersten Weltkrieges und deshalb
– wenn auch aus sehr unterschiedlichen Gründen – als nicht akzeptabel:

Der Gedanke Ulrich von Hassells, daß eine Rückbesinnung auf die politische Tradition Preußen-Deutschlands *nach* Hitler als Alternative zu diesem gelten und daher den Weg aus der sich abzeichnenden deutschen Katastrophe weisen könne, beruhte auf einem fundamentalen Mißverständnis.

IV. Perspektiven

7. „Kontrollierte Abrüstung".

Konrad Adenauer, der Kalte Krieg und die Entspannungspolitik

Die Jahre nach der bedingungslosen deutschen Kapitulation und damit der Beendigung des Krieges in Europa waren eine Zeit wachsender Spannungen zwischen den vormals gegen Hitler alliierten Mächten. Ihnen konnte sich auch und gerade ein Land wie die im Mai 1949 gegründete Bundesrepublik nicht entziehen. Immerhin war sie selbst ein Produkt dieses „Kalten Krieges", dem sie gleichsam ihre Existenz verdankte. Der für die Erkaltung des Klimas Hauptverantwortliche war aus der westlichen, auch aus der Bonner Sicht dieser Jahre rasch ausgemacht und eindeutig identifizierbar. Es war die Sowjetunion bzw. „Sowjetrußland", wie der erste, stark durch das Erlebnis des Ersten Weltkrieges und der Zwischenkriegszeit geprägte Bundeskanzler, Konrad Adenauer, zumeist sagte. Für ihn und wohl auch für die Mehrzahl seiner westdeutschen Landsleute gab es angesichts dieser Lage keine Wahl: Man mußte sich als zuverlässiges Mitglied der westlichen Staatengemeinschaft profilieren. Die Alternativen waren entweder unrealistisch oder unannehmbar. Diese Erkenntnis wiederum schloß die Bereitschaft ein, sich an der Verteidigung des eigenen Landes und damit der westlichen Gemeinschaft zu beteiligen. Adenauer jedenfalls hatte da keinen Zweifel.

Vor diesem Hintergrund muß die Beobachtung, daß während eben jener 50er Jahre in seinen öffentlichen Äußerungen die Forderung „Entspannung durch kontrollierte Abrüstung" auftaucht, zunächst überraschen. Überraschend ist zum einen die geradezu monotone Penetranz, mit welcher der Kanzler seine Gesprächspartner wie die Öffentlichkeit auf die Notwendigkeit einer solchen allgemeinen „Rüstungsbegrenzung" hinwies, und zum anderen der politische Hintergrund, vor dem er diese Forderung erhob: Immerhin befand sich die Bundesrepublik nicht nur an der Schwelle zur Wiederaufrüstung; vielmehr wurde in diesem Zusammenhang auch von bundesdeutschen Politikern eine Ausrüstung der Bundeswehr mit taktischen Atomwaffen gefordert – wahrlich eine „groteske Situation", wie sich Adenauer rückblickend erinnerte.[1]

Dieser Befund wirft mehrere Fragen auf. Im Spiegel ihrer Beantwor-

tung gewinnen die Grundfragen deutscher Außenpolitik nach Beendigung des Zweiten Weltkrieges Konturen. Zu fragen ist, (I) wann und
durch welche Umstände veranlaßt der Kanzler in diese „Situation" geraten ist, (II) wie sein Konzept „kontrollierter Abrüstung", wenn es denn
eines war, aussah und (III) ob es als seriöser und ernstgemeinter Beitrag
zur Entspannungsdiskussion der 50er Jahre oder aber als taktisches Manöver zur Durchsetzung zentraler Anliegen seiner Politik zu interpretie-
ren ist. Zur Debatte steht damit der Stellenwert dieser Forderung im
Rahmen der außenpolitischen Konzeption Adenauers. Daß die damit
einhergehende „programmatische Kundgabe des Friedenswillens" überdies „auch innenpolitisch nützlich zu verwenden" war, wie Eugen Ger-
stenmaier 1978 festgestellt hat, liegt auf der Hand.

I.

Erstmals hat der Kanzler im Bundestagswahlkampf 1953 öffentlich eine
kontrollierte Abrüstung gefordert. Im Mai 1955 bezeichnete er dann vor
dem Bundestag die Frage der kontrollierten Abrüstung als „die Schick-
salsfrage der Menschheit" und forderte von den „mächtigsten Ländern
der Welt" die kontrollierte Abrüstung in einem solchen Maße, „daß bei
der heutigen territorialen Größe der einander entgegenstehenden Staaten keine Angriffe mehr Aussicht auf Erfolg bieten".[2] Schließlich nannte
er bei seiner ersten Begegnung mit dem französischen Ministerpräsiden-
ten Charles de Gaulle im September 1958 die kontrollierte Abrüstung
sein „großes politisches Ziel".[3] Damit war dann auch schon fast der
Scheitelpunkt der Adenauerschen Abrüstungskampagne erreicht, obgleich der Kanzler bis zuletzt an diesem Ziel festgehalten hat.

Insgesamt haben ihn wohl drei Ereignisse bzw. Entwicklungen zu
seiner Kampagne bewogen, und zwar die Neuorientierung der westlichen Außenpolitik seit 1954/55, sein Moskaubesuch im September 1955
und die politischen Initiativen der Sowjetunion in den Jahren 1955/56.
Daß die Forderung nach „Entspannung durch kontrollierte Abrüstung"
erstmals im Jahre 1953 auftauchte, war kein Zufall. Der Tod Stalins
und die Beendigung des Korea-Krieges schienen auf einen Klimawechsel
im Bereich der internationalen Beziehungen hinzudeuten. Dem entsprach eine wachsende Bereitschaft insbesondere der Amerikaner und
der Briten, ihrerseits im Sinne einer möglichen Entspannung initiativ zu
werden. Das lag nicht zuletzt an der vermuteten Zündung der ersten

sowjetischen Wasserstoffbombe, durch die der westliche Vorsprung im Bereich der nuklearen Rüstung verkürzt, wenn nicht gar aufgehoben wurde.

Die neuen Tendenzen wurden zunächst in zwei großen Reden erkennbar. Nur wenige Wochen nach dem Tode Stalins, am 16. April 1953, präsentierte der amerikanische Präsident Eisenhower auf einem Bankett des amerikanischen Zeitungsverlegerverbandes in Washington die Idee einer umfassenden Abrüstung einschließlich eines „funktionsfähigen Überwachungssystems durch die Vereinten Nationen".[4] Allerdings handelte es sich dabei noch nicht um einen konkretisierten Vorschlag. Am 19. März 1955 ernannte der Präsident dann Harold E. Stassen zum „Special Assistant on Disarmament". Stassen hatte Eisenhower, jedenfalls bis zum März 1957, direkt Bericht zu erstatten, sollte aber zugleich eng mit dem State Department unter Außenminister John Foster Dulles zusammenarbeiten. Stassen und eine wechselnde Gruppe von Fachleuten erarbeiteten die konkreten Vorschläge, wie z. B. „open skies", die dann auf den diversen Abrüstungskonferenzen oder gelegentlich auch direkt durch den Präsidenten öffentlich vorgestellt wurden.

In eine ganz andere Richtung schienen die Vorschläge jener berühmten Rede zu deuten, die der britische Premierminister noch vor der Unterzeichnung des Waffenstillstandes in Korea am 11. Mai 1953 vor dem Unterhaus hielt. Darin erkannte Churchill erstmals ausdrücklich die sowjetischen Sicherheitsinteressen an und verwies in diesem Zusammenhang auf die Locarno-Verträge des Jahres 1925 als Beispiel für ein Sicherheitssystem, das sich bewährt habe. Daß in Locarno die damalige Westgrenze des Deutschen Reiches bestätigt worden war, hatte der britische Premierminister gewiß in angenehmer Erinnerung. Bundesdeutsche Politiker fanden hingegen jeden Hinweis auf den Status quo höchst unerquicklich, assoziierten sie doch damit in jenen Jahren vor allem die Ostgrenzen der Bundesrepublik und der DDR – mit Recht, denn eben die hatte Churchill gemeint. Überdies plädierte er in seiner Rede für eine „Konferenz auf höchster Ebene"[5] im Stile von Jalta und Potsdam, also in jedem Falle ohne deutsche, aber im übrigen auch ohne französische Beteiligung. Schließlich schien die Rede in der Tradition jener Vorschläge und Pläne von James F. Byrnes (1945/46), George F. Kennan (1948) oder auch von Stalin (1952) zu stehen, die direkt oder indirekt auf die Neutralisierung eines bis zur Oder-Neiße-Linie verkleinerten Deutschlands hinausliefen.

Diese Entwicklungen des Jahres 1953 mußten Adenauer beunruhigen, ja alarmieren. Daß er von Churchill als der wohl „klügste deutsche Staatsmann seit den Tagen Bismarcks"[6] bezeichnet wurde, half da wenig. Der Kanzler, so hat Rudolf Morsey bilanziert, hielt die sich alsbald „ausbreitende Entspannungseuphorie für gefährlich, da sie das Ziel des sowjetischen Machtstrebens nur förderte: die westliche Allianz aufzuweichen und damit das Interesse ihrer wichtigsten Träger an einer Wiedervereinigung Deutschlands zu schwächen".[7] Und so paradox es klingen mag, seine seit 1953 erhobene Forderung nach kontrollierter Abrüstung war vor allem ein Ausdruck dieser Befürchtungen.

Einmal beugte Adenauer damit einer Isolierung der Bundesrepublik von ihren westlichen Verbündeten vor, die offenkundig dabei waren, sich auf eine mögliche Entspannung der politischen Großwetterlage einzurichten. Dies suchte er zu erreichen, indem er die nun einmal zur Debatte stehenden Vorschläge in seinem Sinne interpretierte und in sein eigenes politisches Konzept einbaute. So reagierte Adenauer beispielsweise auf Eisenhowers zitierte Rede, indem er Dulles am 8. Juli 1953 vorschlug, ausgerechnet die „Europäische Verteidigungsgemeinschaft" (EVG) als „Ausgangspunkt" für das vom Präsidenten vorgeschlagene „System allgemeiner Abrüstung und Sicherheit" zu nehmen, da diese ja bereits eine Beschränkung der deutschen Aufrüstung vorsehe.[8] Die EVG, deren Gründung auf eine französische Initiative vom Oktober 1950 zurückging und die aus sechs Staaten bestand, befand sich zu dieser Zeit in der Phase der Ratifizierung. Sie sollte im August 1954 in der französischen Nationalversammlung scheitern, so daß die Bundesrepublik über die NATO in die westliche Verteidigung einbezogen wurde bzw. werden mußte.

Zum anderen aber handelte es sich natürlich auch um eine Flucht nach vorn. Indem der Kanzler seinerseits die Forderung nach allgemeiner kontrollierter Abrüstung erhob, suchte er von der als erheblich gefährlicher betrachteten Alternative einer Neutralisierung Deutschlands abzulenken: „Die wirksamste Art, den westlichen Neutralisierungsideen entgegenzuwirken", so hat Adenauer in seinen „Erinnerungen" einmal mit Blick auf eine spätere Entscheidung festgestellt, „sah ich darin, selbst einen Plan ausarbeiten zu lassen."[9]

Beide Motive spielten auch auf dem Höhepunkt seiner Kampagne in den Jahren 1956–1958 eine zentrale Rolle, der nicht zufällig mit dem Höhepunkt der Debatte um ein Auseinanderrücken der Blöcke in Mitteleuropa zusammenfiel. „Disengagement" nannte man das damals. Darin offenbarte sich nicht zuletzt ein erhebliches Mißtrauen gegenüber den Verbündeten, das auch für eine zweite wichtige Forderung Adenauers in den 50er Jahren verantwortlich war, nämlich diejenige nach Gleichberechtigung der Bundesrepublik, namentlich mit Großbritannien und Frankreich. Gleichberechtigung und „kontrollierte Abrüstung" wiederum standen insofern in einem engen Zusammenhang, als im Verständnis des Kanzlers eine wirkungsvolle Verteidigung des Westens – und das war, wie zu zeigen sein wird, ein wichtiges Ziel seiner Abrüstungskampagne – nur mit einer in jeder Hinsicht gleichberechtigten Bundesrepublik möglich war. Das galt nicht nur für den politischen Bereich, in dem am 5. Mai 1955 mit dem Inkrafttreten der Pariser Verträge und der fast vollständigen Wiederherstellung außenpolitischer Souveränität inzwischen die entscheidende Hürde genommen worden war. Vielmehr bezog sich der Anspruch auf Gleichberechtigung der Bundesrepublik mit ihren westlichen Nachbarn auf alle Bereiche, vor allem eben auch auf den militärischen, und hier wiederum auf die Ausrüstung mit konventionellen wie auf diejenige mit atomaren Waffen.

Schließlich aber reagierte Adenauer mit seiner Forderung nach „kontrollierter Abrüstung" auch unmittelbar auf die sich wandelnde Haltung der Westmächte in der deutschen Frage, die nach Ansicht des Kanzlers von den entsprechenden Initiativen der Sowjetunion nicht unbeeinflußt geblieben war. Eine wichtige Etappe auf diesem Weg markierte die seit dem Pariser Treffen des Jahres 1949 erste Konferenz der vier Außenminister, die vom 25. Januar bis zum 18. Februar 1954 in Berlin tagte. Dort schlug Molotow zum einen überraschend die Einberufung einer „Weltkonferenz für die allgemeine Abrüstung"[10] vor. Andererseits unterbreitete der sowjetische Außenminister erstmals jenen Vorschlag eines „Gesamteuropäischen Vertrages über die kollektive Sicherheit in Europa", der fortan zum Repertoire der außen- und sicherheitspolitischen Vorstöße der Sowjetunion gehörte, allein im Jahre 1954 dreimal wiederholt wurde und in der KSZE seine Umsetzung fand (vgl. Kapitel 8). Bereits dieser erste Entwurf enthielt im übrigen den Vorschlag für eine Vereinbarung über den Verzicht auf Gewaltanwendung und Gewaltandrohung, der ja von da an gleichfalls, zum Teil in der Form des Nichtangriffsvertrages, zum festen Kanon sowjetischer Initiativen zählte.[11] Zwar wiesen die Westmächte die Vorschläge in dieser Form zurück, weil sie die Teilung Deutschlands zementiert hätten und überdies die USA nicht als Vertragspartner vorgesehen waren. Auch, und das war aus deutscher Sicht besonders wichtig, machten sie die Installierung eines europäischen Sicherheitssystems von der vorherigen Wiedervereinigung abhän-

gig und verbanden damit die beiden Fragen in einem Junktim. Aber die
Pläne lagen auf dem Tisch, und es war die östliche Vormacht, welche die
Initiative ergriffen hatte.

Was blieb der Bundesregierung in dieser Situation anderes übrig, als
sich auf diesen Geist der neuen Zeit einzustellen? Denn eine „erfolgreiche Politik zur Wiedervereinigung Deutschlands", so erinnerte sich Adenauer später, „beruhte nicht zuletzt auf der Einsicht in die Unvermeidlichkeit der Umwege, der mittelbaren Methoden". Und dazu gehörte
auch das Sicheinlassen auf die Ideen der „Entspannung", der „Weltabrü-
stung" etc., obgleich oder eben weil sie vorderhand kaum realisierbar
schienen.[12] Voraussetzung für die Benutzung dieses „Umweges" war
freilich, daß der Westen in den politischen Grundüberzeugungen einig
und hart blieb und nicht zum Opfer der sowjetischen Entspannungs-
kampagne wurde, über deren taktische Motivierung Adenauer keinen
Zweifel hatte.

Für eben diese nachgiebige Haltung der Westmächte schien es indessen schon bald die ersten Anzeichen zu geben. In höchstem Maße beunruhigt war der Kanzler nämlich über die Begegnung der vier Regierungschefs Eisenhower, Eden, Faure und Bulganin vom 18. bis zum 23. Juli
1955 in Genf, und das aus zwei Gründen: Einmal handelte es sich um
eine von ihm ohnehin mit Argwohn betrachtete Gipfelkonferenz ohne
aktive deutsche Beteiligung, zudem um die erste seit Potsdam. Sodann
aber wurden von östlicher wie westlicher Seite Vorschläge für eine europäische Sicherheitsordnung auf den Verhandlungstisch gelegt, die im
Falle ihrer Realisierung und jedenfalls in der Konsequenz auch zur Aufgabe einiger deutschlandpolitischer Grundpositionen hätten führen
müssen.

Im Falle der sowjetischen Vorlage eines „gesamteuropäischen Vertrages über kollektive Sicherheit in Europa" war das nicht weiter überraschend. Sie sah eine Auflösung der Militärblöcke sowie bis zur Schaffung
eines Systems kollektiver Sicherheit den Abschluß von Nichtangriffs-
bzw. Gewaltverzichtsabkommen vor[13] und ging dabei ganz selbstverständlich von der Existenz zweier deutscher Staaten aus. Damit stand
dieser Plan in der Tradition der deutschlandpolitischen Vorstöße seit
der Berliner Außenministerkonferenz. Anders verhielt es sich mit den
Vorschlägen der eigenen Verbündeten, namentlich dem sog. zweiten
Eden-Plan. Dieser enthielt u. a. die Idee einer Rüstungskontrolle „auf
beiden Seiten in Deutschland und in den Deutschland benachbarten
Ländern" sowie einer Prüfung der „Möglichkeit eines entmilitarisierten

Gebietes zwischen Ost und West".[14] Aber damit nicht genug. In einem nachgeschobenen „Memorandum der britischen Delegation zur Abrüstungsfrage" vom 21. Juli schlug diese vor, „als Mittel zur Stärkung des gegenseitigen Vertrauens in Europa die Errichtung eines Systems der gemeinsamen Inspektion der Streitkräfte in Erwägung zu ziehen, die sich jetzt in Europa gegenüberstehen".[15]

Daß diese Pläne den entschiedenen Widerstand der zuvor weder konsultierten noch auch nur informierten Bundesregierung hervorriefen, liegt auf der Hand: Immerhin liefen die Vorschläge Edens implizit auf die Lösung des Junktims von Wiedervereinigung und Sicherheitssystem hinaus, das noch auf der Berliner Außenministerkonferenz des Vorjahres verbindlich gewesen war. Da das Sicherheitssystem entsprechend dem neuen Genfer Plan auf der Basis des Status quo verhandelt werden konnte, ja sollte, wäre dieser natürlich zugleich gefestigt worden. Überdies konnte der Inspektionsplan, da er „ausschließlich oder überwiegend deutsche Gebiete" betraf, nach Einschätzung Adenauers „praktisch zu einer Diskriminierung Deutschlands" führen.[16] Er drohte also, anders gewendet, auf militärischem Gebiet eben jene Gleichberechtigung in Frage zu stellen, welche die Bundesrepublik auf dem politischen soeben errungen hatte. Zusätzliche Nahrung erhielt Adenauers Mißtrauen durch die „Direktive der Regierungschefs an die Außenminister" vom 23. Juli 1955. Zwar übernahm in diesem Schlußkommuniqué zum letzten Mal ein sowjetischer Regierungschef bis zum Treffen Gorbatschows mit Bundeskanzler Kohl und Bundesaußenminister Genscher am 10. Februar bzw. seinem „Prawda"-Interview vom 21. Februar 1990 verbal die Formel der deutschen „Wiedervereinigung", obgleich sich die Moskauer Führung de facto bereits an der Zwei-Staaten-Theorie orientierte. Andererseits rangierten jedoch in diesem Formelkompromiß die „Interessen des deutschen Volkes" und die Forderung nach „europäischer Sicherheit" gleichrangig.[17] Damit schien sich auch eine Preisgabe des gleichfalls in Berlin noch gültigen Prioritätenkatalogs anzudeuten.

Adenauers umgehende und entschiedene Intervention in London, die in diesem Falle mit erheblichen amerikanischen Vorbehalten korrespondierte, hatte immerhin begrenzten Erfolg: Auf der Folgekonferenz der Außenminister vom 27. Oktober bis zum 15. November 1955 in Genf modifizierten die Westmächte ihren Vorschlag in einigen Punkten. Insbesondere wurde – mit einigen Änderungen – der erste Eden-, also Stufenplan zur Wiedervereinigung wieder aufgenommen und mit dem ebenfalls modifizierten Vorschlag des Sicherheitspaktes gekoppelt. Danach galt jetzt als Demarkationslinie zwischen den Zonen, in denen Rüstungskontrollen und -begrenzungen durchzuführen waren, die „Demarkationslinie zwischen einem wiedervereinigten Deutschland und den osteuropäischen Ländern",[18] also nicht mehr zwischen den „beiden Seiten in Deutschland". Allerdings machte sich Molotow – propagandistisch geschickt – Elemente des zweiten Eden-Planes zu eigen, indem nunmehr er ein Inspektionssystem beiderseits der Demarkationslinie in Deutschland forderte.

Aber wie immer die Westmächte in den kommenden Wochen und Monaten in diesen Fragen zu taktieren suchten, mit ihren Konferenzvorschlägen des Jahres 1955 war eine neue Entwicklung eingeleitet worden: Rüstungsbegrenzung und Rüstungskontrolle waren nunmehr fester Bestandteil ihrer Planungen auf strategischem und politischem Gebiet. Mehr noch, Briten und Franzosen stellten klar, daß man in der bevorstehenden Runde des Unterausschusses der UN-Abrüstungskommission einen die russischen Vorstellungen berücksichtigenden Kompromißvorschlag einbringen wolle und das deutsche Problem einen Fortschritt in der Abrüstungsfrage „nicht blockieren" dürfe.[19] Noch konzilianter zeigte sich dann in London, dem Tagungsort der Konferenz, zunächst die amerikanische Delegation unter Stassen, der ganz offenkundig um rasche Erfolge bemüht war. Damit war die eingangs zitierte „groteske Situation" eingetreten. Während die Westmächte auf eine Abrüstung drängten, versuchte die Bundesregierung die Pariser Verträge zu erfüllen und die Wehrgesetzgebung durch den Bundestag zu bringen.

Was konnte Adenauer in dieser Lage tun? Die Antwort war eindeutig: Man mußte „die auf eine allgemeine Rüstungsbegrenzung gerichtete Politik voll unterstützen".[20] Dafür gab es vor allem zwei gute Gründe. Einmal wurden die Abrüstungsverhandlungen der 50er Jahre im Rahmen der UNO geführt, der die Bundesrepublik nicht angehörte. Sie besaß also im Grunde keine Alternative, als die westliche Position nach außen vorbehaltlos zu unterstützen und hinter den Kulissen zu versuchen, auf diese Einfluß zu nehmen. Zum anderen aber und vor allem konnte und mußte man, wenn schon die Westmächte zugunsten von Entspannung und Abrüstung zunehmend das Interesse an der deutschen Frage verloren, selbst durch Unterstützung der Abrüstungspolitik die Frage der Wiedervereinigung auf der Tagesordnung halten, ja die Westmächte durch das öffentliche Einklagen des Junktims unter Zugzwang setzen. Tatsächlich konnte Außenminister von Brentano am 28. Juni 1956 dem Bundestag berichten, daß bei den Londoner Abrüstungsverhandlungen das Junktim „formell" (wieder-)hergestellt worden sei,[21] auch wenn es sich dabei wohl um ein Lippenbekenntnis der Westmächte gehandelt haben dürfte.

Kontrollierte Abrüstung, so wurde der Kanzler nicht müde zu betonen, sei überhaupt nur dann sinnvoll, wenn gleichzeitig auch die „Ursachen der Spannungen", also in erster Linie die „Teilung Deutschlands", beseitigt würden.[22] Keine Frage: Die Ereignisse des Jahres 1990 wären für Adenauer, hätte er sie erlebt, eine triumphale Bestätigung gewesen (vgl. Kapitel 8). Er war überzeugt, daß auch die Frage der deutschen Wiedervereinigung „im Zuge einer Entspannung durch eine kontrollierte Abrüstung geregelt" werden müsse.[23] Das sagte er jedenfalls de Gaulle 1958 in Colombey-les-deux-Églises. Mit sich reden lassen wollte der Kanzler allerdings über die Reihenfolge der beiden Schritte. Er konnte sich durchaus vorstellen, daß eine Rüstungsbegrenzung den ersten Schritt auf dem Wege zur Entspannung und damit auch zur Wiedervereinigung bildete, die damit auf der Tagesordnung blieb. Das äußerte er zunächst noch hinter den verschlossenen Türen des Bundesvorstandes der CDU: Eine „allgemeine Abrüstung", so führte er am 3. Juni 1955 aus, sei „sowohl für die Leute in der Sowjetunion wie für uns überhaupt erst die Voraussetzung, daß wir jemals zu einer Wiedervereinigung kommen... Sehen Sie also bitte die Dinge real. Natürlich werde ich nicht etwa in Besprechungen mit Dulles und Eisenhower sagen, so ist unsere Reihenfolge, erst das und dann die Wiedervereinigung".[24]

Alsbald ließ der Kanzler aber auch in der Öffentlichkeit erkennen, daß die Wiedervereinigung nicht unbedingt Priorität besaß. So stellte er in einem Interview des Westdeutschen Rundfunks am 17. März 1956 fest: „Eine solche allgemeine Rüstungsbegrenzung würde eine gute Atmosphäre schaffen, um die ersten Ursachen der Spannungen auf der Welt zu beseitigen, dazu gehört vor allem auch die Spaltung Deutschlands. Es besteht zwischen der Spaltung Deutschlands und der allgemeinen Entspannung, die zweckmäßig durch eine Rüstungsbegrenzung einzuleiten wäre, ein innerer Zusammenhang."[25] Es handelte sich also bei dem Junktim, wie auch der Außenminister am 28. Juni vor dem Bundestag betonte, nicht darum, daß „keinerlei Abrüstungsvereinbarung getroffen werden dürfte, bevor nicht die Wiedervereinigung herbeigeführt ist".[26]

Überdies war sich Adenauer auch der Gefahren bewußt, die in der permanenten öffentlichen Betonung der Wiedervereinigungsforderung und insbesondere des Junktims angelegt waren. Wenn man, so notierte er im Januar 1959, „ständig" die „Teilung Deutschlands als die größte Gefahr unserer Zeit" bezeichne, lenke man die öffentliche Aufmerksamkeit von der „wirklichen Gefahr, dem Ausdehnungsdrang" der Sowjetunion, ab. Gelinge es dagegen, den Sowjets durch eine kontrollierte Abrüstung die „Furcht vor einem Angriff" zu nehmen, so könne ein Klima der Entspannung entstehen, in welchem dann auch andere Fragen, wie die Wiedervereinigung, mit Aussicht auf Erfolg verhandelt werden könnten.[27] Diese 1958/59 erkennbare zunehmende Bereitschaft Adenauers, die Wiedervereinigungsfrage der Abrüstungsfrage nachzuordnen, ohne sie freilich von dieser abzukoppeln, gründete nicht zuletzt in der Furcht, die Westmächte könnten ihrerseits daran interessiert sein, Fortschritte in der letzteren durch Konzessionen in der ersteren zu erkaufen.

Schließlich aber fielen in diese Zeit auch die Anfänge von Adenauers geheimer Rußlanddiplomatie. Deren wichtigster Bestandteil, der Vorschlag einer „Österreich-Lösung" für die DDR, implizierte ja zumindest ein versuchsweises, befristetes Sicheinlassen auf die Zwei-Staaten-Theorie. Allerdings bedeutete diese Initiative, deren eigentliches Anliegen bekanntlich menschliche Erleichterungen für die DDR-Bewohner waren, keine grundsätzliche Aufgabe der Wiedervereinigungsmaxime. Am Ziel der Wiedervereinigung, die er seit 1958 vor allem unter dem Titel „Selbstbestimmungsrecht" im öffentlichen Bewußtsein zu verankern suchte, hat Adenauer wohl auch dann noch festgehalten, als es vorläufig kaum mehr realisierbar schien. Hingegen war es nun nicht mehr sinnvoll, auf dem ursprünglichen Junktim von Wiedervereinigung und Abrüstung zu bestehen. Es ist kein Zufall, daß die Forderung nach kontrollierter Abrüstung seit dem Herbst 1959 von Adenauer erkennbar verhaltener vorgetragen wurde: Mit der Genfer Mammutkonferenz der Außenminister im Sommer 1959 hatten auch die Westmächte de facto die schon seit 1954/55 eher reserviert behandelte gesamtdeutsche Zielsetzung aufgegeben; der Mauerbau schien die Wiedervereinigung dann in unerreichbar weite Ferne zu rücken.

Fortan standen auch in Adenauers Äußerungen die Forderungen nach Wiedervereinigung und kontrollierter Abrüstung nicht mehr in einem sachlichen Zusammenhang, schon gar nicht in einem Bedingungsverhältnis. Das zeigen beispielsweise die letzten Regierungserklärungen vom 21. April und vom 29. November 1961, vom 9. Oktober sowie vom 6. Februar 1963. Sie lassen auch erkennen, daß die Aufforderung zu „kontrollierter Abrüstung" mehr und mehr zu einem vor allem an die

Adresse der Bündnispartner gerichteten Lippenbekenntnis geriet. In den
außenpolitischen Passagen der Erklärung vom Februar 1963 tauchte sie
dann gar nicht mehr auf. Statt dessen sollte jetzt – auch unter dem
Eindruck der Kuba-Krise – vor allem die „Abschreckung jede Art von
Krieg unmöglich machen".[28]

Daß Adenauer keineswegs nur taktierte, sondern seine persönliche
Überzeugung zum Ausdruck brachte, wenn er den engen Zusammenhang von Entspannung und Wiedervereinigung betonte, dürfte außer
Frage stehen. Auch die immer wieder geforderte „Politik der Stärke"
widersprach dem nicht, im Gegenteil: Für Adenauer bildete sie die Voraussetzung dafür, daß sich die Sowjets überhaupt auf Entspannung und
Wiedervereinigung einließen. Auf diesen Aspekt wird zurückzukommen
sein.

Es ist mithin offenkundig, daß die sich 1955 mit dem Genfer Gipfel
abzeichnende Neuorientierung der westlichen Deutschlandpolitik einen
wichtigen Anstoß für Adenauers eigene Abrüstungskampagne bildete.
Aber sie war keineswegs der einzige. Zentrale Bedeutung kommt auch in
diesem Zusammenhang seiner Moskaureise vom September des gleichen
Jahres zu: Zum einen hat sie, ähnlich wie seine erste USA-Reise im April
1953, sein stark durch Mitteleuropa geprägtes Verständnis internationaler Politik modifiziert. Zum zweiten hat die Reise offenbar auch zu einer
Korrektur seines Rußlandbildes beigetragen, die ihrerseits wiederum,
drittens, ihren Niederschlag in einer aktiven Ostpolitik gefunden hat.
Schließlich aber, viertens und mit diesen Punkten aufs engste verknüpft,
haben Adenauers Moskauer Impressionen sich eben auch unmittelbar
auf sein Konzept von Rüstungskontrolle und Rüstungsbegrenzung aus-
gewirkt.

Seine Gespräche in der sowjetischen Hauptstadt bestärkten ihn jedenfalls in der Erkenntnis, daß die Sowjetunion ein stark ausgeprägtes und
durchaus berechtigtes Sicherheitsbedürfnis habe. In diesem Sinne stellte
er unmittelbar nach seiner Rückkehr fest: „Ich halte es... für eine absolute Notwendigkeit, daß man den Russen, da sie sich irgendwie bedroht
fühlen durch die freien Völker..., etwas bieten muß." Was aber konnte
man den Sowjets bieten? Ein Sicherheitssystem, das auch mit Blick auf
die Westmächte den erheblichen Vorteil bot, die Frage der Wiedervereinigung im Gespräch zu halten: Er halte, so führte der Kanzler weiter
aus, „die Verbindung zwischen einem europäischen Sicherheitssystem
und der Wiederherstellung der Einheit Deutschlands nicht nur für gut
und nützlich, sondern für eine absolute Notwendigkeit".[29] Und natür-

lich wußte Adenauer, daß der Schlüssel zur Wiedervereinigung in Moskau lag. Mit eben diesem Argument hatte er ja die delikate Frage der Aufnahme diplomatischer Beziehungen zur Sowjetunion zu begründen versucht. Die Lösung der spezifisch deutsch-russischen Probleme aber, so ließ er im Mai 1958 einen Journalisten wissen, und hier schließt sich der Kreis, hänge mit der „allgemeinen Entspannung" zusammen, die wiederum mit der „kontrollierten Abrüstung" einhergehe.[30]

Aber noch ein dritter Umstand hat Adenauer zur Entwicklung seines Abrüstungskonzepts veranlaßt, und zwar die politischen Initiativen der Sowjetunion in den Jahren 1955/56, die ihn wegen ihrer aufweichenden Wirkung auf das westliche Bündnis erheblich beunruhigten. Denn auch die erwähnte vorsichtige Korrektur seines Rußlandbildes hatte nichts oder doch nur wenig an seinem tiefsitzenden Mißtrauen in die eigentlichen Absichten „Sowjetrußlands" ändern können, die er beispielsweise im August 1950 gegenüber den Hohen Kommissaren so charakterisiert hatte: „Er sei der Auffassung, daß Stalin sich mit der Absicht trage, Westdeutschland möglichst unzerstört in seine Hände zu bekommen. Denn gelinge es, Westdeutschland in das sowjetrussische System zu inkorporieren, so erfahre dies einen Zuwachs an Kriegspotential, der ein Übergewicht über die Vereinigten Staaten darstelle."[31] Was sich in den folgenden Jahren änderte, war Adenauers Einschätzung der Methoden, mit denen die Sowjets ihr Ziel zu erreichen suchten, und der Grenze, die ihnen dabei z. B. durch die wachsende Rivalität zu China oder durch die wirtschaftlichen Schwierigkeiten im Innern gesetzt waren. Keinen Zweifel hatte der Kanzler indessen daran, daß sie dieses Ziel, wenn auch mit anderen Methoden, weiter verfolgen würden.

Im Gefolge der beiden Vierer-Konferenzen glaubte er schon während des Jahres 1956, diesbezüglich eine ganze Reihe alarmierender Hinweise entdecken zu können. Sie alle hatten nach Adenauers Eindruck gemeinsam, daß sie auf seiten der Westmächte der gefährlichen Tendenz Vorschub leisteten, sich Täuschungen bzw. Illusionen über die wahren Absichten „Sowjetrußlands" hinzugeben und in ihrer Verteidigungsbereitschaft nachzulassen. Das gilt insbesondere für die partielle Entstalinisierung, die auf dem 20. Parteikongreß der KPdSU im Februar 1956 durch Chruschtschow eingeleitet wurde und sich z. B. in der Auflösung der Kominform am 17. April oder in der Entlassung Molotows am 1. Juni dokumentierte. Es gilt aber auch für den sowjetischen Vorschlag zur Schaffung einer Zone „begrenzter Rüstungen und der Rüstungsinspektion" vom 27. März 1956, den sog. Gromyko-Plan, der bewußt Elemente der zitierten Genfer Vorschläge Edens aufgriff und den Westen in eine „bis dahin beispiellose Verwirrung" stürzte, wie mit Wilhelm Cornides einer der besten Kenner jener Jahre festgestellt hat.[32] Adenauer glaubte alsbald „gefährliche Anzeichen" einer westlichen Überschätzung dieser Vorgänge und vor allem eine „westliche Uneinigkeit" namentlich „in der Frage der Abrüstungsverhandlungen" erkennen zu können.[33] In dieser Auffassung wurde er durch die am 19. März 1956 wieder aufgenommenen Verhandlungen des Unterausschusses der UN-Abrüstungskommission, insbesondere durch die westlichen Reaktionen auf den Gromyko-Plan, nur bestärkt. Mit Nachdruck wurde der Kanzler im übrigen in seiner Lageanalyse durch Außenminister Brentano unterstützt, der ihm in einem Schreiben vom 28. März eindringlich die „Gefahren" vor Augen führte, die sowohl ein „erfolgloses" wie aber eben auch ein „erfolgreiches" Abrüstungsgespräch „gerade für Deutschland mit sich bringen" werde.[34]

Tatsächlich setzten die Sowjets ihre Taktik konsequent fort. Am 14. Mai kündigten sie einseitig Abrüstungsmaßnahmen in erheblichem Umfang an, und am gleichen Tage stellte Bulganin in einem Interview mit „Le Monde" fest, daß das deutsche und das Abrüstungsproblem verschiedene Fragen seien und der letzteren die weitaus größere Bedeutung zukomme. Adenauer zog aus dieser Entwicklung eine doppelte Konsequenz: Zum einen mußte davor „gewarnt werden, der sowjetischen ‚Friedenskampagne' zum Opfer zu fallen. Sie barg eine tödliche Gefahr in sich."[35] Zum anderen mußte man selbst immer wieder auf die Spaltung Deutschlands als der eigentlichen Ursache der Spannungen verweisen und ihre Überwindung als Möglichkeit einer wirksamen Entspannung präsentieren. Dieses Vorgehen hatte den weiteren Vorteil, daß man zumindest in der Öffentlichkeit nicht mit dem auch bei den Westmächten populären Zeitgeist kollidierte. Was aber verstand der Kanzler unter „kontrollierter Abrüstung"?

II.

Adenauer war sich zwar, wie er im Juni 1955 vor dem Bundesvorstand der CDU sagte, bewußt, daß bei diesen Fragen „alles irgendwie" zusammenhänge,[36] aber er besaß kein stringentes Konzept dessen, was er als kontrollierte Abrüstung propagierte. Immerhin stellte mit Wilhelm Grewe rückblickend auch der für diese Fragen zuständige Ministerialdirek-

tor des Auswärtigen Amts fest, daß er in bezug auf die Abrüstung Adenauers „Kalkulation nie verstanden" habe.[37]
   Dieses Fehlen eines klar konturierten Konzepts kann indessen kaum
überraschen. Denn einmal blieb der Bundesrepublik als einer von den
stärkeren Verbündeten abhängigen Mittelmacht kaum etwas anderes
übrig, als sich deren – zudem ständig wechselnden bzw. modifizierten –
strategischen Planungen anzuschließen und anzupassen. Zum anderen
operierte der Kanzler, aber natürlich nicht nur er, auf diesem Gebiet
insofern im luftleeren Raum, als es innerhalb der NATO zwar stets
aktualisierte Pläne für die Modernisierung und Vermehrung der Rüstung, nicht aber solche für ihre Begrenzung und Kontrolle und damit
für eine Entspannung gab – jedenfalls keine verbindlichen. Erst der sog.
„Harmel-Bericht" vom Dezember 1967 betonte ausdrücklich die Verein-
barkeit von Verteidigungsfähigkeit und Entspannungsbemühungen[38]
und machte damit auch den Weg für erfolgversprechende Rüstungskon-
trollverhandlungen außerhalb der UN frei. Hinzu kommt, daß die ra-
santen militärtechnischen und strategischen Entwicklungen der 50er
Jahre die Ausarbeitung einer konsistenten bundesdeutschen Konzeption
kaum zugelassen hätten. Gerade in dieser Hinsicht war die Außenpolitik
der Bundesrepublik in erheblichem Maße reaktiv.
   Gleichwohl lassen sich einige Grundelemente der Adenauerschen Abrüstungskampagne eindeutig identifizieren. Sie bezog sich auf die gesamte Rüstung, einschließlich der konventionellen, sie war gleichwohl bzw.
eben deshalb der Versuch, den Aufbau der Bundeswehr sicherzustellen,
und sie sollte eine Alternative zu den westlichen Entspannungsplänen
darstellen.
   Adenauers Kampagne war umfassend angelegt. Sie bezog sich sowohl
auf die nukleare als auch auf die konventionelle Rüstung: „Wenn eine
Entspannung kommt", so erläuterte er beispielsweise am 17. Juli 1957
dem Journalisten Edward M. Korry, „dann kann sie nur kommen durch
eine kontrollierte Abrüstung sowohl auf dem Gebiet der konventionellen Waffen wie der atomaren Waffen." Das müsse immer „der Punkt 1"
bleiben, sonst habe alles keinen Sinn mehr.[39] In Adenauers eigenem
„Konzept" kontrollierter Abrüstung kam nun den nuklearen Waffen
insofern eine untergeordnete Bedeutung zu, als die Bundesrepublik bekanntlich keine Atommacht war, ja über Jahre hinweg in die nuklearen
Planungen der USA gar nicht und in diejenigen der NATO nur soweit
„unbedingt erforderlich" eingeweiht wurde. Sie besaß daher auf diesem
Feld keine Möglichkeit zu einer aktiven Politik der Abrüstung bzw.

Rüstungskontrolle. Gleichwohl – oder eben deshalb – wurde der Kanzler nicht müde, darauf hinzuweisen, daß „die Atomwaffen die größte Gefahr für die gesamte Menschheit darstellten" und daß daher „gerade hier auf kontrollierte Abrüstung zu drängen" sei.[40] Für diese Sicht der Dinge hatte Adenauer zwei gute Gründe. Zum einen waren ihm, der mit den Worten seines Biographen Hans-Peter Schwarz „für die Komplexitäten und Widersprüche der Kernwaffenpolitik ein gutes Gespür hatte",[41] die verheerenden Wirkungen dieser Waffen und damit natürlich auch die dramatischen Konsequenzen einer verfehlten Nuklearpolitik wohl bewußt. Zum anderen aber sahen sich die bundesdeutschen Militärs und Politiker mit der Notwendigkeit konfrontiert, ihrerseits eine Ausrüstung der Bundeswehr mit atomaren Trägerwaffen zu fordern und damit auf die durch den sog. Radford-Plan ausgelöste strategische Neuorientierung der NATO zu reagieren. Nach einem Bericht der „New York Times" plante der amerikanische Generalstabschef, Admiral Radford, eine grundlegende Neuordnung der militärischen Planungen der NATO. Danach sollten sich die USA auf den Ausbau ihrer Fähigkeit zum strategischen Vergeltungsschlag konzentrieren. Diesem nuklearen „Schwert" der NATO sollte ein erheblich verstärkter konventioneller „Schild" zugeordnet werden. Mit diesem, d. h. vor allem mit der Bundeswehr, sollten Vorstöße des Warschauer Paktes möglichst lange aufgehalten werden. Aus deutscher Sicht war dieser Auftrag nur mit Hilfe nuklearer Gefechtsfeldwaffen zu erfüllen. Wiederholt betonte der Kanzler deshalb in der Öffentlichkeit, daß man auf die Herstellung atomarer Waffen verzichtet habe, jedoch „nicht auf den Besitz".[42] Überdies machte er einen Unterschied zwischen den „großen nuklearen Waffen" und solchen, „die von einem mehr oder weniger normalen Geschütz abgefeuert" werden könnten und mit denen, seien sie erst einmal technisch voll entwickelt, „natürlich alle Armeen" ausgestattet werden müßten, schon deshalb, weil andernfalls die NATO „erledigt" sei.[43]

Mithin hatte auch diese Forderung nach einer Ausrüstung der Bundeswehr mit taktischen Atomwaffen für Adenauer eine doppelte Stoßrichtung. Sie sollte, wie er am 11. Mai 1957 vor dem Bundesvorstand seiner Partei ausführte, sowohl die „Erkenntnis der Russen" fördern, „daß es auch für sie notwendig ist, abzurüsten", als auch verhindern, daß „die deutschen Soldaten einen Minderwertigkeitskomplex gegenüber den anderen" bekämen,[44] also der befürchteten Diskriminierung innerhalb des eigenen Bündnisses vorbeugen.

Natürlich wurde der Kanzler nicht müde zu betonen, daß eine Ausrüstung „aller Armeen" mit solchen Waffen nur deshalb und dann notwendig werde, weil bzw. falls es zu der (höchst unwahrscheinlichen) kontrollierten Abrüstung kommen sollte. Das war im übrigen auch die offizielle Auffassung der Bundesregierung, wie sie beispielsweise in der außenpolitischen Debatte des Bundestages am 10. Mai 1957 durch Verteidigungsminister Strauß vertreten wurde. In seiner Antwort auf eine entsprechende Anfrage der SPD-Fraktion stellte er unter Hinweis auf die sowjetische Überlegenheit im konventionellen wie nuklearen Bereich fest, „daß bis zum Abschluß eines umfassenden Abrüstungsabkommens die auf dem Gebiet der Bundesrepublik stationierten Streitkräfte über moderne Waffen verfügen" müßten.[45] Und schließlich hieß es in dem entsprechenden Entschließungsantrag der Regierungsparteien vom 25. März 1958, daß die Bundeswehr „bis zum Zustandekommen eines allgemeinen Abrüstungsabkommens" mit den „modernsten", d. h. atomaren Waffen auszurüsten sei.[46] Im Falle des von Adenauer geforderten Abkommens über eine allgemeine kontrollierte Abrüstung wären also diese Waffen wieder abzubauen gewesen. Aber das waren vorerst Visionen: Noch war die Bundesrepublik keine Atommacht, und insofern war sie auf diesem Gebiet ohnehin nicht selbst von einer kontrollierten Abrüstung betroffen.

Anders verhielt es sich mit den konventionellen Waffen. Im Januar 1956 wurde mit der Aufstellung der ersten Bundeswehreinheiten begonnen. Damit war die Forderung nach kontrollierter Abrüstung potentiell auch an die eigene Adresse zu richten. Bestand da nicht ein fundamentaler Widerspruch? Für Adenauer jedenfalls nicht. Für ihn waren der Aufbau der Bundeswehr und die Forderung nach Rüstungsbegrenzung nicht nur miteinander vereinbar, sie bedingten sich geradezu gegenseitig, wie er anschaulich in seinen „Erinnerungen" gezeigt hat: „Wenn wir also eine allgemeine Begrenzung der Rüstung empfahlen, so gaben wir damit unsere bisherige Politik keineswegs auf, im Gegenteil, wir suchten zu erreichen, daß auch die übrigen Staaten eine gleiche Politik einschlugen auf dem Gebiete der Rüstung, nämlich: Begrenzung und Kontrolle. Die Unterstützung der Bestrebungen, eine allgemeine Rüstungsbegrenzung zu erreichen, bedeutete nicht, daß die Bundesrepublik Deutschland ihren vertraglich begründeten Verpflichtungen im Rahmen der NATO und der WEU nicht nachkommen wolle. Die allgemeine Rüstungsbegrenzung bedeutete nicht eine totale Entwaffnung. Die Bundesrepublik aber war total entwaffnet und konnte erst durch die unumgänglich notwendig gewordenen Maßnahmen zur Gewährleistung unserer Sicherheit den ungefähren Stand der Truppenstärke und Bewaffnung erreichen, der auch bei einer allgemeinen Rüstungsbegrenzung wohl in Frage kommen würde. Dies war der Stand der Dinge."[47] Überdies wurde in Bonn wiederholt betont, daß sich die Bundesrepublik bereits im Rahmen der Pariser Verträge und dort namentlich im Rahmen des Beitritts zur „Westeuropäischen Union" einseitig zur Rüstungsbegrenzung bekannt und der Rüstungskontrolle unterworfen habe.

Das Argument schien aus deutscher Sicht ebenso einfach wie überzeugend: Der Aufbau der Bundeswehr war die logische Konsequenz aus der drückenden Überlegenheit des Warschauer Paktes im Bereich der konventionellen Rüstung. In dem Augenblick, in dem die Sowjetunion und die mit ihr verbündeten Staaten ihrerseits abrüsteten, konnte über einen Aufbaustopp der Bundeswehr nachgedacht werden. Das machte der Kanzler beispielsweise auch Walter Lippmann deutlich, als er ihm im März 1959 den Grundgedanken seines Abrüstungskonzepts in einem Satz bestechend einfach erläuterte: „Die sollen erstmal auf unseren Stand abrüsten."[48]

Diese Forderung war in der jüngeren deutschen Geschichte nicht ohne Vorbild. Bekanntlich hatten die Politiker insbesondere der ausgehenden Weimarer Republik und dann, freilich mit anderer Motivierung, auch noch Hitler, immer wieder betont, daß die deutsche Forderung nach verstärkter Rüstung, also nach einer entsprechenden Revision des Versailler Vertrages, schon deshalb legitim und notwendig sei, weil die anderen Mächte ihrerseits nicht abrüsteten. Mit der Genfer Fünf-Mächte-Vereinbarung vom 11. Dezember 1932 hatten sie dann zumindest einen Achtungserfolg erzielt (vgl. Kapitel 5). Ob Adenauer in den 5oer Jahren diese in vieler Hinsicht vergleichbare Entwicklung vor Augen hatte, ist seinen veröffentlichten Äußerungen nicht zu entnehmen. Hinter dieser Forderung nach prinzipieller Rüstungsgleichheit bzw. nach einem entsprechenden Entgegenkommen der jeweils „anderen" verbarg sich in den 2oer wie in den 5oer Jahren, aber auch noch später, etwas anderes, wesentlicheres: der Wunsch nach politischer Gleichberechtigung im Kreise der europäischen Mächte.

Natürlich wußte der Kanzler, daß das spezifische Sicherheitsbedürfnis der Sowjets die von ihm geforderte einseitige Abrüstung nicht zuließ, schon gar nicht eine kontrollierte: Sowohl der im September 1957 endgültig vertagte Unterausschuß der Abrüstungskommission als dann auch die Genfer Zehn-Mächte-Abrüstungskonferenz des Jahres 1960 scheiterten ja eben daran. Weder mochte Moskau einer wirksamen internationalen Kontrolle auf dem Gebiet aller Staaten zustimmen noch einer Luftinspektion im gesamten Hoheitsgebiet. Die von den Sowjets 1956 als Antwort auf Eisenhowers „open skies" angebotene 800 km breite Luftinspektionszone beiderseits der Demarkationslinie zwischen den Machtblöcken in Europa[49] war ihrerseits für die Westmächte nicht akzeptabel.

Solange also die Sowjetunion sich weder zu einer einseitigen Abrüstung noch zu einer gegenseitigen Kontrolle der Rüstungsmaßnahmen bereit erklärte, mußte der Aufbau der Bundeswehr – und das war ein zentrales Element der Adenauerschen Abrüstungskampagne – energisch vorangetrieben werden. Aber nicht nur das. Vielmehr sah der Kanzler im konsequenten, raschen und umfassenden Auf- und Ausbau der Bundeswehr und der NATO gerade die Voraussetzung für die Bereitschaft der Sowjets, sich überhaupt auf eine kontrollierte Abrüstung einzulassen. Dieser Grundgedanke lag ganz in der Logik seines bekannten Konzepts einer „Politik der Stärke" gegenüber „Sowjetrußland". Adenauer war, wie er im April 1961 auch dem amerikanischen Präsidenten Kennedy deutlich machte, fest davon überzeugt, daß die Sowjets zu ernsthaften Abrüstungsverhandlungen nur bereit seien, wenn die NATO „reformiert und gestärkt worden war. Nach meiner Überzeugung führte der Weg zur Abrüstung deshalb über eine Stärkung der NATO."[50]

Dieser Grundgedanke sollte in der weiteren Entwicklung des Ost-West-Verhältnisses noch wiederholt eine Rolle spielen, so zuletzt beim sog. NATO-Doppelbeschluß vom 12. Dezember 1979. Auch dieser ging von der Grundannahme aus, daß nur eine Modernisierung und Stärkung – in diesem Falle des amerikanischen Mittelstreckenpotentials in Europa – die Sowjets von der Notwendigkeit einer Rüstungsbegrenzung, und das hieß in der Konsequenz eines Abbaus ihrer Überlegenheit bei den nuklearen Mittelstreckensystemen, überzeugen könne. Dem Beschluß selbst waren z. T. erhebliche Irritationen im deutsch- bzw. europäisch-amerikanischen Verhältnis vorausgegangen. Aber auch das war nicht ganz neu.

Denn bereits Adenauer hatte in zunehmendem Maße eine voreilige amerikanisch-sowjetische Verständigung auf Kosten der Europäer und insbesondere der Deutschen befürchtet. Seine Lageanalysen waren daher immer zugleich auch Appelle an die Adresse der Westmächte und vornehmlich der USA, sich nicht voreilig auf vermeintliche Entspannungsabsichten der Sowjets einzulassen, hinter denen er nach wie vor taktische Manöver vermutete. So erklärt sich z. B. auch seine Reaktion auf den Start des sowjetischen „Sputnik" in eine Erdumlaufbahn am 4. Oktober 1957. Während die westliche Welt in momentanem Schock verharrte, „dankte" der Kanzler „Gott, daß die Russen das gemacht haben".[51] Denn nunmehr hatte er die begründete Hoffnung auf ein Ende der amerikanischen „Lethargie" bzw. jenes „Dämmerschlafes", in den die „freie Welt"[52] seiner Meinung nach als Folge der sowjetischen Abrüstungskampagne versunken war.

Ein typischer Ausdruck solcher Tendenzen war die aus der Sicht des Kanzlers so verhängnisvolle Disengagement-Diskussion jener Jahre, namentlich der Plan des polnischen Außenministers Rapacki, den dieser erstmals am 2. Oktober 1957 in einer Rede vor der UN-Vollversammlung unterbreitet hatte und der manche Ähnlichkeit mit dem erwähnten Plan Gromykos vom März 1956 aufwies. Rapacki rückte den Vorschlag einer atomwaffenfreien Zone beiderseits der Ost-West-Demarkationslinie, also regionaler Abrüstungsmaßnahmen, in das Zentrum einer Debatte, die im Grunde durch die Vorschläge Edens auf dem Genfer Gipfel ausgelöst worden war. Anders als die Pläne des britischen Oppositionsführers Hugh Gaitskell, aber auch George F. Kennans oder der amerikanischen Senatoren Humphrey und Knowland, die im wesentlichen die Neutralisierung eines wiedervereinigten Deutschlands vorsahen, ging der Rapacki-Plan von der Zwei-Staaten-Theorie aus.

Die Grundidee dieses Planes wurde dann noch einmal von Bulganin in einem Schreiben an Adenauer vom 10. Dezember 1957 angesprochen. Indem der Bundeskanzler in seiner Antwort vom 20. Januar 1958 darauf hinwies, daß es nicht auf die „Teilfrage" ankomme, „wo heute oder morgen Atomwaffen gelagert werden", sondern auf die „grundsätzliche Frage", nämlich „auf ihre Produktion überhaupt zu verzichten",[53] benannte er zugleich das letzte Element seines Konzepts „kontrollierter Abrüstung", das schon 1953, also bei seiner erstmaligen Präsentation, eine bedeutende Rolle gespielt hatte: Die Frage nach einer allgemeinen Rüstungsbegrenzung und Rüstungskontrolle bei den atomaren wie bei den konventionellen Waffen sollte eine radikalere Alternative zu den direkten oder indirekten Vorschlägen einer Neutralisierung Deutschlands darstellen, die ja ein fester Bestandteil der Disengagement-Debatte waren. Diese Funktion sollte die Forderung nach kontrollierter Abrüstung übrigens bis zum Ende seiner Kanzlerschaft erfüllen. So warnte Adenauer noch im Oktober 1962 vor Plänen, „die nicht eine weltweite Abrüstung, sondern beispielsweise nur eine sogenannte europäische Sicherheitszone auf der Grundlage der Teilung Deutschlands zum Inhalt haben".[54]

In diesem Sinne hatte der Kanzler bereits am 24. Januar 1958 in einem seiner „Teegespräche" mit Journalisten festgestellt: „Das Ziel ist die kontrollierte Abrüstung von konventionellen und nuklearen Waffen. Alles andere, Nichtangriffspakte, neutrale Zonen, hat gar keinen Sinn und gar keinen Zweck."[55] Einen Tag zuvor hatte sein Außenminister in einer Regierungserklärung vor dem Bundestag die Ablehnung des Rapacki-Planes begründet und bei dieser Gelegenheit noch einmal auf die Prioritäten bundesdeutscher Außenpolitik verwiesen: „...das Ganze würde geschehen, ohne daß wir der Entspannung, ohne daß wir der kontrollierten Abrüstung, ohne daß wir der Lösung der deutschen Frage auch nur um einen Schritt näherkämen. Die Gefahr, den Wirkungen dieser Massenvernichtungsmittel ausgesetzt zu sein, würde aber nicht verringert."[56]

Daß darüber hinaus die „Entscheidung für die Ausrüstung der Bundeswehr mit nuklearen Trägerwaffen... ein Eingehen auf den Rapacki-Plan verbot",[57] mochte der Außenminister bei dieser Gelegenheit nicht ausdrücklich betonen. Aber natürlich bildete auch diese Entscheidung, insofern sie Bestandteil des Aufbaus der Bundeswehr war, ein Element der Konzeption kontrollierter Abrüstung und damit ein jedenfalls internes Argument für die Zurückweisung aller Neutralisierungs- oder ähnlicher Pläne. Damit wäre die Betrachtung wieder bei der „grotesken" Ausgangssituation für die Einleitung dieser Abrüstungskampagne angelangt.

III.

War nun dieses Konzept seinem Wesen nach ein seriöser Beitrag zur Entspannungsdiskussion der 5oer Jahre oder aber ein taktisches Manöver zur Realisierung wichtiger Ziele bundesdeutscher Außenpolitik? Sicherlich beides, wie an den drei zentralen Aspekten des „Konzepts" kontrollierter Abrüstung zu zeigen sein wird. Denn dieses Konzept war ein Instrument im Dienste einer ganz anderen Forderung, hatte eine taktische Stoßrichtung gegen den Osten wie gegen den Westen und brachte doch ein wirkliches Anliegen zum Ausdruck.

Der sachliche und zeitliche Zusammenhang der Debatten über eine Entspannung durch internationale Rüstungskontrolle bzw. -begrenzung und über eine Wiedervereinigung Deutschlands ist unverkennbar. Sie bedingten sich gegenseitig, bei den Westmächten ebenso wie bei der

Sowjetunion und damit – nolens volens – auch bei Adenauer. Je mehr sich seit 1953/55 eine gewisse Détente-Stimmung im Kreis der Siegermächte des Zweiten Weltkrieges ausbreitete, um so deutlicher trat bei den Westmächten das Interesse an der deutschen Frage in den Hintergrund. Indem Adenauer immer wieder das ja ursprünglich, nämlich 1954, von den Westmächten hergestellte Junktim von Wiedervereinigung und Entspannung einklagte und auf die Spaltung Deutschlands als Ursache der Spannung verwies, verankerte er die deutsche Forderung nach Wiedervereinigung im öffentlichen Bewußtsein und verband sie zugleich mit dem auch bei den Westmächten populären Vorschlag einer kontrollierten Abrüstung.

In dem Augenblick, in dem der Bau der Berliner Mauer die erste Forderung auf unabsehbare Zeit vertagte, verlor das Junktim auch für Adenauer endgültig seinen Sinn. Zwar hat er bis zum Ende seiner Kanzlerschaft an der Forderung nach „kontrollierter Abrüstung" festgehalten, doch handelte es sich insbesondere seit dem 13. August 1961 mehr oder weniger um eine an die Adresse der Bündnispartner gerichtete Solidaritätsbekundung. Dieser Entwicklung entsprechend gewann die Forderung nach Verstärkung der Rüstung, nach Abschreckung, an Gewicht. Mehr noch, eben weil die „Aussichten, der Welt durch Abrüstung den Frieden zu erhalten und zu sichern, ... leider nicht ermutigend" waren, betrachtete „die Bundesregierung die Stärkung der NATO als das Gebot der Stunde".[58] In diesem Sinne hatte der Kanzler unmittelbar nach dem Bau der Mauer schon „aus dem einfachen Grunde" für eine Stärkung des westlichen Bündnisses plädiert, „weil der Russe mit einem Gegner, dem er sich turmhoch überlegen dünkt, nicht verhandelt". Deswegen müsse auch die Bundesrepublik „rüsten und das nachholen, was zurückgeblieben ist, auch bei der MC 70, das muß alles gemacht werden".[59] Unüberhörbar schwangen in dieser Forderung Kritik und Enttäuschung über die Haltung der Westmächte und insbesondere der USA mit: Aus deutscher Sicht war der Mauerbau die Quittung für die stillschweigende Aufgabe des Junktims von Wiedervereinigung und Entspannung und für den weitgehenden Abschied von der „Politik der Stärke", wie sie die Bundesrepublik ihrerseits mit dem Aufbau der Bundeswehr konsequent weiterverfolgte.

Insofern hatte Adenauers Abrüstungskampagne eine doppelte taktische Stoßrichtung. Sie richtete sich sowohl gegen die als gefährlich betrachteten westlichen Entspannungspläne als auch gegen die östliche Bedrohung. Aus eben diesem doppelten Grunde war auch der Aufbau der Bundeswehr zwingend geboten. Damit wurde die Bundesrepublik nicht zuletzt den Verpflichtungen gerecht, die sie gegenüber jenen West-mächten eingegangen war, die jetzt bündnisintern auf eine genaue und zeitgemäße Erfüllung dieser Verpflichtungen drängten, aber zugleich öf-fentlich für eine Entspannung im Verhältnis zur Sowjetunion votierten. Adenauers Plädoyer für eine „kontrollierte Abrüstung" war mithin auch ein Versuch, sich in dieser „grotesken Situation" nicht von den West-mächten und insbesondere von den Vereinigten Staaten abzukoppeln, an deren herausragender Bedeutung für die Existenz und die Sicherheit der Bundesrepublik der Kanzler trotz aller Verstimmung selbstverständlich keinen Zweifel hatte. Seine Forderung nach kontrollierter Abrüstung war nicht zuletzt auch ein taktisches Mittel, um den Aufbau der Bundes-wehr einschließlich ihrer Ausrüstung mit nuklearen Trägerwaffen durch die unsichere Zone der Entspannungseuphorie zu bringen, die ihren für Adenauer gefährlichsten Ausdruck in der Disengagement-Diskussion fand. Die Entwicklung von neutralen, Inspektions- oder sonstigen Zo-nen und der damit verbundene Aufbaustopp der Bundeswehr aber hät-ten zugleich eine „Diskriminierung" und damit eine nachhaltige Gefähr-dung jener Gleichberechtigung bedeutet, die für den Kanzler gerade im Verhältnis zu den westlichen Nachbarn eine überragende Bedeutung besaß.

Schließlich war Adenauer überzeugt, daß eine wirkliche Entspannung nur aus einer Position der Stärke heraus erreicht werden könne. Der Aufbau der Bundeswehr war ja – so die Argumentation – ein Ergebnis bzw. eine Folge der Bedrohung durch die drückende militärische Über-legenheit der Sowjetunion. Ein tatsächlicher Aufrüstungsstopp oder gar eine Abrüstung der Bundeswehr kam für den Kanzler daher überhaupt nur in Frage, wenn Moskau zuvor einseitig sein Militärpotential in Mit-teleuropa reduzierte. Das verdeutlichte Adenauer im übrigen 1958 auch einigen sowjetischen Gesprächspartnern, unter ihnen Botschafter Smir-now, als er ihnen sagte: „In dem Augenblick, in dem aufgrund eines solchen Abkommens [über die kontrollierte Abrüstung, G. S.] effektiv mit der Abrüstung begonnen wird, rüsten wir nicht weiter auf!"[60] Na-türlich wußte der Kanzler spätestens seit seiner Rußlandvisite, daß die Sowjets unter den gegebenen Umständen weder einseitig abrüsten noch gar der Kontrolle eines solchen Vorgangs bzw. des danach verbleiben-den Rüstungsstandes zustimmen konnten. Insofern war seine Kampagne für eine kontrollierte Abrüstung auch ein taktisches Manöver gegenüber der Sowjetunion. In seiner berühmten Lageanalyse vom 30. Januar

1959, die im Vorfeld der letzten Begegnung mit John Foster Dulles entstand, heißt es knapp, aber eindeutig: „Falls SU [die Sowjetunion, G. S.] Verhandlungen über eine kontrollierte Abrüstung ablehnt oder sabotiert, sieht alle Welt, wer den Frieden in der Welt nicht will. Das würde in der Sache bedauerlich, für die Propaganda gegen SU ein großer Erfolg sein."[61]

Es wäre dennoch verfehlt, in Adenauers Abrüstungskampagne nur ein taktisches Manöver sehen zu wollen. An einer Entspannung mußte ihm schon deshalb gelegen sein, weil sie nach seinem Verständnis Resultat und Voraussetzung einer deutschen Wiedervereinigung gleichermaßen war. Zudem hatte ihn sein Moskaubesuch davon überzeugt, daß dem sowjetischen Vorgehen auf den verschiedenen Ebenen auch eine defensive Komponente zugrunde lag, der man gerecht werden mußte. Vor allem aber wollte Adenauer keinen Krieg. Er selbst hatte zwei Weltkriege miterlebt, und er wußte überdies um die verheerende Wirkung des Einsatzes der Atomwaffen, der in den „völligen Untergang" führen konnte.[62] Seine unermüdlich vorgetragenen Mahnungen zu einer Rüstungsbegrenzung und -kontrolle sind wörtlich zu nehmen: Denn, so belehrte er im Juni 1955 den Bundesvorstand seiner Partei, „wenn wir nicht mehr am Leben sind, findet auch keine Wiedervereinigung statt".[63]

Daß solche Maßnahmen, daß eine „kontrollierte Abrüstung" nicht ohne weiteres vertraglich festgelegt werden konnte und daß sich selbst dann, wenn dies gelingen sollte, die damit angestrebte Entspannung nicht automatisch einstellen würde, das freilich sah der „Alte" sehr wohl. In eben dieser Erkenntnis wußte er sich im übrigen auch mit den Sowjets einig. Daher, so bemerkte der stellvertretende sowjetische Ministerpräsident Mikojan bei seinem Bonnbesuch im April 1958, „gelte es zunächst, das Mißtrauen zu beseitigen". „Damit", stimmte der Kanzler ihm zu, „haben Sie recht."[64]

8. Einheit durch Europa.

Die Bundesrepublik und der KSZE-Prozeß

Daß die „Ruhe in Europa" und die „Überwindung der Teilung Deutschlands" in einem engen Zusammenhang standen, war niemandem deutlicher bewußt als den Deutschen selbst. Beginnend mit der ersten Regierungserklärung Konrad Adenauers am 20. September 1949,[1] der diese Formulierung entstammt, haben daher auch alle Bundesregierungen auf diesen Sachverhalt verwiesen. Der Befund enthielt eine Erkenntnis: Wollte man die Teilung Deutschlands überwinden, mußte man auf die Einigung Europas hinwirken. Die Erkenntnis wurde zum Bekenntnis. Auch an diesem haben alle Bundesregierungen festgehalten, ganz gleich in welchem Maße sie jeweils aktiv an der Überwindung der deutschen Teilung arbeiten konnten oder wollten. Dem Bekenntnis wiederum lag ein ganzes Bündel von Motiven zugrunde, wirtschaftliche, politische, militärische. Europa wurde auch für die deutsche Außenpolitik mehr und mehr zu einem Wert an sich.

In den Jahrzehnten seit Beendigung des Zweiten Weltkrieges hat es Versuche einer europäischen Integration oder doch zumindest Kooperation auf zwei Ebenen gegeben. Einmal im Rahmen der Europäischen Gemeinschaften. Der Initiator war in der Regel, beginnend mit dem sog. Schuman-Plan zur Gründung einer Europäischen Gemeinschaft für Kohle und Stahl vom Mai 1950, Frankreich. Die Bemühungen um eine europäische Integration bezogen sich auf den Westen des Kontinents und, jedenfalls bei den französischen Initiativen der frühen 50er Jahre, auf die feste Einbindung der Bundesrepublik in die westliche Staatengemeinschaft (vgl. Kapitel 9).

Die zweite Ebene politischer Kooperation war und ist die gesamteuropäische. Hier gingen die Initiativen von der Sowjetunion und ihren Verbündeten aus. Schon deshalb waren sie – lange Zeit – für den Westen und insbesondere für die Bundesrepublik nicht akzeptabel. So sehr die Regierung Adenauer für eine europäische Integration auf westlicher Basis votierte, da sie u. a. die Teilung Deutschlands zu überwinden versprach, so entschieden wehrte sich Bonn zunächst gegen eine europäische Sicherheitskonferenz. Das hat sich grundlegend geändert. Die KSZE und ihre Grundsätze förderten nicht nur den Wandel im Osten Europas in den ausgehenden 8oer Jahren, sie bildeten auch den einzigen gesamteuropäischen Rahmen, in dem die vielen Europäern suspekte Vereinigung Deutschlands verankert werden konnte.

Es ist daher sinnvoll, sich dem Thema zunächst (I) durch eine Betrachtung der Vor- und Entstehungsgeschichte des KSZE-Gedankens zu nähern, um dann (II) nach den wichtigsten Ergebnissen der Konferenz zu fragen und abschließend (III) den KSZE-Prozeß bis zum Pariser Gipfel des Jahres 1990 zu beleuchten.

I.

Initiativen zur Schaffung kollektiver Sicherheit sind seit Ende des Ersten Weltkrieges nachweisbar. Sie reflektieren die Erfahrungen mit der Entstehung und dem Verlauf der „Urkatastrophe" dieses Jahrhunderts, wie der amerikanische Diplomat und Historiker George F. Kennan einmal den Ersten Weltkrieg genannt hat.[2] So war der Völkerbund auch ein erster Versuch, „internationale" kollektive Sicherheit zu institutionalisieren.

Zu einem Protagonisten der Idee kollektiver Sicherheit entwickelte sich in den 3oer Jahren die Sowjetunion, insbesondere nachdem sie im September 1934 dem Völkerbund beigetreten war. Ihr Außenminister Litvinov setzte sich nachdrücklich dafür ein, die Politik regionaler Sicherheitspakte, welche die internationalen Beziehungen im Europa der 2oer und frühen 3oer Jahre charakterisierte, durch ein kollektives Sicherheitssystem zu ersetzen. In diesem Zusammenhang prägte Litvinov im Januar 1935 die Formel von der „Unteilbarkeit des Friedens", der eben nicht regional begrenzbar sei: Frieden gebe es auch für den nicht, der selber in Sicherheit lebe, solange nicht auch der Friede der „nahen und fernen Nachbarn" gewährleistet sei.[3]

Bekanntlich sind alle Versuche, ein solches System zu errichten, gescheitert. Gleichwohl oder gerade deshalb war es die Sowjetunion, die schon bald nach dem Zweiten Weltkrieg erneut die Idee eines Systems kollektiver Sicherheit aufgriff: Auf der Berliner Konferenz der vier Außenminister im Januar und Februar 1954 trat Molotov mit dem Plan eines „Gesamteuropäischen Vertrages über die kollektive Sicherheit in Europa" hervor, ein Vorschlag, der allein im gleichen Jahr noch dreimal wiederholt wurde und fortan zum ständigen Repertoire der sowjetischen Diplomatie zählte (vgl. Kapitel 7). Die Reaktion des Westens war ablehnend. Dafür gab es vor allem drei Gründe, die bis in die Mitte der 6oer Jahre hinein im wesentlichen unverändert blieben. Da war einmal die schon in der Zwischenkriegszeit gestellte Frage nach den sowjetischen Motiven: Waren die sowjetischen Vorstöße vor allem Ausdruck eines eminenten Sicherheitsbedürfnisses und insofern einer defensiven Grundhaltung? Angesichts der Erfahrungen zweier Weltkriege, die vor allem auch auf dem Territorium Rußlands bzw. der Sowjetunion ausgetragen worden waren, sprach einiges dafür. Oder waren die Vorschläge taktisch motiviert? Zielten sie darauf ab, den Westen zu spalten und zu schwächen? War die anvisierte europäische Friedensordnung ein Mittel zur Etablierung sowjetischer Hegemonie auf dem Kontinent? Im Zeitalter des Kalten Krieges und angesichts der Erfahrungen, die man mit dem sowjetischen Vorgehen in den Staaten Ost- und Ostmitteleuropas oder auch in Korea gesammelt hatte und sammelte, neigte man dieser Antwort zu.

Überdies sah der sowjetische Vorschlag eines europäischen Vertrages über die kollektive Sicherheit nicht die Teilnahme der USA vor. Die aber war gerade für die Westeuropäer unverzichtbar. Die amerikanische Partizipation blieb eine Grundvoraussetzung für ihre Zustimmung zu einer europäischen Sicherheitskonferenz. Daß sich führende politische Repräsentanten der Vereinigten Staaten, unter ihnen der Sicherheitsberater des Präsidenten Nixon, Henry Kissinger, gegenüber der Idee einer europäischen Sicherheitskonferenz anfänglich äußerst reserviert verhielten und den bilateralen Kontakt mit den Sowjets vorzogen, sei in unserem Zusammenhang nur am Rande erwähnt.

Schließlich bezog sich die Initiative Moskaus auf den Status quo, lief also insbesondere auch auf eine Zementierung der Teilung Deutschlands hinaus. Das aber war für die Bundesrepublik wie für ihre Verbündeten damals nicht akzeptabel. Die westliche Antwort auf den sowjetischen Vorschlag bestand daher in dem berühmten Junktim von deutscher Wiedervereinigung und kollektiver Sicherheit. Die sukzessive Lösung dieses Junktims, mit der die Westmächte auf der Genfer Außenministerkonferenz des Jahres 1959 begannen, bildete dann auch eine wichtige Voraussetzung für die sich wandelnde Haltung des Westens zur Idee einer europäischen Sicherheitskonferenz, gegebenenfalls auch zur Implementierung eines Systems kollektiver Sicherheit in Europa während der 6oer Jahre. Ihr korrespondierte die Modifizierung der bundesdeutschen Position, die ihren sichtbarsten Ausdruck in der allmählichen Aufgabe der sogenannten Hallstein-Doktrin, also des Alleinvertretungsanspruchs der Bundesrepublik, und der faktischen Anerkennung der Existenz „zweier Staaten in Deutschland" in der ersten Regierungserklärung Bundeskanzler Willy Brandts am 28. Oktober 1969 fand.[4] Auch die Sowjetunion und ihre Verbündeten eröffneten in den 60er Jahren eine neue Runde mit Vorschlägen. Am 14. Dezember 1964 hatte der polnische Außenminister Rapacki vor der UN-Vollversammlung die Einberufung einer Konferenz aller Staaten angeregt, um das „gesamte Problem der Sicherheit in Europa" zu erörtern.[5] Diese wohl nicht ohne vorherige Konsultation der sowjetischen Führung präsentierte Idee wurde vom 23. Parteitag der KPdSU im März und April 1966 offiziell übernommen. Noch im gleichen Jahr, am 6. Juli 1966, kam es zur Bukarester Erklärung des Warschauer Paktes, der am 26. April 1967 die Karlsbader Erklärung der kommunistischen Parteien und am 17. März 1969 der Budapester Appell des Warschauer Paktes folgten.

Bei allen Nuancierungen, auch Unterschieden im einzelnen, lassen sich doch in diesen Vorschlägen einige durchgängige Ziele sowjetischer Außenpolitik eindeutig identifizieren. Hier ist vor allem das Bestreben zu nennen, den Zugang der Bundeswehr zu Atomwaffen zu verhindern, der seit den Diskussionen um den sog. Radford-Plan immer wieder auf der westlichen Tagesordnung stand und in den 60er Jahren zunächst durch eine „Multilateral Force", eine multilaterale Atomstreitmacht, sichergestellt werden sollte. Nicht minder wichtig war die sowjetische Absicht, die europäische Nachkriegsordnung, den Status quo also, durch eine europäische Sicherheitskonferenz festschreiben zu lassen. Das galt insbesondere für die „Unverletzlichkeit", wie es im Budapester Appell hieß, der „Oder-Neiße-Grenze und auch der Grenze zwischen der DDR und der Bundesrepublik Deutschland".[6] Natürlich zielten auch die Vorschläge der 60er Jahre auf einen Abzug der USA aus Europa, zumindest aber vom europäischen Kontinent, ab. Schließlich war der im ganzen recht moderate Ton des Budapester Appells auch von dem Bestreben bestimmt, die negativen Wirkungen des Einmarsches von Warschauer-Pakt-Truppen in die Tschechoslowakei vom August 1968 zu konterkarieren.

Bei der Frage nach der Reaktion des Westens auf diese neuerliche Serie sowjetischer Vorstöße ist die Haltung der Bundesrepublik von besonderem Interesse. Sie wäre von einer Verwirklichung der sowjetischen Pläne besonders betroffen gewesen – man denke nur an den Rückzug der USA aus Europa oder an die Festschreibung der deutschen Teilung. Darum hatte sich die Bundesregierung traditionell entschieden gegen ein Eingehen auf die östlichen Initiativen ausgesprochen. Eine Änderung der westlichen Haltung zur Frage einer europäischen Sicherheitskonferenz insgesamt hing damit nicht zuletzt von der Einstellung der Bundesrepublik ab.

Und diese durchlief in den 60er Jahren eine erkennbare Wandlung. Anders als im Falle der sowjetischen Vorstöße der 50er Jahre lehnten die Regierungen Erhard und Kiesinger die Initiativen Moskaus und seiner Verbündeten nicht rundweg ab. Das lag u. a. daran, daß man sich nicht von den westlichen Entspannungsbemühungen abkoppeln wollte, die 1967/68 einen gewissen Höhepunkt erreichten: Im Harmel-Bericht vom 14. Dezember 1967 hatte die NATO „militärische Sicherheit" und eine „Politik der Entspannung" als ihre „Hauptfunktionen" definiert und eine „gerechte und dauernde Friedensordnung in Europa mit geeigneten Sicherheitsgarantien" als ihr „höchstes politisches Ziel" ausgewiesen.[7] Im „Signal von Reykjavik" sprach sie sich dann im Juni 1968 für eine beiderseitige Truppenverminderung aus.

Die Bundesregierungen der 60er Jahre machten nun ihre Zustimmung zu einer europäischen Sicherheitskonferenz vor allem von drei Bedingungen abhängig, und zwar erstens von der Teilnahme der Vereinigten Staaten, zweitens von der Möglichkeit, das Selbstbestimmungsrecht der Völker – einschließlich des deutschen – auf die Tagesordnung setzen zu können, und drittens von der *Nicht*-Teilnahme der DDR. Diese Bedingungen formulierte jedenfalls die Regierung Erhard in ihrer Reaktion auf die Bukarester Erklärung vom Juli 1966.[8] Es war offenkundig, daß ohne eine Änderung dieser Bedingungen eine Sicherheitskonferenz mit deutscher Beteiligung kaum stattfinden würde. Hinter einem solchen Sinneswandel mußte indessen ein zweiter, wesentlicher Wandel in der politischen Lagebeurteilung stehen, die Erkenntnis nämlich, daß die Anerkennung des Status quo in Europa einschließlich der Teilung Deutschlands nicht dessen endgültige Zementierung bedeute, sondern gerade zu den Voraussetzungen seiner Überwindung gehöre.

Es war Willy Brandt, der diesen Schritt tat. Bereits als Außenminister der Großen Koalition, die in der Ost- und Deutschlandpolitik keine Präzedenzien und Präjudizien schaffen wollte und konnte, argumentierte er in diesem Sinne. In einer Rede vom 7. Mai 1969, im Kern eine Analyse des Budapester Appells, stellte er zum einen fest, daß dort nicht mehr, wie bis dahin üblich, von der völkerrechtlichen Anerkennung der

DDR die Rede war, sondern lediglich von der Anerkennung ihrer „Existenz". Deshalb erschien es ihm nunmehr „noch wichtiger als vorher, daß das innerdeutsche Verhältnis geklärt wird, bevor es eine derartige Sicherheitskonferenz gibt".[9] Indem Brandt wenige Monate später in seiner ersten Regierungserklärung als Bundeskanzler von zwei Staaten in Deutschland sprach und damit implizit die Existenz der DDR anerkannte, tat er den für die Klärung des innerdeutschen Verhältnisses notwendigen ersten Schritt.

In der historischen Rückschau wird es kaum einen Zweifel geben können, daß die Ost- und Deutschlandpolitik der frühen 70er Jahre, so umstritten und in mancher Hinsicht problematisch sie in ihrer Zeit war, einen wichtigen Schritt auf dem Weg zu einer europäischen Sicherheitskonferenz bildete. Als am 22. November 1972 die multilateralen KSZE-Vorbereitungen in Helsinki begannen, war das zum einen ein beachtlicher Erfolg der finnischen Diplomatie, die seit dem Mai 1969 in diesem Sinne tätig gewesen war. Zum anderen aber hatte die in enger Abstimmung mit den Verbündeten betriebene Ost- und Deutschlandpolitik der Bundesrepublik einen nicht zu unterschätzenden Anteil an diesem Prozeß: Am 17. Mai 1972 hatte der Bundestag den Moskauer und den Warschauer Vertrag ratifiziert, am 3. Juni war das sog. Viermächteabkommen mit der Unterzeichnung des Schlußprotokolls in Kraft getreten und zugleich die Voraussetzung für die Unterzeichnung der Ratifikationsurkunden zu den beiden Ostverträgen geschaffen worden, und am 8. November hatten Vertreter der Bundesrepublik und der DDR den sog. Grundlagenvertrag paraphiert.

Damit war die dritte der 1966 formulierten Bedingungen für eine Teilnahme der Bundesrepublik an der europäischen Sicherheitskonferenz, die Nicht-Teilnahme der DDR, endgültig obsolet geworden. Gleichsam an ihre Stelle war jedoch inzwischen eine andere gerückt, und diese sollte in den kommenden 20 Jahren die internationalen Beziehungen in Europa erheblich mitprägen. Neben den Forderungen nach Teilnahme der USA und der Behandlung der Frage des Selbstbestimmungsrechts der Völker auf der Konferenz spielte seit 1970 diejenige nach Verhandlungen über „Mutual Balanced Force Reductions" (MBFR), nach beiderseitiger ausgewogener Truppenreduzierung, eine herausragende Rolle. Der MBFR-Vorschlag war das Ergebnis der NATO-internen Verhandlungen im Anschluß an das „Signal von Reykjavik". Die Bundesregierung, vor allem der Verteidigungsminister Helmut Schmidt, war zweifellos eine, wenn nicht die treibende Kraft sowohl beim Zustandekommen der MBFR-Verhandlungen zwischen NATO und Warschauer Pakt als auch bei der schließlich gefundenen Lösung paralleler Verhandlungen von KSZE und MBFR. Der gelegentlich von der Bundesregierung, z. B. von Außenminister Walter Scheel in einem Artikel für die Wochenzeitung „Publik" vom 10. September 1971, unterbreitete Maximalvorschlag, MBFR zu einem Thema der KSZE selbst zu machen, erwies sich als nicht realisierbar.[10]

Die Gründe für das eminente Interesse der Bundesrepublik an MBFR liegen auf der Hand: Es war zunächst und vor allem Deutschland, das sich durch die drückende Überlegenheit des Warschauer Paktes im konventionellen Bereich bedroht fühlen mußte. Überdies wurden in den USA immer wieder Stimmen, wie etwa die des Senators Mike Mansfield, laut, die einen einseitigen Abbau der amerikanischen Truppen in Europa forderten. Die Einstellung der Bundesregierung war unmißverständlich: „Einseitige Truppenverminderungen oder eine Beschränkung auf die beiden Großmächte", so Scheel in seinem bereits erwähnten Artikel, „sind nicht wünschenswert."[11] Die Partner, unter ihnen die USA, die ihrerseits dem KSZE-Gedanken reserviert gegenüberstanden, schlossen sich dem an. Für die NATO besaßen die MBFR-Verhandlungen eindeutig Priorität; beim Warschauer Pakt war das genau umgekehrt.

Im Verlaufe des Jahres 1972 bewegten sich dann beide Seiten aufeinander zu. Die Prager Erklärung des Warschauer Paktes vom 26. Januar 1972 sprach ausdrücklich von den USA und Kanada als Teilnehmern an einer KSZE sowie davon, daß es den Interessen der Pakt-Staaten „entsprechen würde, wenn eine Vereinbarung über die Reduzierung der Streitkräfte und der Rüstungen in Europa zustande käme".[12] Die Ministertagung der NATO vereinbarte ihrerseits am 31. Mai 1972, „in multilaterale Gespräche über die Vorbereitung einer Konferenz über Sicherheit und Zusammenarbeit in Europa einzutreten".[13] Schließlich konnten beim Moskaubesuch des amerikanischen Außenministers Kissinger im September 1972 parallele Zeitpläne festgelegt werden: Am 31. Januar 1973 begannen die MBFR-Explorationen in Wien. Bereits am 22. November 1972 hatten, wie gesehen, die multilateralen KSZE-Vorbereitungen in Helsinki begonnen, die am 8. Juni 1973 erfolgreich abgeschlossen werden konnten.

Der Journalist Peter Bender, ein aufmerksamer und engagierter Beobachter deutscher Ostpolitik, hat die zu diesem Ereignis führende Entwicklung bilanziert: „Der Osten wollte die Konferenz, der Westen stellte Bedingungen. Der Osten mußte die Bedingungen akzeptieren, aber nachdem er sie akzeptiert hatte, mußte der Westen zu einer Konferenz gehen, die er ursprünglich gar nicht wollte. Am Ende waren beide nicht mehr ganz Herren ihrer Entschlüsse, beide übersahen nicht mehr völlig, worauf sie sich einließen."[14] Die Konferenz tagte in drei Phasen. Vom 3. bis zum 7. Juli 1973 trafen sich die Außenminister aller 33 europäischen Staaten (außer Albanien) sowie der USA und Kanadas in Helsinki, vom 18. September 1973 bis zum 21. Juli 1975 wurde dann der Text des KSZE-Dokuments auf Expertenebene in Genf erarbeitet, und vom 30. Juli bis zum 1. August fand, wiederum in Helsinki, das abschließende Treffen der Staats- und Regierungs- (bzw. Partei-)Chefs statt.

II.

In seiner Grundsatzerklärung zur KSZE vom 4. Juli 1973 machte Außenminister Scheel deutlich, worin die Bundesregierung deren besondere Bedeutung sah: „Die Bundesrepublik Deutschland hat den Verzicht auf die Androhung oder Anwendung von Gewalt stets als ein wesentliches Element ihrer Politik betrachtet... Zum anderen ist es – wie die Bundesregierung wiederholt klargestellt hat – das politische Ziel der Bundesrepublik Deutschland, auf einen Zustand des Friedens in Europa hinzuwirken, in dem das deutsche Volk in freier Selbstbestimmung seine Einheit wiedererlangt. Verzicht auf Gewalt ist nur ein Element der zwischenstaatlichen Beziehungen. Die souveräne Gleichheit, das Selbstbestimmungsrecht der Völker sowie die Achtung der Menschenrechte und Grundfreiheiten gehören ebenfalls dazu."[15] Hinter dem Engagement der Bundesrepublik auf der KSZE stand also, wie das bislang schon bei ihrem Einsatz im Rahmen der Europäischen Gemeinschaften der Fall gewesen war, der „Versuch, die Lage im geteilten Europa und damit zugleich auch die Lage der geteilten deutschen Nation zu bessern" – so der Staatssekretär des Auswärtigen Amtes, Paul Frank, in einem Beitrag für das „Europa-Archiv" 1972.[16]

Damit hatte die KSZE im Verständnis bundesdeutscher Politiker eine fundamentale Wandlung durchgemacht. Galt ihnen die europäische Sicherheitskonferenz bis Mitte der 60er Jahre als Instrument zur Verhinderung der deutschen Wiedervereinigung bzw. der Ausübung des Selbstbestimmungsrechtes durch das deutsche Volk, so avancierte die KSZE jetzt zum wichtigsten internationalen Forum für die Präsentation dieser

Forderung. Daran hat sich, nimmt man die Grundsatzerklärungen der Bundesregierungen zur KSZE, bis 1990 nichts geändert, auch nicht mit dem Regierungswechsel des Jahres 1982.

Hinter dem deutschen Engagement für die KSZE stand die Hoffnung, wie Scheel am 20. Januar 1973 in einem Beitrag für die „Süddeutsche Zeitung" schrieb, die „Entspannung in Europa könnte einen ‚Point of no return' erreichen, den Punkt, von dem sie nicht mehr rückgängig gemacht werden könnte".[17] Das aber hieß auch: Die Bundesrepublik hatte sich mit Blick auf ihr erklärtes Ziel, auf einen Zustand des Friedens in Europa hinzuwirken, in dem „das deutsche Volk in freier Selbstbestimmung seine Einheit wiedererlangt", in Geduld zu üben und auf zähe Detailarbeit einzustellen. Der KSZE-Prozeß war ein mühsames, wenn auch – zur Überraschung fast aller Beteiligten – zumindest für Deutschland schließlich erfolgreiches Unternehmen. Grundlage blieb die am 1. August 1975 unterzeichnete Schlußakte der Konferenz von Helsinki.

In sechs Sprachen, darunter der deutschen, abgefaßt, hatte die Akte – ein Regierungsabkommen, kein völkerrechtlicher Vertrag – mehrere Schwerpunkte. Das waren die „Körbe", in denen ursprünglich durch die Schweizer Delegation alle eingehenden Vorschläge sortiert worden waren. Diese Bezeichnung ist bis heute gebräuchlich, obgleich sie sich in der Schlußakte nicht findet.

Korb 1 enthält zum einen die „Erklärung über die Prinzipien, die die Beziehungen der Teilnehmer leiten", also den sog. Prinzipienkatalog, und zum anderen ein Dokument über „vertrauensbildende Maßnahmen und bestimmte Aspekte der Sicherheit und Abrüstung", zu denen z.B. die Ankündigung von Manövern zählt. Hier lag für lange Zeit die einzige sachliche Verbindung zum MBFR-Komplex. Korb 2 regelt die Zusammenarbeit in den Bereichen der Wirtschaft, der Wissenschaft und der Technik sowie der Umwelt. Gewissermaßen zwischen den Körben 2 und 3 sind die „Fragen der Sicherheit und Zusammenarbeit im Mittelmeerraum" angesiedelt. Damit sollte auch deutlich gemacht werden, daß Sicherheit und Zusammenarbeit nicht auf den europäischen Kontinent begrenzt werden können, sondern daß langfristig auch die angrenzenden Räume mit einbezogen werden müssen. In Korb 3 sind die für den Westen, insbesondere für die Bundesrepublik wichtigen Grundsätze der Zusammenarbeit in „humanitären und anderen Bereichen" formuliert. Korb 4 schließlich regelt die „Folgen der Konferenz".[18]

Schon zeitgenössischen Beobachtern stellte sich die Frage, welche Bedeutung und kurz- wie langfristige Folgen die in der Schlußakte festgeschriebenen Prinzipien für die Teilnehmerstaaten haben würden, vor allem für die Sowjetunion, den eigentlichen Initiator der Konferenz. Diese konnte zweifellos einen wichtigen Teilerfolg verbuchen. Wie schon zuvor im Rahmen der deutschen Ostpolitik, d. h. in den Verträgen der Bundesrepublik mit Moskau, Warschau und Prag sowie im deutsch-deutschen Grundlagenvertrag, wurde jetzt auch auf der gesamteuropäischen Ebene der Status quo festgeschrieben. In Korb 1 verpflichteten sich alle Teilnehmer ausdrücklich zur „Enthaltung von der Androhung oder Anwendung von Gewalt", zur „Unverletzlichkeit" der Grenzen, zur Beachtung der territorialen Integrität der Staaten sowie zum Prinzip der Nichteinmischung in die inneren Angelegenheiten der anderen.[19]

Dieser Katalog entsprach im wesentlichen jenen Vorstellungen, die der sowjetische Außenminister in seiner Grundsatzerklärung vom 3. Juli 1973 vorgetragen hatte. Dort hatte Gromyko von der „allgemeinen Anerkennung und Achtung der bestehenden territorialen und politischen Realitäten" gesprochen und sich dabei auf die „reale Lage" bezogen, „wie sie sich im Ergebnis des Zweiten Weltkrieges und der Nachkriegsentwicklung auf dem europäischen Kontinent herausgebildet" habe.[20] Insofern legitimierte die KSZE-Schlußakte, wie der damalige Bundeskanzler Schmidt rückblickend diagnostizierte, die Sowjetunion de facto „in ihrer Vormachtstellung in Osteuropa".[21]

Indessen ist nicht zu übersehen, daß einige klassische Forderungen der Sowjetunion nicht realisiert werden konnten und die Warschauer-Pakt-Staaten zugleich andere, westliche Vorstellungen akzeptieren mußten. Beides war im übrigen gerade für die Bundesrepublik von besonderer Bedeutung. So wurde zwar in Helsinki die „Unverletzlichkeit" der Grenzen festgeschrieben, nicht aber ihre „Unveränderbarkeit". Damit war immerhin, so unrealistisch das auch im Jahre 1975 klingen mochte, die Möglichkeit einer gewaltfreien, einvernehmlichen Änderung bzw. Korrektur der bestehenden Grenzen in Europa nicht ausgeschlossen. Daß der Warschauer Pakt schon frühzeitig, z. B. im Budapester Appell vom März 1969, bereit war, die Sprachregelung von der „Unverletzbarkeit" der Grenzen zu übernehmen,[22] zeigt, wie undenkbar seinen Repräsentanten eine wie immer geartete Änderung des Status quo schien.

Auch gelang es der Sowjetunion nicht, ihre alte Forderung nach Installierung eines europäischen Sicherheits*systems* durchzusetzen. Dieses hätte nach und nach die Funktion der beiden Blöcke übernehmen und damit an ihre Stelle treten sollen. Für die Mitgliedstaaten der NATO, auch und vor allem für die Bundesrepublik, bedeutete die Ablehnung bzw. Nichtrealisierung dieses Plans, daß ihre Sicherheit nach wie vor durch das Nordatlantische Bündnis gewährleistet wurde. Diese Einstellung war klassischer Ausdruck des sicherheitspolitischen Denkens seit den frühen 5oer Jahren, das eben immer auch und in erster Linie Blockdenken war (vgl. Kapitel 7).

Die Zunahme der Spannungen in der zweiten Hälfte der 70er Jahre, die sich z. B. in der sowjetischen Hochrüstung im Mittelstreckenbereich oder in den weltpolitischen Kampagnen der Sowjetunion – namentlich in Afghanistan – dokumentierte, schien aus westlicher Sicht zu bestätigen, daß dieses Denken notwendig und richtig zugleich war. Erst die Auflösungserscheinungen des Warschauer Paktes in den späten 8oer Jahren sowie die erfolgreichen Verhandlungen über einen ersten Vertrag über die Reduktion der konventionellen Streitkräfte in Europa (VKSE) ließen auch im Westen die ernsthafte Überlegung aufkommen, ob nicht langfristig Sicherheit in einem und durch ein kollektives europäisches System garantiert werden könne und müsse. Allerdings konnte die KSZE etwa aus der amerikanischen oder auch aus der deutschen Sicht der späten 8oer Jahre die NATO nicht ersetzen. Das durch die Auflösung des Warschauer Paktes entstandene Sicherheitsvakuum könne, so erläuterte der amerikanische Botschafter in Bonn, Vernon Walters, am 7. November 1990, „nicht durch einen Stammtisch von 34 Nationen gefüllt werden".[23]

Schließlich mußten die Staaten des Warschauer Paktes in Helsinki in der Frage der Menschenrechte und der Grundfreiheiten die weitergehenden Vorstellungen des Westens, der hier in erheblichem Maße von den blockfreien und neutralen Staaten unterstützt wurde, akzeptieren. Das gilt insbesondere für die in Prinzip VII von Korb 1 festgelegte „Achtung der Menschenrechte und Grundfreiheiten, einschließlich der Gedanken-, Gewissens-, Religions- oder Überzeugungsfreiheit" sowie für die Bestimmungen von Korb 3. Dort ist u. a. die Frage der „menschlichen Kontakte" geregelt, zu denen die „Familienzusammenführung" oder auch die „Verbesserung der Verbreitung von, des Zugangs zu und des Austausches von Information" zählen.[24]

Man muß auch in diesem Falle davon ausgehen, daß den Vertretern des Warschauer Paktes kaum die Tragweite und damit die längerfristigen Folgen dieser Bestimmungen bewußt gewesen sind. In der historischen Rückschau darf es als sicher gelten, daß die Schlußakte von Helsinki, die auch in den Staaten des damaligen Ostblocks einschließlich der DDR veröffentlicht wurde, für die Menschen und Völker Osteuropas ein wichtiges Instrument bei der Behauptung ihrer Rechte und Freiheiten gewesen ist. Überdies boten die Formulierungen der Körbe 1 und 3 für den Westen gleichsam ein legales Mittel, um sich in der Frage der Menschenrechte in die inneren Angelegenheiten der Staaten Osteuropas „einzumischen", ohne das zitierte Prinzip der Nichteinmischung in die inneren Angelegenheiten zu verletzen.

Es versteht sich von selbst, daß die Bundesrepublik sich engagiert für die Festschreibung der Menschenrechte und der Grundfreiheiten einsetzte. Insofern war die Schlußakte für sie und ihre Interessen ein großer Erfolg. Das gilt auch in anderer Hinsicht: So war nach ihrem Rechtsverständnis vor allem die deutsche Frage durch die KSZE nicht im Sinne der Teilung Deutschlands beantwortet worden. Überhaupt war die KSZE keine Konferenz über Deutschland. Die Schlußakte bedeutete auch keinen Ersatz- oder Quasi-Friedensvertrag wie z. B. das „Potsdamer Abkommen". Die Rechte und Verantwortlichkeiten der vier Mächte für Berlin und für Deutschland als Ganzes wurden nicht tangiert. Die Menschenrechte und Grundfreiheiten konnten fortan von den Bewohnern der DDR unter Berufung auf ein auch von ihrer Regierung unterzeichnetes Dokument öffentlich eingeklagt werden. Das gilt auch für das Selbstbestimmungsrecht der Völker, das traditionell gerade für die Bundesrepublik von besonderer Bedeutung war. Laut Prinzip VIII „haben alle Völker jederzeit das Recht, in voller Freiheit, wann und wie sie es wünschen, ihren inneren und äußeren politischen Status ohne äußere Einmischung zu bestimmen und ihre politische, wirtschaftliche, soziale und kulturelle Entwicklung nach eigenen Wünschen zu verfolgen".[25]

Daß beide Prinzipien, das der Un*verletzlich*keit der Grenzen und das des Selbstbestimmungsrechts aller Völker, ausdrücklich in die Schlußakte von Helsinki aufgenommen wurden, war daher für die Bundesrepublik ein wichtiger Erfolg, wenn es auch nicht gelang, dort die „deutsche Frage" selbst zu verankern. Und so überrascht es nicht, daß Bundeskanzler Schmidt in seiner Ansprache zum Abschluß der Konferenz, am 30. Juli 1975, noch einmal ausdrücklich feststellte: „Grenzen sind unverletzlich; sie müssen aber friedlich und einvernehmlich geändert werden können. Unser Ziel bleibt es, auf einen Zustand des Friedens in Europa hinzuwirken, in dem das deutsche Volk in freier Selbstbestimmung seine Einheit wiedererlangt."[26] Damit war einmal mehr ein wichtiges Anliegen bundesdeutscher KSZE-Politik, auch für die kommenden Jahre, formuliert. In welchem Maße ihre Architekten und Protagonisten bei der Verkündigung dieses Programms tatsächlich von dessen Realisierbarkeit überzeugt waren bzw. sein konnten, läßt sich schon deshalb kaum mehr ermitteln, weil alle Regierungen und Politiker durch die Präambel des Grundgesetzes dazu „aufgefordert" waren. Fest steht, daß der KSZE-Prozeß in den folgenden Jahren nur mühsam vorankam.

III.

Das I. Folgetreffen, das vom 4. Oktober 1977 bis zum 9. März 1978 in Belgrad stattfand, blieb ohne konkrete Ergebnisse. Immerhin wurde anerkannt, „daß der Meinungsaustausch in sich selbst einen wertvollen Beitrag zur Erreichung der von der Konferenz über Sicherheit und Zusammenarbeit gesetzten Ziele darstellt".[27] Tatsächlich bot die KSZE die Möglichkeit, auch in schwierigen internationalen Situationen im Gespräch zu bleiben. Das gilt übrigens nicht zuletzt für den deutsch-deutschen Meinungsaustausch. Auf der Ebene der KSZE waren die beiden deutschen Staaten in den 70er und 80er Jahren gewissermaßen permanent im Dialog.

Auch deshalb war die Bundesregierung bemüht, das Belgrader Treffen nicht zu einem Forum öffentlichen Anprangerns von Menschenrechtsverletzungen werden zu lassen. Insbesondere in den USA, und hier namentlich bei ihrem Präsidenten Jimmy Carter, der die Menschenrechte zum zentralen Thema seines politischen Programms erhoben hatte, gab es deutliche Tendenzen in diese Richtung. Daß in der Tat zahlreiche Verletzungen von KSZE-Prinzipien zu registrieren waren, wußte man natürlich auch und gerade in Bonn: Die Ausbürgerung prominenter Oppositioneller oder die Ausweisung von Journalisten aus der DDR, ganz zu schweigen vom „Schießbefehl" an der innerdeutschen Grenze, waren unübersehbar. Aber die Bundesregierung war der Auffassung, daß man durch das kontinuierliche, öffentliche Verurteilen dieser Aktionen möglicherweise das östliche Interesse und Vertrauen in die Entspannungspolitik und damit den KSZE-Prozeß gefährde. Die Opposition sah das durchaus anders.

Auch der KSZE-Prozeß blieb von der allgemeinen Verschlechterung des internationalen Klimas in der zweiten Hälfte der 70er Jahre nicht unberührt. Die sowjetische Hochrüstung im Mittelstreckenbereich und die westliche Antwort in Form des NATO-Doppelbeschlusses, die Krise im Iran, die weltpolitische Expansion der Sowjetunion mit ihrem Höhepunkt, dem Einmarsch nach Afghanistan, der vietnamesische Einmarsch nach Kambodscha und der chinesisch-vietnamesische Krieg, die Flotten-konzentration der beiden Supermächte im Indischen Ozean, alle diese Entwicklungen und andere mehr erreichten 1979/1980 einen vorläufi-gen Höhepunkt und hinterließen auch auf der KSZE ihre Spuren. Dem II. Folgetreffen, das vom 11. November 1980 bis zum 12. März 1982 und vom 9. November 1982 bis zum 6. September 1983 in Madrid abge-halten wurde, drohte gar nach der Verhängung des Kriegsrechts in Polen am 13. Dezember 1981 der Abbruch.

Immerhin konnte die Konferenz in ihrem abschließenden Dokument doch noch einige vorzeigbare Ergebnisse präsentieren. Dazu zählten u. a. neue Verpflichtungen bezüglich der Familienzusammenführung, der Er-leichterung der Arbeitsbedingungen von Journalisten sowie des ungehin-derten Zugangs zu ausländischen Missionen. Überdies erinnerten die Teilnehmer ausdrücklich „an das Recht des Individuums, seine Rechte und Pflichten auf dem Gebiet der Menschenrechte und Grundfreiheiten zu kennen und auszuüben".[28] Schließlich kam man überein, „eine Kon-ferenz über vertrauens- und sicherheitsbildende Maßnahmen und Ab-rüstung in Europa einzuberufen". Das war das sog. KVAE-Mandat.

Auch auf dem Madrider Treffen blieb die Bundesregierung bei der bekannten und aus ihrer Sicht bewährten Linie. Ihr konnte am wenig-sten an einer Verlangsamung oder gar an einem Abbruch des Prozesses gelegen sein, da die „von der Teilung Deutschlands und Europas ausge-henden Gefahren und Erschwernisse im menschlichen Zusammen-leben... besonders das deutsche Volk" belasteten. So jedenfalls hieß es in einer einstimmig angenommenen Entschließung des Bundestages zur KSZE vom 14. Januar 1982.[29]

Gerade in dieser Hinsicht bedeutete der Regierungswechsel vom 1. Oktober 1982 keinen Bruch, im Gegenteil. Ähnlich wie im Falle der Ost- und Deutschlandpolitik setzte die neue Regierung den Kurs ihrer Vorgängerinnen auch auf der KSZE im wesentlichen fort. Das stand insofern zu erwarten, als zum einen die FDP und der von ihr gestellte Außenminister eine gewisse Kontinuität verbürgten. Zum anderen aber hatte sich die Haltung der CDU/CSU zur KSZE grundlegend geändert. Hatte sie die Schlußakte von Helsinki abgelehnt, weil sie darin ähnlich wie in der Ost- und Deutschlandpolitik ein ohne Not erfolgtes Fest-schreiben der deutschen Teilung erblickte, so sah auch sie in den folgen-den Jahren in der KSZE zunehmend eine Möglichkeit, auf deren Über-windung hinzuwirken oder sie doch zumindest nicht weiter zu vertiefen. Wie ihre Vorgängerinnen hat dann auch die neue Bundesregierung das

Forum von KSZE und KVAE genutzt, um auf die Teilung Europas und Deutschlands und auf die Notwendigkeit ihrer Überwindung hinzuweisen. Erwähnt seien hier nur die Eröffnungsreden des Bundesaußenministers auf der KVAE am 19. Januar 1984 oder auf dem III. KSZE-Folgetreffen am 7. November 1986.

Die Zeit zwischen dem II. und dem III. Folgetreffen war mit insgesamt sechs Expertentreffen, Seminaren und Konferenzen zu Einzelthemen gefüllt. Insbesondere die Expertentreffen über Menschenrechte und Grundfreiheiten in Ottawa (1985) und über menschliche Kontakte in Bern (1986) sowie das im Herbst 1985 veranstaltete „Kulturforum" der KSZE blieben nicht nur ohne jedes konkrete Ergebnis. Sie ließen auch deutlich werden, wie wenig sich – vorerst noch – die USA und die Sowjetunion in diesen brisanten Fragen einander zu nähern vermochten.

Anders verhielt es sich im Falle der KVAE, die nach Abschluß des Vorbereitungstreffens Ende 1983 vom 17. Januar 1984 bis zum 19. September 1986 in Stockholm tagte. Denn dort gelang erstmals ein Durchbruch auf dem so sensiblen und zugleich wichtigen Sektor „Sicherheit". Schon die Tatsachen, daß diese Fragen nunmehr als Bestandteil des zwar mühsamen, aber alles in allem doch bewährten KSZE-Prozesses und nicht mehr nur ausschließlich oder vornehmlich der festgefahrenen MBFR-Verhandlungen betrachtet wurden, durfte als Erfolg gelten. Die Ergebnisse der KVAE wurden der Öffentlichkeit in einem Schlußdokument vorgestellt. Die Schwerpunkte lagen auf dem Gebiet der Ankündigung und Beobachtung von Manövern einschließlich sogenannter Überraschungsinspektionen. So verpflichteten sich die Teilnehmer beispielsweise, Beobachter zu militärischen Bewegungen ab 17 000 Mann einzuladen. Manöver mit mehr als 75 000 Mann mußten zwei Jahre vorher angekündigt werden. Vor allem wurden erstmals Maßnahmen zur „Einhaltung und Verifikation" beschlossen. Schließlich aber waren alle vereinbarten Maßnahmen in „ganz Europa" anzuwenden, d. h., sie waren in der Sowjetunion nicht mehr nur auf einen 250 km breiten Streifen ihres westlichen Territoriums beschränkt. Als „Anwendungszone für vertrauens- und sicherheitsbildende Maßnahmen" (VSBM) galt mithin ganz Europa bis zum Ural sowie „das angrenzende Seegebiet und der angrenzende Luftraum".[30]

Es bedarf kaum des ausdrücklichen Hinweises, daß diese Bestimmungen und Verpflichtungen gerade für ein Land wie die Bundesrepublik, deren Territorium zusammen mit dem der DDR im Falle einer kriegerischen Auseinandersetzung in Europa mit größter Wahrscheinlichkeit das Hauptschlachtfeld gewesen wäre, eine herausragende Bedeutung besaß. Als am 25. März 1987 erstmals zwei Bundeswehroffiziere in Uniform gemäß den Beschlüssen der KVAE ein Manöver von sowjetischen Soldaten und Angehörigen der Nationalen Volksarmee auf dem Gebiet der DDR beobachteten, hatte das mehr als nur symbolische Bedeutung. Zweifellos war mit der Schlußakte von Stockholm, wie der Außenminister am 2. Oktober 1986 vor dem Bundestag darlegte, „ein prinzipieller Durchbruch erreicht, dem für die gesamte Rüstungskontrolle Bedeutung zukommt".[31]

Eben dort knüpften dann auch die Verhandlungen des III. KSZE-Folgetreffens an, das am 23. September 1986, nur vier Tage nach Abschluß der KVAE, in Wien eröffnet wurde und am 9. Januar 1989 erfolgreich beendet werden konnte. Nach Auffassung des Bundesaußenministers war dieses Treffen „das umfassendste Verhandlungsforum souveräner europäischer Staaten seit dem Wiener Kongreß 1815", der immerhin für Jahrzehnte eine neue europäische Ordnung etabliert hatte. Ziel der Konferenz, so Genscher weiter, mußte es daher sein, dafür Sorge zu tragen, daß ein Krieg in Europa „nie wieder führbar" werde, „weder ein nuklearer noch ein konventioneller".[32]

Daß dieses Treffen tatsächlich Erfolge vorweisen, daß in Wien namentlich konkrete Mandate für entsprechende Verhandlungen erteilt werden konnten, lag wiederum nicht zuletzt an den Rahmenbedingungen, unter denen es stattfand. Hatten vor allem die Hochrüstung im nuklearen Mittelstreckenbereich und der sowjetische Einmarsch nach Afghanistan Anfang der 80er Jahre den KSZE-Prozeß belastet, so konnten eben jene belastenden Faktoren während der Zeit des Wiener Folgetreffens beseitigt werden. Am 15. Mai 1988 begann die Sowjetunion mit dem angekündigten Rückzug ihrer Truppen aus Afghanistan, der am 15. Februar 1989 abgeschlossen wurde. Bereits am 8. Dezember 1987 war nach langen und schwierigen Verhandlungen in Washington der amerikanisch-sowjetische Vertrag über INF (Intermediate-Range Nuclear Forces), also über die nuklearen Mittelstreckenraketen, und zwar größerer und kürzerer Reichweite, unterzeichnet worden, der als „doppelte Null-Lösung" in die Geschichte eingegangen ist. Wichtig an diesem Vertrag war sein Präzedenzcharakter: Erstmals hatte die Sowjetunion einer asymmetrischen Reduzierung eines Waffensystems zugestimmt.

Die Ergebnisse des III. Folgetreffens wurden am 15. Januar 1989 veröffentlicht. Mit seinen zahlreichen Anhängen ist dieses Dokument umfangreicher als die Schlußakte von Helsinki. Zu den wichtigsten Bestimmungen, zu denen u. a. auch die Beschlüsse über die Einberufung weiterer Konferenzen z. B. über die menschliche Dimension der KSZE zählen, gehören vor allem die im Rahmen der „neuen Bemühungen um Sicherheit und Abrüstung in Europa" erteilten Mandate. Einmal wurde der KVAE-Gedanke in Form von „Verhandlungen über vertrauens- und sicherheitsbildende Maßnahmen" (VVSBM) der KSZE-Teilnehmer fortgeführt. Dann aber erteilte die KSZE den Staaten der NATO und des Warschauer Paktes ein Mandat, „Verhandlungen über konventionelle Streitkräfte in Europa" (VKSE) zu führen.[33] Sie sollten die seit 1973 mehr oder weniger erfolglos geführten, dann auch am 2. Februar 1989 ohne Ergebnis beendeten MBFR-Verhandlungen ablösen, jedoch ausdrücklich „im Rahmen des KSZE-Prozesses".

Wieder hatte die Bundesrepublik ein herausragendes Interesse an erfolgreichen Verhandlungen. Wieder war sie eine der treibenden Kräfte zunächst des III. Folgetreffens, dann der am 6. März 1989 ebenfalls in Wien eröffneten parallelen Verhandlungen über VSBM und KSE. Wieder nutzte die Bundesregierung das Forum der KSZE, in diesem Falle den Abschluß des Folgetreffens, um am 18. Januar 1989 festzustellen, daß die Bundesrepublik auch „weiter, wie es im Brief zur deutschen Einheit heißt, auf einen Zustand in Europa hinwirken" werde, „in dem das deutsche Volk in freier Selbstbestimmung seine Einheit wiedererlangt".[34]

Gewiß, kaum jemand, der in den 70er und 80er Jahren dieses Standardbekenntnis hörte oder aussprach, dürfte mehr an eine Realisierung in absehbarer Zeit geglaubt haben. Auch von einem aktiven „Hinwirken" konnte keine Rede sein – es sei denn, man hätte, von der Öffentlichkeit gleichsam unentdeckt, nach jener Maxime gehandelt, die Egon Bahr in seiner berühmten Tutzinger Rede vom Juli 1963 als „Wandel durch Annäherung" definiert hatte.[35] Die überwiegende Mehrzahl der Deutschen und der Europäer teilte wohl jene Ansicht, die Franz-Josef Strauß in einem Interview mit der Wochenzeitung „Die Zeit" vom 8. April 1966 so formulierte: „... ich glaube nicht an die Wiederherstellung eines deutschen Nationalstaates, auch nicht innerhalb der Grenzen der vier Besatzungszonen."[36] Und dann kam alles doch ganz anders.

Es dürfte außer Frage stehen, daß die feste Einbindung der Bundesrepublik in die NATO, die EG und nicht zuletzt in den KSZE-Prozeß die Zustimmung der Europäer zur deutschen Einigung erleichtert hat. Insofern zahlte sich jetzt die konsequente Mitarbeit in diesen Gemeinschaften und an diesen Konferenzen aus, an der alle Bundesregierungen seit

1949 festgehalten hatten. Das gilt seit den beginnenden 70er Jahren auch für die KSZE, ein „Herzstück dieser gesamteuropäischen Architektur", wie Bundeskanzler Kohl in seinem „Zehn-Punkte-Programm zur Überwindung der Teilung Deutschlands und Europas" am 28. November 1989 vor dem Bundestag formulierte.[37] Als diese sich dann wesentlich schneller als erwartet abzeichnete und der Bundeskanzler während seines Besuchs beim sowjetischen Präsidenten Gorbatschow am 15. und 16. Juli 1990 dessen Einverständnis erwirkte, daß das vereinte Deutschland in Ausübung seiner uneingeschränkten Souveränität frei und selbst entscheiden könne, welchem Bündnis es angehören wolle, geschah dies mit ausdrücklichem Bezug auf die „KSZE-Schlußakte".[38] Das ist gerade dann bemerkenswert, wenn man in Rechnung stellt, daß es eben jene Sowjetunion gewesen war, die seit den 50er, in gewisser Weise schon seit den 30er Jahren auf eine solche Konferenz hingearbeitet hatte, und das über lange Zeit gegen den Widerstand insbesondere der Bundesrepublik.

Als schließlich die Staats- und Regierungschefs der nunmehr nur noch 34 Teilnehmerstaaten vom 19. bis zum 21. November 1990 in Paris zusammentrafen, konnten sie zwei Ereignisse zur Kenntnis nehmen, die wohl kein Teilnehmer des letzten Gipfeltreffens im August 1975 in Helsinki für möglich gehalten hätte. Zum einen war am 19. November von den 22 NATO- und Warschauer-Pakt-Staaten das erste VKSE-Abkommen über den Abbau der konventionellen Streitkräfte in Europa unterzeichnet worden.[39] Damit waren die ursprünglich als MBFR-Gespräche geführten Verhandlungen im Rahmen des KSZE-Prozesses zu einem ersten, erfolgreichen Abschluß gelangt. Daß es bereits Anfang des Jahres 1991 wieder zu einer Ernüchterung kam und der amerikanische Außenminister Baker dem Parlament am 7. Februar unter Bezug auf Verletzungen des VKSE-Abkommens durch die Sowjetunion empfahl, dieses vorerst nicht zu ratifizieren, ändert nichts an *diesem* Befund.

Zum anderen aber begrüßten die 34 Staats- und Regierungschefs in ihrer „Charta für ein neues Europa" „aufrichtig, daß das deutsche Volk sich in Übereinstimmung mit den Prinzipien der Schlußakte der Konferenz über Sicherheit und Zusammenarbeit in Europa und in vollem Einvernehmen mit seinen Nachbarn in einem Staat vereinigt hat".[40] Damit wiederum war die Bundesrepublik an jenes Ziel gelangt, das sie gemäß den Erklärungen ihrer führenden Repräsentanten nicht zuletzt auf dem Wege einer konstruktiven Mitarbeit an der KSZE, also durch Europa, erreichen zu können erhofft hatte.

V. Ausblick

9. Bewährungsprobe.

Deutsche Außenpolitik nach der Vereinigung

Die Zeit um die Jahreswende 1990/91 sah die auswärtige Politik der Bundesrepublik in einer schwierigen Lage. Soeben erst, am 9. November 1989, war die Mauer, das Symbol der deutschen Teilung, überwunden worden. Innerhalb nur eines Jahres konnte dann der neue Status völkerrechtlich verbindlich verankert werden. Nach der Unterzeichnung des sogenannten „Zwei-plus-Vier-"Vertrages durch die alliierten Siegermächte des Zweiten Weltkrieges und die beiden deutschen Teilstaaten am 12. September 1990 wurde wenige Wochen später, am 3. Oktober, deren Vereinigung in Berlin feierlich begangen.

Das alles geschah zu einem Zeitpunkt, ein halbes Jahrhundert nach dem Zweiten Weltkrieg, als kaum mehr jemand mit einer solchen Entwicklung gerechnet hatte, auch nicht in Deutschland. Überraschend waren aber nicht nur die Tatsache und der Zeitpunkt des Mauerfalls, sondern vor allem auch das Tempo der Vereinigung, das selbst um die Jahreswende 1989/90 kaum ein Beteiligter für möglich gehalten hätte.

Die Ereignisse überstürzten sich. Unversehens und unvorbereitet befand sich die Bundesrepublik in einer neuen, ungewohnten Rolle, der Rolle einer europäischen Großmacht. Damit nicht genug, war sie auch sogleich gefordert, als solche zu agieren. Die schweren internationalen Krisen des Winters 1990/91 in Ost- und Ostmitteleuropa sowie insbesondere im Nahen Osten stellten die deutsche Außenpolitik offenkundig vor eine kaum lösbare Aufgabe. Die Erschütterungen des Sommers 1991, der Bürgerkrieg in Jugoslawien und der Putschversuch in der Sowjetunion, konfrontierten die Bundesrepublik nur wenige Monate später mit einer nicht minder problematischen Situation. Aus diesen Erfahrungen lassen sich Schlüsse ziehen, eröffnen sich Ausblicke auf das, was die Außenpolitik der Großmacht Bundesrepublik nach der Vereinigung leisten muß, was sie nicht leisten kann, was sie unterlassen sollte.

Es liegt daher nahe, zunächst (I) einen Rückblick auf die deutsche Politik in den Krisen des Januars und Februars 1991 zu werfen und dann (II) nach den historischen wie politischen Gründen für ihr jedenfalls

partielles Scheitern zu fragen. Schließlich (III) sind einige Schlußfolgerungen für die Zukunft zu ziehen.

I.

Der 3. Oktober 1990, der Tag der Vereinigung der beiden vormaligen
deutschen Teilstaaten Bundesrepublik und DDR, war auch ein Tag der
historischen Besinnung und des politischen Dankes. In diesem Sinne
sagte Bundespräsident von Weizsäcker, gerichtet an die westlichen
Nachbarn und Verbündeten, in seiner Rede auf dem Staatsakt im Berliner Reichstagsgebäude: „Zu danken ist... den Bürgerinnen und Bür-
gern im Westen. Ohne das Vertrauen der Völker in uns Deutsche hätten
wir uns nicht vereinigen können... Die Deutschen sind berechenbare,
zuverlässige und geachtete Partner geworden. Das hat die innere Zustimmung unserer Nachbarn und der ganzen Welt zu unserer Einheit
ganz entscheidend gefördert."[1]
   Nicht einmal vier Monate später zeigte sich mancher jener Nachbarn,
denen der Bundespräsident mit gutem Grund den Dank des nunmehr
vereinten Deutschland abgestattet hatte, irritiert, gelegentlich auch empört über die Deutschen. Der Grundtenor war eindeutig. Einer zunehmenden Zahl von Briten, Franzosen, Amerikanern und vielen anderen
mehr galten die Deutschen weder als berechenbar noch als zuverlässig
und eben deshalb schon gar nicht mehr als „geachtete Partner". Das
„Vertrauen der Völker" in die Deutschen, so schien es, war geschwun-
den.
   Was war geschehen? In der Nacht vom 16. auf den 17. Januar 1991
hatte eine alliierte Koalition aus 29 Staaten die Kampfhandlungen gegen
den Irak eröffnet. Sie folgte damit einer ohne Gegenstimme gefaßten
Resolution des Weltsicherheitsrates der Vereinten Nationen, in welcher
der Irak ultimativ zur Räumung des am 2. August 1990 gewaltsam be-
setzten Kuwait aufgefordert worden war.
   Damit war auch die frisch vereinte Bundesrepublik – ihre Öffentlichkeit, ihre Medien und vor allem ihre politischen Repräsentanten – aufgefordert, Stellung zu beziehen, gezwungen zu reagieren. Daß unter den
gegebenen politischen Bedingungen und den Bestimmungen des Grundgesetzes keine Bundeswehreinheiten in die alliierte Koalition, also zur
Teilnahme an Kampfhandlungen außerhalb des NATO-Gebietes ent-
sandt werden konnten, war im wesentlichen unbestritten. Allerdings

hatte z. B. Gerd Bucerius, Mitglied der ersten Deutschen Bundestage und in diesen Dingen erfahren, am 1. Februar 1991 in einem Beitrag für die von ihm gegründete Wochenzeitung „Die Zeit" klargestellt, daß „wenn die Nation entschlossen ihre Pflicht tun" wolle, die „*Verfassung schnell geändert*" werden könne, sei sie doch „oft genug schon einer neuen Lage angepaßt" worden.²

Daß sich die Deutschen unter dem Druck der Krise nicht zu einer sofortigen Änderung ihrer Verfassung entschließen mochten, war auch im Ausland einsehbar. Daß hingegen ihre führenden Repräsentanten schwiegen, daß sie die Außendarstellung der Republik zeitweilig einer sich lautstark gegen die Alliierten artikulierenden Minderheit überließen, überraschte, ja befremdete. Immerhin hatte ihnen die politische Bühne der Jahre 1989/90 gehört, zuletzt der KSZE-Gipfel des Novembers 1990, und sie hatten sie für die Präsentation ihres Anliegens, die deutsche Vereinigung, und für publikumswirksame Auftritte vor der internationalen Öffentlichkeit zu nutzen gewußt. Nunmehr, im Januar 1991, wurden die deutschen Politiker gesucht, zunächst von ihren Kollegen, dann von den Medien der verbündeten und befreundeten Staaten, schließlich von einer rasch wachsenden Zahl skeptisch fragender Zeitgenossen. Unverständnis kam auf, dann auch Unmut, der in den Nachrichten skandalöser Waffenlieferungen – auch – deutscher Firmen an den Irak zusätzlich Nahrung fand. Der tschechoslowakische Dramatiker Pavel Kohut etwa zeigte sich noch rückblickend, Mitte März, „schockiert", daß eine „Nation, die von einem Diktator fast ausgerottet worden wäre, nicht aufsteht, wenn es darum geht, einen anderen Diktator zu stoppen". Selbst der Berater des russischen Präsidenten Gorbatschow, Nikolai Portugalow, fand die Haltung der Deutschen „ein bißchen pervers".³

Was jenseits der deutschen Grenzen erwartet wurde, war nicht nur eine Beteiligung im Rahmen des Möglichen. Die galt als selbstverständlich, und es gab sie durchaus und nicht zu knapp, von der Bereitstellung des Territoriums der Bundesrepublik als Drehscheibe für den Golf-Nachschub bis hin zu massiven Material- und Waffenlieferungen und, nach einiger Diskussion, der Zahlung erheblicher Geldbeträge. Es war im übrigen eben diese indirekte Art der Unterstützung, die der deutschen Politik in ausländischen Medien alsbald die klischeehafte Charakterisierung als „Scheckbuchdiplomatie" eintrug.⁴ Dabei beschränkten sich die deutschen Aktivitäten keineswegs nur auf materielle Unterstützung. So beteiligten sich Bundeswehreinheiten an vorsorglichen militärischen Maßnahmen der NATO zur Verhinderung eines Angriffs auf den Bündnispartner Türkei. Schließlich kam es, einige Wochen nach Beendigung der Kampfhandlungen, aber noch vor Unterzeichnung des endgültigen Waffenstillstandes, zur Entsendung deutscher Minensuchboote in den Persischen Golf. Es ist bezeichnend für die tiefe Unsicherheit der deutschen Politik in dieser Krise, daß diese Maßnahmen geradezu heimlich, vor der Öffentlichkeit verborgen, beschlossen und durchgeführt wurden und daß es in den Fällen, in denen das, wie bei der Beteiligung an NATO-Aktionen, nicht möglich war, zu einer wenig überzeugenden öffentlichen Debatte kam.

Wie gesagt: Aus der Sicht der Allianz galt diese Unterstützung als selbstverständlich, erwartet aber wurde mehr. Erwartet wurde zunächst eine umgehende, öffentliche Solidarisierung führender Repräsentanten aller politischen Parteien und insbesondere der Bundesregierung mit den Alliierten, z. B. in Form demonstrativer Besuche in London, Paris, Washington oder Rom. Daß ein solcher Besuch, als er schließlich in Aussicht gestellt wurde, manchem Verbündeten nicht mehr als vordringlich galt und erst am 28. Februar, dem Tag der Einstellung der Kampfhandlungen, zustande kam, wirft ein bezeichnendes Licht auf die allgemeine Irritation.

Buchstäblich in letzter Minute, anläßlich der Eröffnung der alliierten Bodenoffensive zur Befreiung Kuwaits in der Nacht vom 23. auf den 24. Februar 1991, hatte die deutsche Politik ihre Sprache wiedergefunden. Nachdem sich ihre führenden Repräsentanten noch wenige Tage und Stunden zuvor als einziger größerer Partner der westlichen Allianz für einen aus alliierter Sicht nicht akzeptablen sowjetischen Friedensplan ausgesprochen hatten, ließen sie jetzt in mehreren öffentlichen Stellungnahmen keinen Zweifel mehr daran, daß die Aktion in dieser Form und zu diesem Zeitpunkt legitim und notwendig sei und daß man in politischer Solidarität „fest und unverbrüchlich"[5] an der Seite der alliierten Koalition stehe.

Mit zunehmendem Erstaunen wurde schließlich in den westlichen Metropolen ein eindeutiges, öffentliches Bekenntnis zu jenem Bündnis und zu jenen Verbündeten vermißt, auf die sich die Deutschen ihrerseits mehr als 40 Jahre verlassen hatten und verlassen konnten, zuletzt bei der Zustimmung zur deutschen (Wieder-)Vereinigung, die von manchem Nachbarn keineswegs leichten Herzens gegeben worden war. Das schloß die Erwartung ein, daß über den Bündnisfall mit deutscher Beteiligung von den zuständigen Gremien entschieden und, sollte er als gegeben festgestellt werden, er auch von der Bundesrepublik als solcher behandelt werde.

Daß diese Irritationen keinen bleibenden, jedenfalls keinen sichtbaren Schaden im Verhältnis Bonns zu seinen Verbündeten hinterließen, hatte gewiß auch mit dem gesteigerten bzw. gefestigten Selbstbewußtsein zu tun, mit dem die westliche Vormacht aus der diplomatisch und militärisch unerwartet souverän gemeisterten Krise am Golf hervorging. Hinzu kam, daß die Deutschen, wie das der amerikanische Politikwissenschaftler Helmut Sonnenfeld formulierte, in den USA ein „enormes politisches Kapital" besitzen.[6] Und schließlich war klar, daß die größere Bundesrepublik auch und gerade in der Zukunft als stabiler Faktor in Europa gebraucht werden würde. Die Entwicklungen in Südosteuropa, vor allem aber die dramatischen Ereignisse in der Sowjetunion – der gescheiterte Putsch, die Auflösung der KPdSU sowie der Untergang der UdSSR in ihrer alten Form – sollten das nur wenige Monate später bestätigen.

II.

Daß die deutsche Außenpolitik in diesen ersten Wochen des Jahres 1991 überfordert schien, hatte, historisch gesehen, vor allem drei Gründe. Einmal hatte man den Deutschen nach Beendigung des Zweiten Weltkrieges deutlich gemacht, daß die Zeiten aktiver Großmachtpolitik endgültig vorüber, daß also die Erinnerungen an die deutschen Ambitionen in der ersten Hälfte des Jahrhunderts durchaus lebendig seien. Für die vormaligen Kriegsgegner waren das „Dritte Reich" und der von Hitler entfesselte Krieg vor allem auch der vorläufig letzte Ausdruck einer langen Tradition, die in der Zeit Friedrichs des Großen mit dem Aufstieg Preußens zur Großmacht begonnen hatte und die seitdem ungebrochen schien. Insofern war ihr Ziel nicht nur die Ausrottung des Nationalsozialismus gewesen, sondern auch die Zerschlagung der Großmacht Deutsches Reich und ihres preußischen Kerns (vgl. Kapitel 6).

Das deutsche Machtbewußtsein war entsprechend gründlich demontiert worden, zunächst von außen, durch die alliierten Siegermächte des Zweiten Weltkrieges, dann von innen, durch ein schlechtes Gewissen, das in seiner unreflektierten Radikalität die angemessene Bewältigung nationaler Vergangenheit eben keineswegs gefördert, sondern vielmehr gerade verhindert hatte. So wurde, wie Hans-Peter Schwarz einmal treffend diagnostiziert hat, aus mitunter ungezügelter „Machtbesessenheit" neurotische „Machtvergessenheit".[7]

Das fiel deshalb zunächst kaum auf, weil der Handlungsspielraum der deutschen Außenpolitik auch nach 1949/1955 stark eingeschränkt war. Hier lag zugleich der zweite Grund für ihre Überforderung um die Jahreswende 1990/1991. Bis zum Oktober 1990 stand sie unter den alliierten Vorbehalten bezüglich Berlins und Deutschlands als Ganzem und war damit in vitalen Fragen allenfalls bedingt handlungsfähig. Überdies galt die Verteidigung der Bundesrepublik ohne das Bündnis als undenkbar. Damit wiederum waren klare außenpolitische Vorgaben verbunden. Kurswechsel oder -korrekturen deutscher Außenpolitik, wie z. B. die Ost- und Deutschlandpolitik der Jahre 1969–1973, erfolgten deshalb stets in enger Absprache und im Einvernehmen mit den Westmächten. Konnte es da überraschen, daß die deutsche Außenpolitik, als sie im Jahre 1990 unerwartet in die Pflicht souveränen Agierens als europäische Großmacht genommen wurde, hilflos und überfordert wirkte?

Aber dieser Zustand hatte noch eine dritte Ursache. Denn ganz unübersehbar war der auch nach dem 9. November 1989 zunächst nicht erwartete, dann in rasantem Tempo sich vollziehende Prozeß der deutschen (Wieder-)Vereinigung bei manchen Nachbarn auf tiefe Skepsis gestoßen. Alte Ängste, die zur Zerschlagung der Großmacht Deutsches Reich geführt hatten, kamen in Erinnerung und wurden z. T. öffentlich artikuliert. Das „Deutschland-Seminar", das die britische Premierministerin Thatcher im März 1990 mit einer Gruppe englischer und amerikanischer Historiker veranstaltete, um sich über mögliche, in der deutschen Einigung liegende Gefahren zu unterrichten, schlug, als es Monate später publik wurde, hohe Wellen.[8] Die Debatten um die deutsche Einigung und schließlich der 3. Oktober selbst spülten in der englischen Presse wieder einmal das Bild des „häßlichen Deutschen" an die Oberfläche der öffentlichen Meinung. Ähnlich skeptische Stimmen waren auch in anderen Ländern zu vernehmen. Schließlich ist die Beobachtung unabweisbar, daß gerade auch aus der Sicht verbündeter Staaten, von Israel ganz zu schweigen, ein Engagement deutscher Truppen außerhalb des NATO-Gebietes noch in den Wochen und Monaten des Vereinigungsprozesses als wenig erwünscht, in jedem Falle aber als kaum vorstellbar galt. Noch Anfang November 1990 hatte sich beispielsweise die große Mehrheit der Amerikaner nach einer Umfrage des „Chicago Council on Foreign Relations" dagegen ausgesprochen.[9]

Daß die deutsche Außenpolitik, gleichermaßen konfrontiert mit diesen alten Vorurteilen, Vorbehalten und Verboten wie mit neuen Herausforderungen, in der Situation des Januars und Februars 1991 wie gelähmt wirkte, hatte schließlich noch einen aktuellen politischen Grund.

Die schwere internationale Krise dieser Wochen war eine Doppelkrise, und aus deutscher Sicht waren die dramatischen Entwicklungen in Ost- und Ostmitteleuropa nicht minder brisant als der Krieg am geographisch eher entfernten Persischen Golf. Immerhin war die Bundesrepublik, gelegen an der Nahtstelle zwischen Ost und West, von den Vorgängen im Osten Europas und namentlich im weiter zerfallenden Sowjetimperium besonders tangiert. Auf ihrem Territorium standen zu diesem Zeitpunkt noch über 350 000 mit modernsten, auch taktischen Nuklear-Waffen ausgerüstete Angehörige jener Roten Armee, die soeben in Litauen massiv zur Kontrolle der dortigen Unabhängigkeitsbestrebungen eingesetzt worden war. Die Verträge mit der Sowjetunion, vor allem der deutsch-sowjetische „Vertrag über gute Nachbarschaft, Partnerschaft und Zusammenarbeit" und der „Zwei-plus-Vier"-Vertrag wurden vom Obersten Sowjet erst am 4. März 1991 ratifiziert, der deutsch-sowjetische Vertrag über die Stationierung und „die Modalitäten des planmäßigen Abzuges der sowjetischen Truppen aus dem Gebiet der Bundesrepublik Deutschland" einen Monat später, am 2. April.

Hinzu kamen aus westlicher Sicht erhebliche Verstöße der Sowjetunion gegen Geist und Buchstaben des am 19. November 1990 am Rande des Pariser KSZE-Gipfels unterzeichneten ersten „Vertrages über Konventionelle Streitkräfte in Europa" (VKSE), die Anfang Februar 1991 in den USA zu einer Verschiebung der Ratifizierung führten. Auch das betraf, potentiell, wiederum in erster Linie die Bundesrepublik. Immerhin bestand ihre Gegenleistung für das sowjetische Zugeständnis zur Vereinigung und insbesondere zur NATO-Zugehörigkeit Deutschlands in einem erheblichen Abbau der gesamtdeutschen Streitkräfte. Schließlich rief auch die am 25. Februar mit Wirkung zum 1. April 1991 beschlossene Auflösung der militärischen Struktur des Warschauer Paktes keineswegs nur Beruhigung hervor: Die Gefahr eines militärischen Vakuums in Südost- und Ostmitteleuropa war vor dem Hintergrund der Vorgänge in den baltischen Staaten, Jugoslawien oder Albanien nicht ganz von der Hand zu weisen.

Daß alle diese Entwicklungen die Bundesrepublik als den östlichsten Partner des westlichen Bündnisses in besonderem Maße betrafen, ist offenkundig. In Bonn mußte man in den ersten Wochen des Jahres 1991 zur Kenntnis nehmen, daß jene Verbündeten, an die man sich seit 1949 in solchen Situationen zu wenden pflegte, nicht nur ihre Kräfte in erheblichem Maße anderweitig, am Persischen Golf, gebunden hatten, sondern offenbar auch der Überzeugung waren, das größere Deutschland

könne und werde die es unmittelbar berührenden bilateralen Probleme
in einer seinem neuen Status angemessenen Weise handhaben: Schließlich hatten die Deutschen doch auch die sowjetische Zustimmung zur
Vereinigung beim Kaukasus-Besuch des Bundeskanzlers am 15. und
16. Juli 1990 im direkten Kontakt und insofern unter „Andeutung" einer gewissen „deutschen Sonderstellung innerhalb des westlichen Bündnisses" erwirkt, wie mit Fritz Stern einer der Teilnehmer am zitierten
„Deutschland-Seminar" noch im Juli 1990 bemerkte.[10]

III.

Die Bundesrepublik des Januars 1991 war nicht mehr die gleiche wie
etwa noch die des Januars 1990. Das lag nicht nur an ihrem völkerrechtlich neuen Status. Vielmehr hatte der Vereinigungsprozeß für das nun
wieder größere Deutschland den anfangs sträflich unterschätzten Ne-
beneffekt, schon in den Augen vieler Beobachter zwangsläufig mehr zu
sein als eine im sicheren Windschatten des Ost-West-Konflikts prospe-
rierende mittlere Macht. Daraus ergeben sich Schlußfolgerungen für die
deutsche Außenpolitik der Zukunft, ihre Möglichkeiten, aber auch ihre
Grenzen.

Denn das lehrt der Blick in die Geschichte Preußen–Deutschlands:
Ein Land in einer derart exponierten geostrategischen Lage, mit einem
solchen wirtschaftlichen Potential, mit einer hochmodernen, trotz aller
Selbstbeschränkung schlagkräftigen Armee, mit einem seit der Vereinigung der beiden Teilstaaten erheblichen Territorium sowie einer im europäischen Vergleich überdurchschnittlichen Bevölkerungszahl ist keine
europäische Mittelmacht. Die gewaltigen, insbesondere wirtschaftlichen
Probleme des Vereinigungsprozesses mochten anfänglich darüber hin-
wegtäuschen. Das gilt gerade auch im Vergleich zu traditionellen europäischen Großmächten wie Frankreich und Großbritannien und selbst
dann noch, wenn man in Rechnung stellt, daß die Bundesrepublik anders als diese keine Atommacht ist, jedenfalls keine mit eigener Produktion und exklusiver Verfügung.

Aber der Zerfall des sowjetischen Imperiums, die Auflösungserscheinungen in Jugoslawien und andere Entwicklungen mehr bedeuten
zwangsläufig auch eine weitere relative Aufwertung des deutschen Ge-
wichts innerhalb der europäischen Staatengemeinschaft. Hier werden
Dramatik und Tempo des internationalen Umbruchs der ausgehenden

80er und beginnenden 90er Jahre besonders deutlich: War die deutsche Teilung nach 1945 eine der Ursachen des Kalten Krieges mit seinen gefährlichen Krisen und jahrzehntelangen Spannungen, so gilt das vereinte Deutschland, die Großmacht in der Mitte Europas, heute vielen als Garant für die politische und wirtschaftliche Stabilität des Kontinents. Die deutsche Außenpolitik muß sich auf diese neue Lage und die Risiken wie die Möglichkeiten, die sie in sich birgt, vor allem aber auch auf die Verantwortung, die sie mit sich bringt, einstellen.

Zwar ist die neue deutsche Großmacht fest in die europäischen und atlantischen Gemeinschaften eingebunden und insofern in einigen Bereichen ohnehin nicht alleine entscheidungs- bzw. handlungsfähig. Auch ist für den Augenblick nicht absehbar, ob, wann, wie und mit welchem Ziel die Großmacht Bundesrepublik ihre Macht einsetzen und nutzen wird. Dafür kam der neue Status zu unerwartet und zu schnell: Ein „Wille zur Macht", wie er während vieler Epochen preußisch-deutscher Außenpolitik bis 1945 eine zentrale Rolle gespielt und für aktive Großmachtpolitik als konstitutiv zu gelten hatte (vgl. Kapitel 3), ist nicht erkennbar. Das deutsche Machtbewußtsein war nach dem Krieg demontiert und durch eine radikale Machtvergessenheit ersetzt worden, die Deutschen, so Hans-Peter Schwarz, wurden „gezähmt".

Insofern ist auch die größere Bundesrepublik auf unbestimmte Zeit „kriegsunfähig", wie der langjährige sowjetische Botschafter in Bonn, Valentin Falin, Anfang 1991 feststellte. Überdies sei sie schon durch die „heutige Entwicklung der Industrie, der Energie, aber auch durch die ganze Situation in Europa bei jedem Krieg dazu verurteilt, unterzugehen, katastrophal und für immer".[11] Das gilt sicher nicht nur für Deutschland, und die Aussicht auf den Untergang hat den Deutschen in diesem Jahrhundert schon einmal, allerdings im vornuklearen Zeitalter, vor Augen gestanden, ohne sie zur Verhinderung bzw. Beendigung des total geführten Krieges bewegen zu können. Aber die Prognose mag skeptische Beobachter bis zu einem gewissen Grade beruhigen.

Indessen ist die Potenz für aktive Großmachtpolitik vorhanden, sind die genannten Voraussetzungen für gezielte Machtentfaltung gegeben, die ja keineswegs auf gewaltsamem oder gar kriegerischem Wege erfolgen muß. Das jedenfalls scheint jenen näheren und ferneren Nachbarn sehr wohl bewußt zu sein, die mit der Teilung Deutschlands und anderen Maßnahmen mehr nach 1945 dieses Potential eben deshalb zerstört hatten, weil sie den Wiederaufstieg einer deutschen Großmacht für alle Zeiten verhindern wollten.

Die neue Rolle birgt also Gefahren, auch und nicht zuletzt Chancen, vor allem aber geht sie mit Erwartungen und Ansprüchen einher, die von außen an die neue, die größere Bundesrepublik gestellt werden. Denn das ist gewiß: War die Teilung Deutschlands ein von außen aufgezwungener Zustand, der z. B. als Argument für zurückhaltendes Agieren bei internationalen Verpflichtungen mobilisiert werden konnte, so galt die Vereinigung als ureigener deutscher Wunsch seit 1949, ja als das eigentliche, gelegentlich beinahe einzige Ziel deutscher Außenpolitik. Bis zuletzt, so etwa auf dem Forum der KSZE-Folgetreffen, haben bundesdeutsche Politiker auf das nicht verwirkte Recht der Deutschen verwiesen, „in freier Selbstbestimmung die Einheit und Freiheit Deutschlands zu vollenden". Sie mögen das jeweils geglaubt, gewollt und angestrebt haben oder auch nicht.

Dann war sie da, die Einheit, und mit ihr die neuen Herausforderungen, Verpflichtungen und von außen herangetragenen Erwartungen. Die Bundesrepublik wird sich diesen zu stellen haben. Das muß ein bewußter Akt sein, nicht flüchtiges Meinungsbild abendlicher „Talkshows", schon gar kein politisches Lippenbekenntnis. Das muß die Souveränität einschließen, auch mit jenen Vorurteilen leben zu können, die sich bei den Nachbarn traditionell mit der Vorstellung einer deutschen Großmacht verbunden haben. Schließlich gilt im Grundsatz auch heute noch, was Thomas Mann im Dezember 1914 in seinem Essay über „Friedrich und die Große Koalition",[12] also über den Aufstieg Preußens zur Großmacht geschrieben hatte, daß nämlich „die junge, die aufsteigende Macht... psychologisch genommen immer im Angriff" ist (vgl. Kapitel 1).

Die deutsche Außenpolitik wird einiges zu tun haben, aber auch tun können, um dem Wiederentstehen alter Deutschlandbilder entgegenzuwirken. Dazu zählt zunächst einmal für das jetzt wieder größere Deutschland die Erkenntnis, mit der sich die politische Führung des seit 1871 geeinten Deutschen Reiches vor allem in den Jahrzehnten vor Ausbruch des Ersten Weltkrieges konfrontiert sah, indessen damals nicht arrangieren konnte: Eine deutsche Großmacht darf nicht immer und unbedingt das tun, was andere als „normal" betrachten und für sich als selbstverständlich in Anspruch nehmen. Dafür gibt es wirtschaftliche, politische, geographische, militärische, historische Gründe. Auch diese Erkenntnis verlangt Souveränität.

Als selbstverständlich hat ein verstärktes Engagement im Rahmen der Vereinten Nationen zu gelten – einschließlich der Unterstellung deut-

scher Truppenkontingente unter UN-Befehl bzw. der Teilnahme von
Bundeswehreinheiten an alliierten Aktionen mit UN-Mandat, auch
außerhalb des NATO-Gebietes. Ein Land, das seine Existenz sowie das
Erreichen seines erklärten Ziels, der Vereinigung seiner jahrzehntelang
getrennten Teilstaaten, in erheblichem Maße der friedlichen Entwicklung seit 1945/1949 verdankt, wird sich nicht verweigern, wenn es durch
die Völkergemeinschaft aufgefordert ist, sich an der Verteidigung oder
auch der Wiederherstellung eben dieser friedlichen Ordnung in der Welt
zu beteiligen.

Vor allem schließt der neue Status die Mitarbeit an und in Europa ein,
die aktive Beteiligung an den Prozessen der europäischen Integration
und der KSZE, auf die die Bundesrepublik, wie gesehen, seit ihren Anfängen schon deshalb gesetzt hatte, weil sie sich von ihnen zu Recht
einen entscheidenden Beitrag zur Überwindung der deutschen Teilung
versprach. Angesichts der divergierenden Interessen etwa der französischen und der britischen Europapolitik ist das gewiß keine leichte Aufgabe. Aber die immer drängender werdenden Probleme, wie die Bewältigung der Flüchtlingsströme oder die Kontrolle und Begrenzung der Um-
weltkrisen sind nur in einem gesamteuropäischen Rahmen sinnvoll und
mit Aussicht auf Erfolg zu lösen.

Für die Bundesrepublik wird es darüber hinaus in erster Linie um die
Fortsetzung der konsequenten Konzentration auf die Schaffung einer
Europäischen Politischen, Währungs- und wohl auch Sicherheits-Union
gehen. Gerade hier kann die deutsche Außenpolitik an eine lange und
zumindest teilweise erfolgreiche Tradition anknüpfen. Seit der ersten
Regierungserklärung Konrad Adenauers vom 20. September 1949 haben alle Bundesregierungen an der Idee der europäischen Integration
festgehalten. Das ist natürlich ein „langwieriger und mühsamer Prozeß".[13] Daß Rückschläge hingenommen werden mußten und müssen, ist
bei einem derartig anspruchsvollen, multinationalen Unternehmen
kaum zu vermeiden. Die Währungsunion befindet sich noch in ihrer
ersten Phase. Deutliche Fortschritte, zu denen etwa auch die Einrichtung
einer Europäischen Zentralbank sowie einer von allen Mitgliedern akzeptierten Währung zählen, sind offenbar kaum vor Ende der 90er Jahre
zu erwarten. Noch am ehesten sind Erfolge auf dem Feld der wirtschaftlichen Integration zu verzeichnen. Die EG ist in dieser Hinsicht eine
zwar schwierige, aber im ganzen überzeugend funktionierende und
durchaus attraktive Gemeinschaft. Dafür spricht nicht zuletzt die im
Oktober 1991 mit Wirkung zum 1. Januar 1993 beschlossene Bildung

eines gemeinsamen Europäischen Wirtschaftsraumes (EWR) aus den Staaten der EG und der Europäischen Freihandelszone (EFTA), in der eben auch eine Vorstufe für die Erweiterung der EG um neue Mitglieder zu sehen ist.

Ein besonderes deutsches Anliegen bildet seit den frühen 50er Jahren die Schaffung der „Europäischen Politischen Union", ohne daß es bislang gelungen wäre, sich auch nur auf eine für alle EG-Mitgliedsstaaten verbindliche Definition des Begriffs zu einigen. Immerhin wurden erste Schritte auf dem Wege zu ihrer Realisierung schon Anfang der 70er Jahre getan: Die Europäische Politische Zusammenarbeit (EPZ), ein Lieblingskind deutscher Außenpolitik, steht für eine intensive Abstimmung und Koordination europäischer Außenpolitik, für eine konzertierte Diplomatie, die in dieser Form und jedenfalls als Modell ohne Vorbild ist. Die „Einheitliche Europäische Akte", die seit dem 1. Juli 1987 in Kraft ist, verpflichtet alle Vertragsparteien, sich zu „bemühen...", gemeinsam eine europäische Außenpolitik auszuarbeiten und zu verwirklichen".[14] Daß hier gleichwohl noch viel zu tun bleibt, haben das Fehlen einer koordinierten europäischen Politik im Vorfeld und Verlauf des Krieges am Persischen Golf sowie ihr zumindest zeitweilig krasses Versagen im jugoslawischen Bürgerkrieg gezeigt.

Der Golfkrieg hat schließlich auch den Gedanken einer europäischen Verteidigungsgemeinschaft wiederbelebt, der 1954 schon einmal gescheitert war und seitdem allenfalls rudimentär in der „Westeuropäischen Union" weiterlebt. Krise und Krieg im gar nicht fernen Jugoslawien haben noch im gleichen Jahr einmal mehr auf die Notwendigkeit verwiesen, auch hier Fortschritte zu erzielen. Vor diesem Hintergrund war im Sommer 1991 in einigen europäischen Ländern, so z. B. in Frankreich und Deutschland, die Forderung zu hören, zunächst einmal die politischen Voraussetzungen für die Bildung einer europäischen Eingreiftruppe zu schaffen. Mit der gemeinsamen Initiative des deutschen Bundeskanzlers und des französischen Staatspräsidenten vom 14. Oktober 1991 sollte ein erster Schritt in diese Richtung getan werden. Die Vorschläge, die u. a. eine Intensivierung der deutsch-französischen militärischen Kooperation vorsahen, zielten auf eine koordinierte Sicherheits- und Verteidigungspolitik der Europäer im Rahmen der WEU.

Bemerkenswert und charakteristisch waren die Intentionen und Reaktionen der Partner Deutschlands im Umkreis dieser Initiative. Manche, unter diesen Italien und Großbritannien, meldeten sogleich Bedenken an, sahen sie darin doch u. a. die Gefahr einer Erosion des NATO-

Bündnisses und damit einer längerfristig wirksamen, überproportionalen Stärkung der Bundesrepublik auf Kosten einzelner ihrer europäischen Partner. Eben eine solche Stärkung zu verhindern und zugleich Europa zu Lasten des atlantischen Bündnisses unter französischer Regie zu stärken, dürfte wiederum ein Motiv Frankreichs für die genannte Initiative gewesen sein. Darauf deuten auch die Pläne des französischen Staatspräsidenten für eine „europäische Konföderation" hin.[15] Das erinnerte in manchem an die Situation der frühen 6oer Jahre, an das damals kaum lösbare deutsche Dilemma, entweder für die gaullistische, die französische oder für die atlantische, die amerikanische Option votieren zu müssen und doch auf keine von beiden verzichten zu können.

Nicht zufällig war – und ist – ja die feste Einbindung der Bundesrepublik in eine wie auch immer dimensionierte europäische Gemeinschaft das oberste Ziel der französischen Deutschlandpolitik, seit es eine solche gibt. Die Initiativen der Franzosen zur Gründung europäischer, die Bundesrepublik einschließender Institutionen waren immer auch Versuche, diese dauerhaft zu binden, damit zu kontrollieren und einen „erneuten Aufstieg Deutschlands zur Großmacht" zu verhindern. Das galt sowohl für die 1951 gegründete Montanunion und die 1954 gescheiterte „Flucht nach vorn in die sicherheitspolitische Supranationalität" der EVG als auch für den vorerst letzten großen Integrationsversuch, die Begründung der europäischen Wirtschafts- und Atomgemeinschaft im Jahre 1957:[16] Europa bedeutet – nicht nur für Frankreich – zugleich ein Stück Sicherheit vor Deutschland, auch heute noch. Das mag in deutschen Ohren anachronistisch klingen. Aber die Entwicklungen der Jahre 1990/91, also die Einigung Deutschlands, der Zerfall des Sowjetimperiums und der Umbruch in Ostmittel- und Südosteuropa, gingen ja mit einer relativen Schwächung der nach 1945 mühsam etablierten französischen Großmachtposition in Europa einher.

Aus diesen Erkenntnissen sind zwei Schlüsse zu ziehen. Einmal wird die deutsch-französische Zusammenarbeit, die im Vertrag des Januars 1963 festgeschrieben und zuletzt im Januar 1988 mit der Schaffung eines gemeinsamen „Verteidigungs- und Sicherheitsrates"[17] erheblich ausgebaut werden konnte, auch nach der Einigung ein zentrales Element deutscher Außenpolitik bleiben. Eben das sollte durch die besagte Initiative, aber z. B. auch durch die Tagung der ersten deutsch-französischen Botschafterkonferenz am 16. und 17. Mai 1991 in Weimar demonstrativ bestätigt werden.

Dann aber verbieten solche Einsichten gerade den Deutschen jene politischen Sonderwege und nationalen Profilierungseskapaden, zu denen eine Großmacht naturgemäß neigt. Das gilt für die deutsche Außenpolitik im allgemeinen, in besonderem Maße aber für die deutsche Ostpolitik. Gewiß, ein Land wie die Bundesrepublik, zumal die vereinte, kann sich einer aktiven Ostpolitik nicht nur nicht entziehen, es ist vielmehr für deren Aufgaben geradezu prädestiniert. Dafür sprechen die geographische Nähe zu den Staaten Osteuropas, die lange Tradition guter politischer, wirtschaftlicher, kultureller Beziehungen, aber auch das verpflichtende Erbe schwerer Gegensätze, tiefer Krisen und opferreicher Kriege. Diese Vergangenheit prägt die gemeinsame Zukunft. Das trifft auf die Beziehungen der Bundesrepublik zur Tschechoslowakei und zu den Nachfolgestaaten der Sowjetunion ebenso zu wie in besonderem Maße auf diejenigen zum östlichen Nachbarn Polen, die in Zukunft von ähnlich herausragender Bedeutung sein dürften wie die zum westlichen Nachbarn Frankreich.

Auch hier, im Falle der deutschen Ostpolitik, kann in vieler Hinsicht auf bereits Geleistetem und Geschaffenem aufgebaut werden. Schon der deutsch-sowjetische „Vertrag über gute Nachbarschaft, Partnerschaft und Zusammenarbeit" vom 9. November 1990, der deutsch-polnische Grenzvertrag vom 14. November 1990, das deutsch-polnische Abkommen über „gute Nachbarschaft und freundschaftliche Zusammenarbeit" vom 17. Juni 1991, der am 8. Oktober 1991 paraphierte Vertrag zwischen der Bundesrepublik und der ČSFR über „gute Nachbarschaft und freundschaftliche Zusammenarbeit" oder auch die Aufnahme diplomatischer Beziehungen zu den baltischen Staaten am 28. August 1991 standen in der Tradition der Bonner Außenpolitik seit dem Oktober 1969. Die Etablierung neuer Staaten auf dem Territorium der Sowjetunion und deren Auflösung im Dezember 1991 haben daran nichts geändert. Denn so umstritten und in mancher Hinsicht problematisch die Ost- und Deutschlandpolitik der frühen 70er Jahre in ihrer Zeit auch gewesen sein mag, so wenig wird man in der historischen Rückschau die Bedeutung ihres zentralen Elements, die Anerkennung des Status quo in Mitteleuropa, verkennen wollen. Den osteuropäischen Reformdemokratien, die dies wünschen, in enger Absprache mit den Partnern einen geeigneten Weg zu den westlichen Gemeinschaften zu ebnen, dürfte zu den neuen Herausforderungen deutscher Außenpolitik gehören.

Zu vermeiden aber sind auch in Zukunft jene deutschen Alleingänge in der Ostpolitik, die sich für die Großmacht Bundesrepublik anbieten mögen. Für diese Selbstbescheidung gibt es im wesentlichen vier Gründe.

Einmal kann die gewaltige wirtschaftliche Unterstützung, derer die Staaten Osteuropas, allen voran die Republiken der ehemaligen Sowjetunion, bedürfen, ohnehin nur international organisiert werden. Hier muß die Bundesrepublik im wohlverstandenen Eigeninteresse auf ein konzertiertes und die Lasten gleichgewichtig verteilendes Programm der führenden Industriestaaten einschließlich der USA und Japans drängen.

Dann aber ist da die historische Erinnerung, die sich gerade bei den mit der Bundesrepublik verbündeten Staaten an die deutsch-russischen Beziehungen knüpft. Auch diese Erinnerung mag aus deutscher Sicht anachronistisch erscheinen, aber sie ist da, und Perzeptionen prägen Politik. Für manchen westlichen Beobachter verbindet sich nämlich mit diesen Beziehungen auch der sog. „Rapallo-Komplex". In Rapallo hatten sich am 16. April 1922, für die Westmächte unerwartet, mit dem Deutschen Reich und Sowjetrußland die beiden eigentlichen Verlierer des Ersten Weltkrieges in vitalen Fragen, zu denen u. a. Reparationen und Vorkriegsschulden zählten, vertraglich geeinigt. Anders als gelegentlich bis heute vermutet, war es allerdings nicht zu einem geheimen Militärbündnis oder zu geheimen Absprachen über ein gemeinsames Vorgehen gegen Polen gekommen. Aus westlicher Sicht schienen dann aber die Abmachungen des Hitler-Stalin-Paktes vom 23. August 1939, als sie bekannt wurden, die Berechtigung des „Rapallo-Komplexes" gerade zu bestätigen. Dabei wußte man in den westlichen Metropolen nicht einmal, daß sich Stalin in den Verhandlungen mit dem deutschen Außenminister Ribbentrop tatsächlich auf den Rapallo-Vertrag als Beispiel für die „Möglichkeit einer Zusammenarbeit" berufen hatte.[18] Daß sowjetische Diplomaten und Politiker, so z. B. der Erste Stellvertretende Ministerpräsident der UdSSR im April 1958,[19] auch nach 1945 und selbst auf dem Höhepunkt des Kalten Krieges von „freundschaftlichen Beziehungen" sprachen und sich dabei auf die „breite Zusammenarbeit" insbesondere der Zwischenkriegszeit sowie auf die „geographische Situation" der beiden Länder beriefen, blieb westlichen Beobachtern hingegen nicht verborgen. Was so für die Sowjets zu einem nach Bedarf instrumentalisierbaren Mythos wurde, entwickelte sich bei den Partnern und Verbündeten Bonns zu einem Komplex. Dieser wurde von westlichen, namentlich französischen Medien noch im Juni 1989, anläßlich des Staatsbesuches von Michail Gorbatschow in der Bundesrepublik sowie beim Kaukasustreffen ein Jahr darauf, bemüht.[20] Daß die Kontakte der neuen Bundesrepublik insbesondere zu Rußland in Zukunft noch aufmerksamer aus diesem historischen Blickwinkel beobachtet werden dürften als ohnehin schon die der alten, liegt nahe.

Zum dritten gibt es mit der KSZE ein Forum, das den bilateralen Kontakt auch in solchen Fragen möglich macht, die von anderen traditionell mit Mißtrauen betrachtet werden. Ohnehin bildet die KSZE seit den vom Wiener Folgetreffen erteilten Mandaten den Rahmen sowohl für die „Verhandlungen über Vertrauens- und Sicherheitsbildende Maßnahmen" als eben auch für die „Verhandlungen über konventionelle Streitkräfte in Europa" (vgl. Kapitel 8). Allerdings werden die Auflösung der Sowjetunion und das Bestreben einiger ihrer vormaligen Republiken wie z. B. der Ukraine, nationale Streitkräfte aufzubauen, erhebliche Rückwirkungen auf den KSZE-Prozeß im allgemeinen und die VKSE- und VVSBM-Verhandlungen und -Vereinbarungen im besonderen haben.[21] Ähnliche Probleme stellen sich im Falle Jugoslawiens bzw. seiner Nachfolgestaaten.

Das alles spricht nicht gegen, sondern für eine Fortsetzung und Intensivierung des KSZE-Prozesses, bildet dieser doch den einzigen zur Verfügung stehenden und in mancher Hinsicht bewährten Rahmen für eine Lösung umstrittener Fragen überhaupt. Ein Land wie die Bundesrepublik, gelegen im geographischen Zentrum des Kontinents und in unmittelbarer Nachbarschaft der Krisenherde, muß ein besonderes Interesse an der Weiterentwicklung des KSZE-Prozesses haben. An dem hohen Stellenwert, den die deutsche Außenpolitik diesem seit den 70er Jahren zugemessen hat, wird sich daher wohl ebensowenig ändern wie an ihrer Rolle als einer seiner treibenden Kräfte. Die deutsche Politik im Vorfeld und im Verlauf der ersten Tagung des Außenministerrats der KSZE, die am 19. und 20. Juni 1991 in Berlin abgehalten wurde, weist in diese Richtung.

Nicht zuletzt sind die USA Partner der KSZE. Das ist schon deshalb und auch in Zukunft von hoher Bedeutung, weil dadurch ihre Isolierung vermieden wird. Man sollte sich erinnern, daß es ursprünglich vor allem die Bundesrepublik gewesen ist, die die Teilnahme der Vereinigten Staaten an einer europäischen Sicherheitskonferenz zu einer Bedingung für ihre eigene Teilnahme erhoben hatte. Auch aus diesem – vierten – Grund ist schließlich ein Alleingang in der Ostpolitik zu vermeiden. Bislang wurde die Sicherheit der Bundesrepublik vor allem durch das westliche Bündnis und damit nicht zuletzt durch dessen Vormacht garantiert. Daran dürfte sich schon wegen der unwägbaren, auch für die Bundesrepublik potentiell gefährlichen Entwicklungen in Ost- und Südosteuropa auf absehbare Zeit kaum etwas ändern. Die dramatischen Stunden zu Beginn des gescheiterten Putschversuches in der Sowjetunion haben auch das im August 1991 noch einmal eindrucksvoll bestätigt. Unter diesen Umständen kann Deutschland sein Verhältnis namentlich zu den Nachfolgestaaten der Sowjetunion nicht um seinen immer noch wichtigsten westlichen Partner herum oder gar gegen dessen Interessen gestalten.

Diese Entscheidung mag einem größeren Deutschland schwerer fallen als dem kleineren. Auch sie verlangt Souveränität. Aber sie ist unumgänglich. Denn einmal hat sich in der Geschichte selten der stärkere Partner vom schwächeren den außenpolitischen Kurs vorgeben lassen, und wenn doch einmal, wie im Falle Deutschlands und Österreich-Ungarns seit 1908, dann mit fatalen Folgen. Überdies aber kann in einigen Fragen der direkte Ansprechpartner der „Supermacht" USA nur die andere „Supermacht" sein, die die Nachfolgerin der Sowjetunion in dieser Funktion, also vor allem die Republik Rußland, trotz allem noch ist und solange sein wird, als sie neben den Vereinigten Staaten allein über strategische Nuklearwaffen und damit über eine globale Vernichtungskapazität verfügt. Die Unterzeichnung des ersten START-Vertrages durch die Präsidenten der USA und der Sowjetunion, Bush und Gorbatschow, am 31. Juli 1991 in Moskau hat diesen Sachverhalt ebenso deutlich werden lassen wie die international vielbeachtete Rede des US-Präsidenten vom 27. September des gleichen Jahres. Mit seinen weitreichenden Ankündigungen, die sich u. a. auf den einseitigen Abbau der taktischen Nuklearwaffen und die Beendigung der ständigen Alarmbereitschaft der strategischen Bomberflotte bezogen, aber das strategische Atomwaffenarsenal selbst weitgehend ausklammerten, richtete sich Präsident Bush sowohl an die Adresse der eigenen Nation als eben auch an die der Sowjetunion bzw. diejenigen ihrer Republiken, auf deren Territorium zu diesem Zeitpunkt Atomwaffen gelagert waren.[22]

Das alles schließt eine aktive deutsche Ostpolitik im europäischen Rahmen nicht aus, im Gegenteil. Als dringend notwendiger Beitrag zum international zu organisierenden Krisenmanagement wird sie in Zukunft ebenso unverzichtbar sein wie etwa in den 70er Jahren, in denen sie eine zentrale Funktion als regionaler Ausdruck globaler Entspannungspolitik besaß. Auch damals wurde sie, wie wir gesehen haben, in enger Absprache mit den Partnern betrieben; aber das setzt voraus, daß sich die Partner – gegenseitig – als solche behandeln.

Also gehört schließlich zur Rolle einer deutschen Großmacht, welche die Bundesrepublik zumindest aus der Sicht ihrer Nachbarn nun einmal wieder ist, ein diesem Status angemessenes Verhalten zum und im Bündnis, solange es dieses mit deutscher Beteiligung gibt. Allianzen, das haben schon die Hohenzollern im 17. und 18. Jahrhundert immer wieder betont, waren für die Macht in der Mitte Europas unverzichtbare Garanten ihrer Existenz und Sicherheit. Umsonst zu haben waren sie freilich nie: Bündnisse, so hatte Bismarck mit Blick auf die von ihm geformte Großmacht Deutsches Reich argumentiert, beruhen auf Gegenseitigkeit. Zumindest an diesem Befund hat sich, allen sonstigen Wandlungen zum Trotz, seitdem nichts geändert.

Anhang

Abkürzungen

AA	Auswärtiges Amt
ADAP	Akten zur deutschen auswärtigen Politik*
BD	Die Britischen Amtlichen Dokumente über den Ursprung des Weltkrieges*
Dokumente	Dokumente zur Deutschlandpolitik*
EA	Europa-Archiv
EG	Europäische Gemeinschaften
Erinnerungen I–IV	Konrad Adenauer, Erinnerungen*
EVG	Europäische Verteidigungsgemeinschaft
FAZ	Frankfurter Allgemeine Zeitung
GP	Die Große Politik der Europäischen Kabinette*
INF	Intermediate-Range Nuclear Forces (Nukleare Mittelstreckensysteme)
KSZE	Konferenz über Sicherheit und Zusammenarbeit in Europa
KSZE-Prozeß	Sicherheit und Zusammenarbeit in Europa. Dokumentation zum KSZE-Prozeß*
KVAE	Konferenz für Vertrauens- und Sicherheitsbildende Maßnahmen und Abrüstung in Europa
MBFR	Mutual Balanced Force Reductions (Beiderseitige und ausgewogene Truppenverminderungen)
MLF	Multilateral Nuclear Force (Multilaterale Atomstreitmacht)
NATO	North Atlantic Treaty Organization (Nordatlantikpaktorganisation)
PA/AA	Politisches Archiv/Auswärtiges Amt (Bonn)
PRO/FO	Public Record Office/Foreign Office (London)
PT	Politische Testamente der Hohenzollern*
SALT	Strategic Arms Limitation Talks (Verhandlungen über die Begrenzung strategischer Waffen)
Sicherheit I–II	Sicherheit und Zusammenarbeit in Europa. Analyse und Dokumentation*
START	Strategic Arms Reduction Talks (Verhandlungen über die Reduzierung strategischer Waffen)
Sten. Ber.	Stenographische Berichte (des Deutschen Reichstages bzw. des Deutschen Bundestages)

Teegespräche I–III	Konrad Adenauer, Teegespräche*
UNO	United Nations Organization (Organisation der Vereinten Nationen)
VfZG	Vierteljahrshefte für Zeitgeschichte
VKSE	Verhandlungen über Konventionelle Streitkräfte in Europa
VVSBM	Verhandlungen über Vertrauens- und Sicherheitsbildende Maßnahmen in Europa
WEU	Westeuropäische Union

* Die bibliographischen Angaben zu den Dokumentationen finden sich im Quellenverzeichnis

Anmerkungen

Kapitel 1

[1] Th. Mann, Friedrich und die große Koalition, Berlin 1915, S. 109.

[2] O. Hintze, Die Hohenzollern und ihr Werk. Fünfhundert Jahre vaterländischer Geschichte, Berlin 1915, S. 200.

[3] PT, S. 68 bzw. 61.

[4] PT, S. 63.

[5] PT, S. 81.

[6] V. L. von Seckendorff, Teutscher Fürsten-Stat [...], Frankfurt 1660.

[7] PT, S. 90.

[8] PT, S. 96.

[9] PT, S. 97.

[10] PT, S. 96.

[11] PT, S. 120.

[12] PT, S. 118 f.

[13] PT, S. 129.

[14] Die Werke Friedrichs des Großen. In deutscher Übersetzung, 10 Bde., Berlin 1913/14, Bd. 7, S. 197 [zit. als: Werke].

[15] H. von Treitschke, Politik. Vorlesungen gehalten an der Universität zu Berlin, hrsg. von M. Cornicelius, Bd. 1, Leipzig [5]1929, S. 94.

[16] Werke, Bd. 7, S. 111 f.

[17] Aristoteles, Politik 1271 a 18.

[18] Werke, Bd. 2, S. 58 f. (Fassung von 1775).

[19] L. von Ranke, Friedrich II., in: ADB, Bd. 17, Leipzig 1878, S. 659.

[20] Werke, Bd. 1, S. 234.

[21] R. Koser, Geschichte Friedrichs des Großen, 4 Bde., Stuttgart [6+7]1921 f., Bd. 1, S. 280.

[22] Schreiben an Pourtalès, 30. Juli 1912, PA/AA, Nachlaß Pourtalès.

[23] PT, S. 176 f.

[24] PT, S. 187.

[25] PT, S. 181.

[26] PT, S. 186.

[27] PT, S. 198.

[28] PT, S. 199.

[29] PT, S. 200.

[30] Zit. nach Goethe's sämmtlichen Werken in vierzig Bänden, Tübingen 1853 ff., Bd. 20, S. 50 f.

[31] PT, S. 278.
[32] PT, S. 233.
[33] PT, S. 373.
[34] PT, S. 371.
[35] Werke, Bd. 7, S. 215 bzw. 214.
[36] PT, S. 370.
[37] PT, S. 357.
[38] Richelieu, Politisches Testament und Kleinere Schriften, eingeleitet und ausgewählt von W. Mommsen, Berlin 1926, S. 196 f.
[39] PT, S. 364 bzw. 311.
[40] PT, S. 374.
[41] PT, S. 378.
[42] Werke, Bd. 7, S. 217 f.
[43] GP 19/I, Nr. 6126.
[44] Zit. nach K.-E. Jeismann, Das Problem des Präventivkrieges im europäischen Staatensystem mit besonderem Blick auf die Bismarckzeit, Freiburg–München 1957, S. 86 f.
[45] Richelieu, Politisches Testament, S. 202.
[46] BD 3, Anhang A.

Kapitel 2

[1] Sten. Ber. des Deutschen Reichstages, Bd. 41.
[2] Radowitz an Bülow, 10. Okt. 1876, GP 2, Nr. 245.
[3] GP 2, Nr. 248.
[4] GP 2, Nr. 246.
[5] GP 2, Nr. 250.
[6] Zit. nach M. Müller, Die Bedeutung des Berliner Kongresses für die deutsch-russischen Beziehungen, Leipzig 1927, S. 83.
[7] GP 3, Nr. 453.
[8] A. Hillgruber, Südosteuropa in Bismarcks Außenpolitik 1875–1879, in: R. Melville/H.-J. Schröder (Hrsg.), Der Berliner Kongreß von 1878. Die Politik der Großmächte und die Probleme der Modernisierung in Südosteuropa in der zweiten Hälfte des 19. Jahrhunderts, Wiesbaden 1982, S. 179 ff., Zitat S. 187.
[9] GP 3, Nr. 444.
[10] W. L. Langer, European Alliances and Alignments 1871–1890, New York ²1962, S. 211.
[11] GP 4, Nr. 859.
[12] Staatssekretär Graf Herbert von Bismarck. Aus seiner dienstlichen Privatkorrespondenz, hrsg. von W. Bußmann, Göttingen 1964, Nr. 303.
[13] GP 5, Nr. 1092.

[14] GP 4, Nr. 900.

[15] Bismarck an Hatzfeldt, 3. Febr. 1887, GP 4, Nr. 883.

[16] Bismarck an Schweinitz, 13. Juni 1887, GP 5, Nr. 1088.

[17] Zit. nach F. Seidenzahl, 100 Jahre Deutsche Bank 1870–1970, Frankfurt a. M. 1970, S. 67.

[18] Bismarck an Reuß, 23. Aug. 1887, GP 5, Nr. 1052.

[19] Zit. nach der Ausgabe der Gesammelten Werke, Bd. 15, Berlin ²1932, S. 421.

[20] GP 3, Nr. 444.

[21] Marschall an Hohenlohe, 3. Jan. 1899, PA/AA, I A Türkei 152, Bd. 12, veröffentlicht bei G. Schöllgen, Imperialismus und Gleichgewicht [...], S. 444 ff., Zitat S. 452.

[22] Zitiert nach: Bismarck und die preußisch-deutsche Politik 1871–1890, hrsg. von M. Stürmer, München ³1978, S. 251.

[23] Hatzfeldt an Holstein, 18. Juni 1895, GP 9, Nr. 2315.

[24] Aufzeichnung Berchems vom 25. März 1890, GP 7, Nr. 1368.

[25] Bülow an Eulenburg, 3. Dez. 1894, in: Philipp Eulenburgs Politische Korrespondenz, hrsg. von J. C. G. Röhl, Bd. 2, Boppard a. Rh. 1979, Nr. 1054.

[26] Erinnerungen I, S. 26.

[27] Zit. nach W. Brandt, Begegnungen und Einsichten. Die Jahre 1960–1975, Hamburg 1976, S. 84.

Kapitel 3

[1] H. Friedjung, Das Zeitalter des Imperialismus, Bd. 1, Berlin 1919, S. 5.

[2] H. Gollwitzer, Geschichte des weltpolitischen Denkens, Bd. 2, Göttingen 1982, S. 19.

[3] Ebd.

[4] Bundesarchiv/Militärarchiv (Freiburg i. Br.), Nachlaß Tirpitz, Bd. 173.

[5] PT, S. 276 f.

[6] Zit. nach M. Weber, Gesammelte Politische Schriften, hrsg. von J. Winckelmann, Tübingen ³1971, S. 23.

[7] Bayerisches Hauptstaatsarchiv (München), Abteilung II: Geheimes Staatsarchiv, Außenministerium, Bd. 2683.

[8] Holstein an Radolin, 2. Juli 1905, GP 20/II, Nr. 6757.

[9] M. Weber, Deutschland unter den europäischen Weltmächten, in: ders., Gesammelte Politische Schriften, S. 160.

[10] BD 9.I.1, Nr. 240.

[11] Hardinge an Nicolson, 15. Okt. bzw. 11. Nov. 1911, PRO/FO, Nachlaß Nicolson, 800/357 bzw. 352 (Übersetzungen von mir, G. S.).

[12] Sten. Ber. des Deutschen Reichstages, Bd. 236.

[13] BD 3, Anhang A.

[14] PRO/FO, 371/24389 (Übersetzung von mir, G. S.).

Kapitel 4

[1] H. Oncken, Das Deutsche Reich und die Vorgeschichte des Weltkrieges, Bd. 2, Leipzig 1933, S. 718.

[2] GP 31, Nr. 11345.

[3] Ebd.

[4] Zit. nach: Kiderlen–Wächter der Staatsmann und Mensch. Briefwechsel und Nachlaß, hrsg. von E. Jäckh, Bd. 2, Stuttgart u. a., S. 49 bzw. 66.

[5] Metternich an Bethmann Hollweg, 10. Febr. 1910, GP 27/II, Nr. 9995.

[6] Th. von Bethmann Hollweg, Betrachtungen zum Weltkriege, Bd. 1, Berlin 1919, S. 62.

[7] Grey an Goschen, 4. Juli 1912, PRO/FO, Nachlaß Grey, 800/62.

[8] Marineattaché an Reichsmarineamt, 17. April 1912, zit. nach A. von Tirpitz, Politische Dokumente, Bd. 1, Stuttgart–Berlin 1924, S. 335 f.

[9] R. von Kühlmann, Erinnerungen, Heidelberg 1948, S. 346.

[10] GP 31, Nr. 11345.

[11] GP 31, Nr. 11346.

[12] Ebd.

[13] GP 37/I, Nr. 14684.

[14] GP 31, Nr. 11444.

[15] Zit. nach Tirpitz, Politische Dokumente, S. 404.

[16] Kühlmann an Bethmann Hollweg, 15. Okt. 1912, GP 33, Nr. 12284.

[17] Sten. Ber. des Deutschen Reichstages, Bd. 286.

[18] GP 34/I, Nr. 12818.

[19] Zit. nach H. Hantsch, Leopold Graf Berchtold. Grandseigneur und Staatsmann, Bd. 1, Graz u. a., S. 388.

[20] Sten. Ber. des Deutschen Reichstages, Bd. 289.

[21] Grey an Goschen, 5. März 1913, PRO/FO, Nachlaß Grey, 800/62.

[22] BD 10.II.2, Nr. 465.

[23] BD 10.II.2, Nr. 457.

[24] GP 37/I, Nr. 14669.

[25] GP 37/I, Nr. 14628.

[26] BD 10.II.2, Nr. 366 bzw. 373.

[27] Jagow an Lichnowsky, 27. Juli 1914, GP 37/I, Nr. 14716.

[28] GP 37/I, Nr. 14714.

[29] Sten. Ber. des Deutschen Reichstages, Bd. 291.

[30] Metternich an Bethmann Hollweg, 11. März 1912, GP 31, Nr. 11437.

[31] Kühlmann, Erinnerungen, S. 367.

[32] Ders., Gedanken über Deutschland, Leipzig 1931, S. 35.

[33] Schreiben an die Londoner Filiale der Deutschen Bank, 25. März 1914, PA/AA, I A Türkei 152, Bd. 73.

[34] GP 37/I, Nr. 14907.

[35] Randbemerkung, GP 31, Nr. 11344.

[36] GP 37/I, Nr. 14712.

[37] GP 6, Nr. 1350.

[38] Marschall an Hatzfeldt, 16. Nov. 1894, GP 9, Nr. 2162.

[39] G. von Jagow, Ursachen und Ausbruch des Weltkrieges, Berlin 1919, S. 63.

[40] Bethmann Hollweg, Betrachtungen, S. 63.

[41] [Anonym], Deutsche Weltpolitik und kein Krieg!, Berlin 1913, S. 18.

Kapitel 5

[1] ADAP B XXI, Nr. 217.

[2] Dokumente der Deutschen Politik und Geschichte von 1848 bis zur Gegenwart, hrsg. von J. Hohlfeld, Bd. 4, Berlin o. J., Nr. 89.

[3] ADAP D I, Nr. 19.

[4] ADAP D I, Nr. 31.

[5] PRO/FO, 371/20736.

[6] ADAP D I, Nr. 19.

[7] PRO/FO, 371/20737.

[8] PRO/FO, 400/67.

[9] Eden an Henderson, 12. Febr. 1938, PRO/FO, 371/21655.

[10] Hitler. Reden und Proklamationen 1932–1945 [...], hrsg. von M. Domarus, Bd. I/2, München 1965, S. 801.

[11] A. Hitler, Mein Kampf, Bd. 1, Berlin ²⁴1933, S. 1.

[12] Telegramme vom 3. bzw. 4. März 1938, PRO/FO, 371/21656 (Übersetzungen von mir, G. S.).

[13] Ebd.

[14] PRO/FO, Nachlaß Henderson, 800/269 (Übersetzung von mir, G. S.).

[15] Halifax an Henderson, 19. März 1938, ebd.

[16] Bericht vom 5. März, PRO/FO, 371/21656.

[17] Schreiben an Halifax, PRO/FO, Nachlaß Henderson, 800/269.

[18] Memorandum on British Policy towards Germany, Anlage zu einem Schreiben an Sargent vom 20. Juli 1937, PRO/FO, 371/20736 (Übersetzung von mir, G. S.).

[19] Ebd.

Kapitel 6

[1] Aus dem „Programm" konservativer Oppositioneller vom Frühjahr 1940, zit. nach: die Hassell-Tagebücher 1938–1944. U. von Hassell, Aufzeichnungen vom Anderen Deutschland [...], hrsg. von F. Frhr. Hiller von Gaertringen, Berlin ²1988, S. 453 [zit. als: Tagebücher).

[2] Zit. nach der Einleitung W. U. von Hassells zur ersten Auflage der Tagebücher U. von Hassells, Zürich–Freiburg 1946, S. 10.

[3] H. Trevor-Roper, Hitlers Kriegsziele, in: W. Michalka (Hrsg.), Nationalsozialistische Außenpolitik, Darmstadt 1978, S. 38 f.

[4] G. Ciano, Tagebücher 1937/38, Hamburg 1949, S. 113.

[5] Zit. nach E. Robertson, Zur Wiederbesetzung des Rheinlandes 1936, in: VfZG 10 (1962), S. 204 f.

[6] U. von Hassell, Deutschland zwischen West und Ost, veröffentlicht bei G. Schöllgen, Ulrich von Hassell 1881–1944 [...], München 1990, S. 207 ff., Zitat S. 217.

[7] Wie Anm. 5.

[8] Wie Anm. 2, Zitat S. 13.

[9] Ebd.

[10] Tagebücher, S. 353.

[11] Ebd., S. 62.

[12] Ebd., S. 342.

[13] Ebd., S. 85.

[14] Ebd., S. 119 ff.

[15] Ebd., S. 169.

[16] Ebd., S. 263.

[17] Ebd., S. 172 bzw. 504 (deutsche Übersetzung).

[18] Ebd., S. 126.

[19] U. von Hassell, Europäische Lebensfragen im Lichte der Gegenwart, Berlin o. J. [1943], S. 15 f. bzw. 11.

[20] Tagebücher, S. 382.

[21] Ebd., S. 172 bzw. 504.

[22] Ebd.

[23] ADAP D I, Nr. 19.

[24] Veröffentlicht bei G. Ritter, Carl Goerdeler und die deutsche Widerstandsbewegung, Taschenbuchausg. München 1964, S. 551.

[25] Tagebücher, S. 246.

[26] Hassell, Europäische Lebensfragen, S. 56.

[27] Wiederveröffentlicht in: U. von Hassell, Im Wandel der Außenpolitik [...], München ³1943, S. 165 ff., Zitat S. 174.

[28] Ders., Die Knochen des pommerschen Musketiers?, wiederveröffentlicht, in: ders., Europäische Lebensfragen, S. 136 ff.

[29] Ders., Dominium maris baltici, ebd., S. 67 ff.

[30] Tagebücher, S. 172 bzw. 504.

[31] Zit. nach Tagebücher, S. 455.

[32] Ebd., S. 126.

[33] H. Rothfels, Die deutsche Opposition gegen Hitler. Eine Würdigung. Zuletzt Frankfurt a. M. 1986, S. 100.

[34] M. Messerschmidt, Motivationen der nationalen konservativen Opposition

und des militärischen Widerstandes seit dem Frankreich-Feldzug, in: K.-J. Müller (Hrsg.), Der deutsche Widerstand 1933–1945, Paderborn u. a. 1986, S. 60 ff., Zitat, S. 61.

[35] M. Boveri, Der Verrat im 20. Jahrhundert, Gesamtausg. Reinbek 1976, S. 166 f.

[36] E. von Weizsäcker, Erinnerungen, München u. a. 1950, S. 144.

[37] U. von Hassell, Großeuropa, in: ders., Europäische Lebensfragen, S. 35 ff.

Kapitel 7

[1] Erinnerungen III, S. 119.

[2] Sten. Ber. des Deutschen Bundestages, Bd. 24, S. 4605 f.

[3] Erinnerungen III, S. 427.

[4] Zit. nach Erinnerungen III, S. 203 f.

[5] EA 8 (1953), S. 5738 ff.

[6] Ebd., S. 5741.

[7] R. Morsey, Die Bundesrepublik Deutschland. [...], München ²1990, S. 54.

[8] Zit. nach Erinnerungen II, S. 225 f.

[9] Ebd., S. 446.

[10] Die Viererkonferenz von Berlin 1954. Reden und Dokumente, hrsg. vom Presse- und Informationsamt der Bundesregierung, Berlin o. J. [1954], S. 48.

[11] Ebd., S. 189 ff.

[12] Erinnerungen II, S. 267.

[13] Dokumente III/1, S. 187 ff. und 191 ff.

[14] Ebd., S. 164 ff.

[15] Ebd., S. 199.

[16] Erinnerungen III, S. 36.

[17] Dokumente III/1, S. 218.

[18] Ebd., S. 493 f.

[19] Erinnerungen III, S. 118.

[20] Ebd., S. 119.

[21] Sten. Ber. des Deutschen Bundestages, Bd. 31.

[22] Erinnerungen III, S. 307.

[23] Ebd., S. 432.

[24] Adenauer: „Wir haben wirklich etwas geschaffen." Die Protokolle des CDU-Bundesvorstandes 1953–1957, bearbeitet von G. Buchstab, Düsseldorf 1990, S. 527 [zit. als: Protokolle].

[25] Dokumente III/2, S. 182.

[26] Sten. Ber. des Deutschen Bundestages, Bd. 31.

[27] Erinnerungen III, S. 466 f.

[28] Sten. Ber. des Deutschen Bundestages, Bd. 52.

[29] Teegespräche II, S. 13.

[30] Ebd., S. 262.

[31] Akten zur Auswärtigen Politik der Bundesrepublik Deutschland, hrsg. im Auftrag des Auswärtigen Amts von H.-P. Schwarz, Bd. 1, München 1989, S. 223 f.

[32] W. Cornides, Abrüstungsverhandlungen und Deutschlandfrage seit der Genfer Gipfelkonferenz von 1955, in: EA 15 (1960), S. 113.

[33] Erinnerungen III, S. 113 f.

[34] Zit. nach Erinnerungen III, S. 126.

[35] Ebd., S. 149.

[36] Protokolle, S. 524.

[37] Korreferat in: H.-P. Schwarz (Hrsg.), Entspannung und Wiedervereinigung. Deutschlandpolitische Vorstellungen Konrad Adenauers 1955–1958, Stuttgart–Zürich 1979, S. 49.

[38] KSZE-Prozeß, S. 384.

[39] Teegespräche II, S. 199.

[40] Erinnerungen III, S. 202.

[41] H.-P. Schwarz, Adenauer und die Kernwaffen, in: VfZG 37 (1989), S. 569.

[42] Teegespräche II, S. 215.

[43] Ebd., S. 145.

[44] Protokolle, S. 1228.

[45] Sten. Ber. des Deutschen Bundestages, Bd. 36.

[46] Ebd., Bd. 40.

[47] Erinnerungen III, S. 120.

[48] Teegespräche III, S. 35.

[49] EA 12 (1957), S. 9520.

[50] Erinnerungen IV, S. 99.

[51] Teegespräche III, S. 244.

[52] Erinnerungen III, S. 319.

[53] Dokumente III/4, S. 174.

[54] Sten. Ber. des Deutschen Bundestages, Bd. 51, S. 1638.

[55] Teegespräche II, S. 252.

[56] Sten. Ber. des Deutschen Bundestages, Bd. 39.

[57] H. Hafendorn, Sicherheit und Entspannung [...], Baden-Baden ²1986, S. 114.

[58] So die Regierungserklärung von Vizekanzler Erhard am 29. Nov. 1961, Sten. Ber. des Deutschen Bundestages, Bd. 50.

[59] Teegespräche III, S. 548. Das NATO-Dokument MC 70 vom April 1958 sah die Ausrüstung des Bündnisses mit Mehrzweckwaffen vor, die u. a. auch mit nuklearen Sprengköpfen bestückt werden konnten.

[60] Teegespräche II, S. 307.

[61] Zit. nach Erinnerungen III, S. 468.

[62] Wie Anm. 2.

[63] Protokolle, S. 527.

[64] Erinnerungen III, S. 388.

Kapitel 8

[1] Sten. Ber. des Deutschen Bundestages, Bd. 1.
[2] G. F. Kennan, The Decline of Bismarcks European Order. Franco-Russian Relations, 1875–1890, Princeton 1979, S. 3.
[3] Auszugsweise veröffentlicht bei I. Plettenberg, Die Sowjetunion im Völkerbund 1934 bis 1939. Bündnispolitik zwischen Staaten unterschiedlicher Gesellschaftsordnung in der internationalen Organisation für Friedenssicherung: Ziele, Voraussetzungen, Möglichkeiten, Wirkungen, Köln 1987, S. 105.
[4] Sten. Ber. des Deutschen Bundestages, Bd. 71.
[5] EA 20 (1965), S. D 212.
[6] Sicherheit I, Nr. 13.
[7] KSZE-Prozeß, S. 384 f.
[8] Pressekonferenz vom 11. Juli 1966, zit. nach Sicherheit I, S. 42 f.
[9] Sicherheit I, Nr. 19.
[10] Ebd., Nr. 94.
[11] Ebd.
[12] Ebd., Nr. 111.
[13] Ebd., Nr. 122.
[14] P. Bender, Neue Ostpolitik. [...], München 1986, S. 203.
[15] Sicherheit II, Nr. 139.
[16] P. Frank, Zielsetzungen der Bundesrepublik Deutschland im Rahmen europäischer Sicherheitsverhandlungen, in: EA 27 (1972), S. 160.
[17] Wiederveröffentlicht in Sicherheit I, Nr. 132.
[18] KSZE-Prozeß, S. 50 ff.
[19] Ebd., S. 53–55.
[20] Sicherheit II, Nr. 136.
[21] H. Schmidt, Menschen und Mächte, Berlin 1987, S. 62.
[22] Sicherheit I, Nr. 13.
[23] V. A. Walters, Die Vereinigten Staaten und die europäische Sicherheit nach der Vereinigung Deutschlands, in: EA 45 (1990), S. 659.
[24] KSZE-Prozeß, S. 55 f. bzw. 93 ff.
[25] Ebd., S. 56.
[26] Sicherheit II, Nr. 190.
[27] KSZE-Prozeß, S. 124.
[28] Ebd., S. 160 bzw. 162.
[29] Ebd., S. 320.
[30] Ebd., S. 284 und 298.
[31] Ebd., S. 367.
[32] Ebd., S. 330 bzw. 338.
[33] Ebd., S. 202 ff.
[34] Ebd., S. 348.

[35] Wiederveröffentlicht bei E. Bahr, Sicherheit für und vor Deutschland. Vom Wandel durch Annäherung zur Europäischen Sicherheitsgemeinschaft, München–Wien 1991, Zitat S. 17.

[36] Auszugsweise wiederveröffentlicht bei Bender, Neue Ostpolitik, Zitat S. 232.

[37] Zit. nach: Außenpolitik der Bundesrepublik Deutschland [...] Dokumente 1949–1989, hrsg. vom AA, München 1990, S. 815.

[38] Erklärung des Bundeskanzlers, zit. nach: FAZ, 17. Juni 1990.

[39] Sicherheit und Zusammenarbeit in Europa. Dokumentation zum KSZE-Prozeß 1990/91, hrsg. vom AA, Bonn 1991, S. 119 ff.

[40] Ebd., S. 151.

Kapitel 9

[1] Text der Rede in: FAZ, 4. Okt. 1990.

[2] G. Bucerius, Unsere Anmaßung, in: Die Zeit, 1. Febr. 1991.

[3] Beiträge zu den 14. Aschaffenburger Gesprächen, zit. nach: Nürnberger Nachrichten, 12. März 1991.

[4] Vgl. z. B. International Herald Tribune, 23. April 1991 („Shaky Ground"); Süddeutsche Zeitung, 20. Juni 1991 („Abmarsch in Richtung Sonderweg?").

[5] FAZ, 25. Febr. 1991.

[6] FAZ, 12. März 1991.

[7] H.-P. Schwarz, Die gezähmten Deutschen. Von der Machtbesessenheit zur Machtvergessenheit, Stuttgart 1985.

[8] „Komplott gegen Europa", in: Der Spiegel, Nr. 29, 16. Juli 1990.

[9] FAZ, 6. März 1991.

[10] F. Stern, Die zweite Chance. Die Wege der Deutschen, in: FAZ, 26. Juli 1990.

[11] Beitrag für Heft 1/91 der Ost-Berliner Zeitschrift „Pick-Out", zit. nach: A. Baring, Die Suche nach der künftigen internationalen Rolle Deutschlands, in: FAZ, 19. März 1991.

[12] Th. Mann, Friedrich und die große Koalition, Berlin 1915, S. 109.

[13] So der Außenminister am 19. Nov. 1986 vor dem Bundestag, zit. nach: Außenpolitik der Bundesrepublik Deutschland [...] Dokumente 1949–1989, hrsg. vom AA, München 1990, S. 594.

[14] Zit. nach: Europäische Politische Zusammenarbeit (EPZ). Dokumentation, hrsg. vom AA, Bonn [8]1987, S. 75.

[15] Mitterand für europäische Konföderation, in: FAZ, 19. Okt. 1991.

[16] W. Loth, Der Weg nach Europa [...], Göttingen 1990, S. 91 und 111.

[17] Protokoll vom 22. Jan. 1988, in: Außenpolitik der Bundesrepublik, S. 618 f.

[18] Nach der Aufzeichnung des Legationsrates Gustav Hilger von Ende September 1939, veröffentlicht bei Ingeborg Fleischhauer, Der deutsch-sowjetische Grenz- und Freundschaftsvertrag vom 28. September 1939 [...], in: VfZG 39 (1991), S. 447 ff., Zitat S. 457.

[19] Tischrede Mikojans anläßlich seines Besuchs in der Bundesrepublik am

25. April 1958, zit. nach: Die Auswärtige Politik der Bundesrepublik Deutschland, hrsg. vom AA, Köln 1972, S. 381.

[20] Un pont entre l'Est et le l'Ouest, in: Le Monde, 13. Juni 1989.

[21] Europe Welcomes Soviet Arms Cuts, in: The New York Times, 7. Oktober 1991.

[22] Wortlaut der Rede in: The New York Times, 28. Sept. 1991. Entsprechend die Antwort des sowjetischen Präsidenten Gorbatschow. Wortlaut: ebd., 6. Okt. 1991.

Quellen

Im folgenden sind einige der wichtigsten historischen Quellen aufgeführt, die den einzelnen Kapiteln zugrunde liegen. Aufgenommen wurden ausschließlich veröffentlichte Dokumentensammlungen.

Kapitel 1: Politische Testamente der Hohenzollern. Hrsg. von Richard Dietrich, München 1981; Die Werke Friedrichs des Großen. In deutscher Übersetzung, 10 Bde., Berlin 1913–1914; Friedrich der Große. Hrsg. von Otto Bardong, Darmstadt 1982; Quellen zur Geschichte des Völkerrechts. Hrsg. von Wilhelm G. Grewe, Bd. 2: 1493–1815, Berlin–New York 1988.

Kapitel 2: Die Große Politik der Europäischen Kabinette. Sammlung der Diplomatischen Akten des Auswärtigen Amtes. Im Auftrage des Auswärtigen Amtes hrsg. von Johannes Lepsius, Albrecht Mendelssohn Bartholdy, Friedrich Thimme, Bde. 1–6, Berlin 1922; Bismarck, Die gesammelten Werke. Hrsg. von Herman von Peterdorff u. a., 15 Bde., Berlin 1924–1932; Botschafter Paul Graf von Hatzfeldt. Nachgelassene Papiere 1838–1901. Hrsg. von Gerhard Ebel, 2 Bde., Boppard a. Rh. 1976; Bismarck und die preußisch-deutsche Politik 1871–1890. Hrsg. von Michael Stürmer, München 1970.

Kapitel 3 und 4: Die Große Politik der Europäischen Kabinette. Sammlung der Diplomatischen Akten. Im Auftrage des Auswärtigen Amtes hrsg. von Johannes Lepsius, Albrecht Mendelssohn Bartholdy, Friedrich Thimme, Bde. 7–40 (in 48), Berlin 1923–1927; Die Britischen Amtlichen Dokumente über den Ursprung des Weltkrieges 1898–1914. Im Auftrage des Britischen Auswärtigen Amtes hrsg. von G. P. Gooch und Harold Temperley. Vom Britischen Auswärtigen Amt autorisierte einzige deutsche Ausgabe hrsg. von Hermann Lutz, 11 Bde. (in 24), Berlin 1926–1938; Quellen zur deutschen Außenpolitik im Zeitalter des Imperialismus 1890–1911. Hrsg. von Michael Behnen, Darmstadt 1977; Quellen zur Entstehung des Ersten Weltkrieges. Internationale Dokumente 1901 bis 1914. Hrsg. von Erwin Hölzle, Darmstadt 1978.

Kapitel 5: Akten zur deutschen auswärtigen Politik 1918–1945. Aus dem Archiv des Auswärtigen Amtes, Serie D: 1937–1941, 13 Bde., Baden-Baden u. a. 1950–1970; Documents on British Foreign Policy 1919–1939, Second Series: 1929–1938. Hrsg. von W. N. Medlicott, Douglas Dakin u. a., Bde. XV–XIX, London 1976–1982, Third Series: 1938–1939. Hrsg. von E. L. Woodward, Rohan Butler u. a., Bde. I–IV, London 1949–1951; Ursachen und Folgen. Vom deutschen Zusammenbruch 1918 und 1945 bis zur staatlichen Neuordnung Deutschlands in der Gegenwart. Eine Urkunden- und Dokumentensammlung zur Zeitgeschichte. Hrsg. von Herbert Michaelis und Ernst Schraepler, Bde. 4–14, Berlin o. J.; Hitler. Reden und Proklamationen 1932–1945. Kommentiert von einem Zeitgenossen. Hrsg. von Max Domarus, 2 Bde., München 1965.

Kapitel 6: Die Hassell-Tagebücher 1939–1944. Ulrich von Hassell. Aufzeichnungen vom Anderen Deutschland. Nach der Handschrift revidierte und erweiterte Ausgabe hrsg. von Friedrich Frhr. Hiller von Gaertringen, Berlin 1988; Ulrich von Hassell, Schriften 1938–1944 [Verzeichnis in: Gregor Schöllgen, Ulrich von Hassell 1881–1944. Ein Konservativer in der Opposition, München 1990, S. 260 ff.]; Beck und Goerdeler. Gemeinschaftsdokumente für den Frieden 1941–1944. Hrsg. von Wilhelm Ritter von Schramm, München 1965; „Spiegelbild einer Verschwörung". Die Opposition gegen Hitler und der Staatsstreich vom 20. Juli 1944 in der SD-Berichterstattung. Geheime Dokumente aus dem ehemaligen Reichssicherheitshauptamt. Hrsg. von Hans-Adolf Jacobsen, 2 Bde., Stuttgart 1984.

Kapitel 7: Konrad Adenauer, Erinnerungen, 4 Bde., Stuttgart 1965–1968; ders., Teegespräche. Hrsg. von Rudolf Morsey und Hans-Peter Schwarz, bearb. von Hanns Jürgen Küsters, 3 Bde.: 1950–1961, Berlin 1984–1988; Adenauer: „Wir haben wirklich etwas geschaffen." Die Protokolle des CDU-Bundesvorstands 1953–1957. Bearb. von Günter Buchstab, Düsseldorf 1990; Dokumente zur Deutschlandpolitik. Hrsg. vom Bundesministerium für Gesamtdeutsche Fragen. Bearb. von Ernst Deuerlein u. a., III. Reihe: 1955–1958, 8 Bde., Frankfurt a. M. – Berlin 1961–1969, IV. Reihe: 1958–1966, Bde. 1–9, Frankfurt a. M.–Berlin 1971–1978; Wiedervereinigung und Sicherheit Deutschlands. Eine dokumentarische Diskussionsgrundlage. Hrsg. von Heinrich von Siegler, Bd. I: 1944–1963, Bonn–Wien–Zürich ⁶1967.

Kapitel 8 und 9: Sicherheit und Zusammenarbeit in Europa (KSZE). Analyse und Dokumentation. Hrsg. von Hans-Adolf Jacobsen, Wolfgang Mallmann, Christian Meier, 2 Bde., Köln 1973–1978; KSZE. Konferenz über Sicherheit und Zusammenarbeit in Europa in Beiträgen und Dokumenten aus dem Europa-Archiv. Hrsg. von Hermann Volle und Wolfgang Wagner, Bonn 1976; Sicherheit und Zusammenarbeit in Europa. Dokumente zum KSZE-Prozeß (einschließlich der KVAE). Hrsg. vom Auswärtigen Amt, Bonn ⁷1990; Sicherheit und Zusammenarbeit in Europa. Dokumentation zum KSZE-Prozeß 1990/91. Hrsg. vom Auswärtigen Amt, Bonn 1991; Abrüstung und Rüstungskontrolle. Dokumentation. Hrsg. vom Auswärtigen Amt, Bonn ⁷1990; Außenpolitik der Bundesrepublik Deutschland. Vom Kalten Krieg zum Frieden in Europa. Dokumente 1949–1989. Hrsg. vom Auswärtigen Amt, München 1990; Deutsche Außenpolitik 1990/91. Auf dem Weg zu einer europäischen Friedensordnung. Hrsg. vom Auswärtigen Amt, München 1991.

Literatur

Die knappe Auswahl beschränkt sich im wesentlichen auf die preußisch-deutsche Außenpolitik. Aufgenommen wurden Monographien, Sammelbände und Handbücher sowie in begrenztem Umfang auch Memoiren.

Adenauer, K.: Erinnerungen, 4 Bde., Stuttgart 1965–1968.

Ahmann, R.: Nichtangriffspakte: Entwicklung und operative Nutzung in Europa 1922–1939. Mit einem Ausblick auf die Renaissance des Nichtangriffsvertrages nach dem Zweiten Weltkrieg, Baden-Baden 1988.

Baring, A.: Machtwechsel. Die Ära Brandt–Scheel, Stuttgart ³1982.

Baumgart, W.: Die deutsche Ostpolitik 1918. Von Brest-Litowsk bis zum Ende des Ersten Weltkrieges, München 1966.

Becker, J./*Hillgruber*, A. (Hrsg.): Die Deutsche Frage im 19. und 20. Jahrhundert, München 1983.

Bender, P.: Neue Ostpolitik. Vom Mauerbau bis zum Moskauer Vertrag, München 1986.

Besson, W.: Die Außenpolitik der Bundesrepublik Deutschland. Erfahrungen und Maßstäbe, München 1970.

Bracher, K. D.: Die Krise Europas 1917–1975, Berlin 1976.

ders./Jäger, W./*Link*, W.: Republik im Wandel 1969–1974. Die Ära Brandt, Stuttgart–Wiesbaden 1986.

Brandt, W.: Begegnungen und Einsichten. Die Jahre 1960–1975, Hamburg 1976.

Brüning, H.: Memoiren 1918–1934, Stuttgart 1970.

Buchheim, H.: Deutschlandpolitik 1949–1972. Der politisch-diplomatische Prozeß, Stuttgart 1984.

Bundy, McG.: Danger and Survival. Choices about the Bomb in the First Fifty Years, New York 1988.

Craig, G. A.: Deutsche Geschichte 1866–1945, München 1978.

ders./George, A. L.: Zwischen Krieg und Frieden. Konfliktlösung in Geschichte und Gegenwart, München 1984.

Dehio, L.: Gleichgewicht oder Hegemonie. Betrachtungen über ein Grundproblem der neuen Staatengeschichte, Krefeld o. J. [1948].

Deuerlein, E.: Deklaration oder Ersatzfrieden? Die Konferenz von Potsdam 1945, Stuttgart 1970.

Doering-Manteuffel, A.: Vom Wiener Kongreß zur Pariser Konferenz. England, die deutsche Frage und das Mächtesystem 1815–1856, Göttingen–Zürich 1991.

Döscher, H.-J.: Das Auswärtige Amt im Dritten Reich. Diplomatie im Schatten der Endlösung, Berlin 1987.

Doß, K.: Das Auswärtige Amt im Übergang vom Kaiserreich zur Weimarer Republik. Die Schülersche Reform, Düsseldorf 1977.

Duchardt, H.: Das Zeitalter des Absolutismus, München 1989.

ders.: Altes Reich und europäische Staatenwelt 1648–1806, München 1990.

Dülffer, J.: Regeln gegen den Krieg? Die Haager Friedenskonferenzen 1899 und 1907 in der internationalen Politik, Frankfurt a. M. u. a. 1981.

Eschenburg, Th.: Jahre der Besatzung 1945–1949, Stuttgart–Wiesbaden 1983.

Fehrenbach, E.: Vom Ancien Régime zum Wiener Kongreß, München ²1986.

Fischer, F.: Griff nach der Weltmacht. Die Kriegszielpolitik des Kaiserlichen Deutschlands 1914/18, Düsseldorf ³1964.

ders.: Krieg der Illusionen. Die deutsche Politik von 1911–1914, Düsseldorf ²1970.

Foschepoth, J. (Hrsg.): Kalter Krieg und Deutsche Frage. Deutschland im Widerstreit der Mächte 1945–1952, Göttingen 1985.

Funke, M. (Hrsg.): Hitler, Deutschland und die Mächte – Studien zur Außenpolitik des Dritten Reiches, Düsseldorf 1976.

Geiss, I. (Hrsg.): Julikrise und Kriegsausbruch 1914. Eine Dokumentation, 2 Bde., Hannover 1963/64.

ders.: Der lange Weg in die Katastrophe. Die Vorgeschichte des Ersten Weltkriegs 1815–1914, München–Zürich 1989.

Görtemaker, M.: Die unheilige Allianz. Die Geschichte der Entspannungspolitik 1943–1979, München 1979.

Gollwitzer, H.: Geschichte des weltpolitischen Denkens, Göttingen 1972/82.

Graml, H.: Europa zwischen den Kriegen, München ⁴1979.

ders.: Europas Weg in den Krieg. Hitler und die Mächte 1939, München 1990.

Grewe, W.: Rückblenden. Aufzeichnungen eines Augenzeugen. Deutsche Außenpolitik von Adenauer bis Schmidt, Berlin 1979.

Groeben, H. von der/*Möller*, H. (Hrsg.): Die Europäische Union als Prozeß, Baden-Baden 1981.

Haftendorn, H.: Sicherheit und Entspannung. Zur Außenpolitik der Bundesrepublik Deutschland 1955–1982, Baden-Baden ²1986.

dies.: Sicherheit und Stabilität. Außenbeziehungen der Bundesrepublik zwischen Ölkrise und NATO-Doppelbeschluß, München 1986.

Hanrieder, W. F.: Deutschland, Europa, Amerika. Die Außenpolitik der Bundesrepublik Deutschland 1949–1989, Paderborn u. a. 1991.

Haupts, L.: Deutsche Friedenspolitik 1918–1919, Düsseldorf 1976.

Henke, J.: England in Hitlers politischem Kalkül. Vom Scheitern der Bündniskonzeption bis zum Kriegsbeginn (1935–1939), Boppard a. Rh. 1973.

Hildebrand, K.: Deutsche Außenpolitik 1933–1945. Kalkül oder Dogma? Stuttgart u. a. ⁵1990.

ders.: Das Dritte Reich, München ⁴1991.

ders.: Von Erhard zur Großen Koalition 1963–1969, Stuttgart–Wiesbaden 1984.

ders.: Deutsche Außenpolitik 1871–1918, München 1989.

Hillgruber, A.: Kontinuität und Diskontinuität in der deutschen Außenpolitik von Bismarck bis Hitler, Düsseldorf ³1971.

ders.: Deutschlands Rolle in der Vorgeschichte der beiden Weltkriege, Göttingen ²1979.

ders.: Bismarcks Außenpolitik, Freiburg ²1981.

ders.: Deutsche Geschichte 1945–1982. Die „Deutsche Frage" in der Weltpolitik, Stuttgart ⁴1983.

ders.: Die gescheiterte Großmacht. Eine Skizze des Deutschen Reiches 1871–1945, Düsseldorf ⁴1984.

ders.: Der Zweite Weltkrieg 1939–1945. Kriegsziele und Strategie der großen Mächte, Stuttgart u. a. ⁴1985.

ders.: Europa in der Weltpolitik der Nachkriegszeit 1945–1963, München ³1987.

Hintze, O.: Die Hohenzollern und ihr Werk. Fünfhundert Jahre vaterländischer Geschichte, Berlin 1915.

Jacobsen, H.-A.: Der Weg zur Teilung der Welt. Politik und Strategie 1939–1945, Koblenz 1977.

ders., (Hrsg.): Drei Jahrzehnte Außenpolitik der DDR. Bestimmungsfaktoren, Instrumente, Aktionsfelder, München–Wien 1979.

Jäckel, E.: Hitlers Weltanschauung. Entwurf einer Herrschaft, Stuttgart ²1981.

ders./Rohwer, J.: Der Mord an den Juden im Zweiten Weltkrieg. Entschlußbildung und Verwirklichung, Stuttgart 1985.

Jäger, W./*Link*, W.: Republik im Wandel 1974–1982. Die Ära Schmidt, Stuttgart–Wiesbaden 1987.

Kennedy, P.: Aufstieg und Fall der großen Mächte. Ökonomischer Wandel und militärischer Konflikt von 1500 bis 2000, Frankfurt a. M. 1989.

Kissinger, H. A.: Das Gleichgewicht der Großmächte. Metternich, Castlereagh und die Neuordnung Europas 1812–1822 (1962), Zürich 1986.

Knipping, F./*Müller*, K.-J. (Hrsg.): Machtbewußtsein in Deutschland am Vorabend des Zweiten Weltkrieges, Paderborn 1984.

Kolb, E.: Die Weimarer Republik, München ²1988.

Koser, R.: Geschichte Friedrichs des Großen, 4 Bde., Stuttgart ⁶⁺⁷1921 ff.

Krüger, P.: Die Außenpolitik der Republik von Weimar, Darmstadt 1985.

Kunisch, J.: Das Mirakel des Hauses Brandenburg. Studien zum Verhältnis von Kabinettspolitik und Kriegführung im Zeitalter des Siebenjährigen Krieges, München–Wien 1978.

Longerich, P. (Hrsg.): Die Ermordung der europäischen Juden. Eine umfassende Dokumentation des Holocaust 1941–1945, München–Zürich 1989.

Loth, W.: Die Teilung der Welt 1941–1955. Geschichte des Kalten Krieges, München ⁷1989.

ders.: Der Weg nach Europa. Geschichte der europäischen Integration 1939–1957, Göttingen 1990.

Lutz, H.: Zwischen Habsburg und Preußen. Deutschland 1815–1866, Berlin 1985.

Martin, B.: Friedensinitiativen und Machtpolitik im Zweiten Weltkrieg 1939–1942, Düsseldorf 1974.

Maxelon, M.: Stresemann und Frankreich 1914–1929. Deutsche Politik der Ost-West-Balance, Düsseldorf 1972.

Meissner, B. (Hrsg.): Moskau–Bonn. Die Beziehungen zwischen der Sowjetunion und der Bundesrepublik Deutschland 1955–1973. Dokumentation, 2 Bde., Köln 1975.

Michalka, W. (Hrsg.): Nationalsozialistische Außenpolitik, Darmstadt 1978.

ders.: Ribbentrop und die deutsche Weltpolitik 1933–1940. Außenpolitische Konzeptionen und Entscheidungsprozesse im Dritten Reich, München 1980.

ders. (Hrsg.): Der Zweite Weltkrieg. Analysen – Grundzüge – Forschungsbilanz, München–Zürich 1989.

Militärgeschichtliches Forschungsamt (Hrsg.): Das Deutsche Reich und der Zweite Weltkrieg, 6 Bde., Stuttgart 1979–1990.

Möller, H.: Fürstenstaat oder Bürgernation. Deutschland 1763–1815, Berlin 1989.

Mommsen, W. J.: Der europäische Imperialismus. Aufsätze und Abhandlungen, Göttingen 1979.

Morsey, R.: Die Bundesrepublik Deutschland. Entstehung und Entwicklung bis 1969, München ²1990.

Niedhardt, G. (Hrsg.): Kriegsbeginn 1939. Entfesselung oder Ausbruch des Zweiten Weltkriegs? Darmstadt 1976.

ders. (Hrsg.): Der Westen und die Sowjetunion. Einstellung und Politik gegenüber der UdSSR in Europa und in den USA seit 1917, Paderborn 1983.

ders.: Internationale Beziehungen 1919–1947, Paderborn 1989.

Noack, P.: Das Scheitern der Europäischen Verteidigungsgemeinschaft. Entscheidungsprozesse vor und nach dem 30. August 1954, Düsseldorf 1977.

Nolte, E.: Deutschland und der Kalte Krieg, München 1974.

Poidevin, R./*Bariéty*, J.: Frankreich und Deutschland. Die Geschichte ihrer Beziehungen 1815–1975, München 1982.

Recker, M.-L.: Die Außenpolitik des Dritten Reiches, München 1990.

Rich, N.: Hitler's War Aims, 2 Bde., New York 1973/74.

Rößler, H./*Hölzle*, E. (Hrsg.): Locarno und die Weltpolitik 1924–1932, Göttingen 1969.

Rohe, K. (Hrsg.): Die Westmächte und das Dritte Reich 1933–1939. Klassische Großmachtrivalität oder Kampf zwischen Demokratie und Diktatur? Paderborn 1982.

Schieder, T.: Staatensystem als Vormacht der Welt 1848–1918, Berlin 1977.

ders. (Hrsg.): Handbuch der Europäischen Geschichte, Bd. 7: Europa im Zeitalter der Weltmächte, Stuttgart 1979.

Schmid, G.: Entscheidung in Bonn. Die Entstehung der Ost- und Deutschlandpolitik 1969/70, Köln 1979.

Schmidt, H.: Menschen und Mächte, Berlin 1987.

Schöllgen, G.: Imperialismus und Gleichgewicht. Deutschland, England und die orientalische Frage 1871–1914, München 1984.

ders.: Max Webers Anliegen, Darmstadt 1985.

ders.: Das Zeitalter des Imperialismus, München ²1991.

ders.: Ulrich von Hassell 1881–1944. Ein Konservativer in der Opposition, München 1990.

ders. (Hrsg.): Flucht in den Krieg? Die Außenpolitik des kaiserlichen Deutschland, Darmstadt 1991.

Schulze, H.: Weimar. Deutschland 1917–1933, Berlin 1982.

Schwarz, H.-P. (Hrsg.): Handbuch der deutschen Außenpolitik, München ²1976.

ders.: Vom Reich zur Bundesrepublik. Deutschland im Widerstreit der außenpolitischen Konzeptionen in den Jahren der Besatzungsherrschaft 1945–1949, Stuttgart ²1980.

ders.: Die Ära Adenauer. Gründerjahre der Republik 1949–1957, Stuttgart–Wiesbaden 1981.

ders.: Die Ära Adenauer. Epochenwechsel 1957–1963, Stuttgart–Wiesbaden 1983.

ders.: Die gezähmten Deutschen. Von der Machtbesessenheit zur Machtvergessenheit, Stuttgart 1985.

ders.: Adenauer, 2 Bde., Stuttgart 1986/91.

Strauß, F. J.: Die Erinnerungen, Berlin 1989.

Stribrny, W.: Die Rußlandpolitik Friedrichs des Großen, 1764–1786, Würzburg 1966.

Stürmer, M.: Das ruhelose Reich. Deutschland 1866–1918, Berlin 1983.

Thamer, H.-U.: Verführung und Gewalt. Deutschland 1933–1945, Berlin 1986.

Thielenhaus, M.: Zwischen Anpassung und Widerstand: Deutsche Diplomaten 1938–1941. Die politischen Aktivitäten der Beamtengruppe um E. v. Weizsäcker im Auswärtigen Amt, Paderborn 1984.

Ueberschär, G. R./*Wette*, W. (Hrsg.): „Unternehmen Barbarossa". Der deutsche Überfall auf die Sowjetunion. Berichte, Analysen, Dokumente, Paderborn 1984.

Weinberg, G.: The Foreign Policy of Hitler's Germany. 2 Bde., London–Chicago 1970/80.

Yergin, D.: Der zerbrochene Friede. Der Ursprung des Kalten Krieges und die Teilung Europas, Frankfurt a. M. 1979.

Ziebura, G. (Hrsg.): Grundfragen der deutschen Außenpolitik seit 1871, Darmstadt 1975.